汽车检测与故障诊断

主　编　张立新

副主编　方　敏　黄　海　李喜文

主　审　李　冰

北京理工大学出版社

BEIJING INSTITUTE OF TECHNOLOGY PRESS

内 容 提 要

本书是依据国家高职院校汽车检测与维修技术专业人才培养目标和定位要求，结合当代汽车维修典型工作过程为导向构建的学习项目课程，主要内容包括发动机系统故障检测与诊断、车身电气系统故障检测与诊断、汽车底盘系统故障检测与诊断三个项目。项目下共设12个实践性工作任务，包括发动机故障指示灯亮故障检修、起动机运转正常但发动机无法起动故障检修、发动机怠速抖动故障检修、发动机机油消耗量过大故障检修、汽车外部灯光故障检修、电动车窗升降器故障检修、中控锁故障检修、空调制冷不正常故障检修、手动变速器离合器片打滑故障检修、颠簸路况车辆底盘异响故障检修、方向盘回正无力故障检修、车辆高速行驶制动时车身抖动故障检修。本书基本涵盖了汽车发动机、车身电气、底盘部分的各种典型故障。

本书可作为高职院校汽车检测与维修技术专业、汽车技术服务与营销专业、应用型本科汽车服务工程专业学习用书，也可作为汽车维修专业职业技能培训教材，还可供从事维修管理的汽车维修企业技术人员参考。

图书在版编目（**CIP**）数据

汽车检测与故障诊断 / 张立新主编 . -- 北京：北京理工大学出版社，2025. 1.
ISBN 978-7-5763-4652-7

Ⅰ . U472.9

中国国家版本馆 CIP 数据核字第 2025RN2712 号

责任编辑：高雪梅　　　　　　**文案编辑：**高雪梅
责任校对：周瑞红　　　　　　**责任印制：**李志强

出版发行 / 北京理工大学出版社有限责任公司

社　　址 / 北京市丰台区四合庄路 6 号

邮　　编 / 100070

电　　话 /（010）68914026（教材售后服务热线）
　　　　　　（010）63726648（课件资源服务热线）

网　　址 / http：//www. bitpress. com. cn

版 印 次 / 2025 年 1 月第 1 版第 1 次印刷

印　　刷 / 河北鑫彩博图印刷有限公司

开　　本 / 787 mm×1092 mm　1/16

印　　张 / 18

字　　数 / 377 千字

定　　价 / 86.00 元

中国特色高水平高职学校项目建设成果系列教材 编审委员会

编写说明

中国特色高水平高职学校和专业建设计划（简称"双高计划"）是我国教育部、财政部为建设一批引领改革，支撑发展，具有中国特色、世界水平的高等职业学校和骨干专业（群）的重大决策建设工程。哈尔滨职业技术大学（原哈尔滨职业技术学院）作为"双高计划"建设单位，对中国特色高水平高职学校建设项目进行顶层设计，编制了站位高端、理念领先的建设方案和任务书，并扎实地开展人才培养高地、特色专业群、高水平师资队伍与校企合作等项目建设，借鉴国际先进的教育教学理念，开发具有中国特色、遵循国际标准的专业标准与规范，深入推动"三教"改革，组建模块化教学创新团队，落实课程思政建设要求，开展"课堂革命"，出版校企双元开发的活页式、工作手册式等新形态教材。为了适应智能时代先进教学手段应用，哈尔滨职业技术大学加大优质在线资源的建设，丰富教材载体的内容与形式，为开发以工作过程为导向的优质特色教材奠定基础。按照教育部印发的《职业院校教材管理办法》的要求，本系列教材体现了如下编写理念：依据学校双高建设方案中的教材建设规划、国家相关专业教学标准、专业相关职业标准及职业技能等级标准，服务学生成长成才和就业创业，以立德树人为根本任务，融入课程思政，对接相关产业发展需求，将企业应用的新技术、新工艺和新规范融入教材。本系列教材的编写遵循技术技能人才成长规律和学生认知特点，适应相关专业人才培养模式创新和优化课程体系的需要，注重以真实生产项目、典型工作任务、典型生产流程及典型工作案例等为载体开发教材内容体系，理论与实践有机融合，满足"做中学、做中教"的需要。

本系列教材是哈尔滨职业技术大学中国特色高水平高职学校项目建设的重要成果之一，也是哈尔滨职业技术大学教材改革和教法改革成效的集中体现。本系列教材体例新颖，具有以下特色。

第一，创新教材编写机制。按照哈尔滨职业技术大学教材建设统一要求，遴选教学经验丰富、课程改革成效突出的专业教师担任主编，邀请相关企业作为联合建设单位，形成一支学校、行业、企业和教育领域高水平专业人才参与的开发团队，共同参与教材编写。

第二，创新教材总体结构设计。精准对接国家专业教学标准、职业标准、职业技能等级标准，确定教材内容体系，参照行业企业标准，有机融入新技术、新工艺、新规范，构建基于职业岗位工作需要的、体现真实工作任务与流程的教材内容体系。

第三，创新教材编写方式。与课程改革配套，按照"工作过程系统化""项目+任务式""任务驱动式""CDIO式"四类课程改革需要设计四种教材编写模式，创新活页式、工作手册式等新形态教材编写方式。

第四，创新教材内容载体与形式。依据专业教学标准和人才培养方案要求，在深入企业调研岗位工作任务和职业能力分析的基础上，按照"做中学、做中教"的编写思路，以企业典型工作任务为载体进行教学内容设计，将企业真实工作任务、真实业务流程、真实生产过程纳入教材，并开发了与教学内容配套的教学资源，以满足教师线上线下混合式教学的需要。本系列教材配套资源同时在相关平台上线，可随时下载相应资源，也可满足学生在线自主学习的需要。

第五，创新教材评价体系。从培养学生良好的职业道德、综合职业能力、创新创业能力出发，设计并构建评价体系，注重过程考核和学生、教师、企业、行业、社会参与的多元评价，充分体现"岗课赛证"融通，每本教材根据专业特点设计了综合评价标准。为了确保教材质量，哈尔滨职业技术大学组建了中国特色高水平高职学校项目建设成果系列教材编审委员会。该委员会由职业教育专家组成，同时聘请企业技术专家进行指导。哈尔滨职业技术大学组织了专业与课程专题研究组，对教材编写持续进行培训、指导、回访等跟踪服务，建立常态化质量监控机制，能够为修订完善教材提供稳定支持，确保教材的质量。

本系列教材是在国家骨干高职院校教材开发的基础上，经过几轮修改，融入课程思政内容和课堂革命理念，既具教学积累之深厚，又具教学改革之创新，凝聚了校企合作编写团队的集体智慧。本系列教材充分展示了课程改革成果，力争为更好地推进中国特色高水平高职学校和专业建设及课程改革做出积极贡献！

哈尔滨职业技术大学

中国特色高水平高职学校项目建设成果系列教材编审委员会

2025 年 1 月

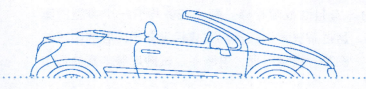

前　言
PREFACE

　　党的二十大报告提出，要"全面贯彻党的教育方针，落实立德树人根本任务，培养德智体美劳全面发展的社会主义建设者和接班人。"为更好地培养爱党爱国、德才兼备的高素质高技能人才和大国工匠，本书各实训环节以国家职业教育改革为契机，以课程改革为突破口，紧密结合当前汽车行业的发展及职业岗位群和企业需求变化，注重培养学生求真务实、精益求精的工作态度，锻炼学生独立思考、团队合作的意识和能力，为培养大国工匠做好知识和技能储备；在课中融入课程素质，厚植爱国主义情怀，让爱国主义精神在学生心中牢牢扎根，引导学生在奉献祖国中成长、成才，进而不断激发学生努力学习技术的热情，用所学知识更好地报效国家。

　　本书是国家职业教育倡导使用的新型活页式教材。本书按照项目任务形式，每个任务的内容都相对独立，根据高职院校的培养目标，以能力培养为主线，由汽车4S店技术专家和资深高校教师共同进行课程的开发和设计。本书按照双元制教育模式编写，强调突出"七分实践，三分理论"的方式，着重培养学生对汽车故障的综合诊断能力，主要围绕汽车发动机、车身电气、底盘等系统各组成部件的故障检测、维修、诊断分析等内容展开，并以企业车间为背景环境开展教学，将学生前期所学模块化的知识内容整合，教师带领学生通过综合运用所学知识、熟练使用各种检测仪器设备，培养学生的故障分析诊断能力，最终达到巩固理论知识的理解和提高学生维修实践技能的目的，实现专业学生与职业岗位的无缝对接。

　　本书主要内容包括发动机系统故障检测与诊断、车身电气系统故障检测与诊断、汽车底盘系统故障检测与诊断三个项目。项目下共设12个实践性工作任务，包括发动机故障指示灯亮故障检修、起动机运转正常但发动机无法起动故障检修、发动机怠速抖动故障检修、发动机机油消耗量过大故障检修、汽车外部灯光故障检修、电动车窗升降器故障检修、中控锁故障检修、空调制冷不正常故障检修、手动变速器离合器片打滑故障检修、颠簸路况车辆底盘异响故障检修、方向盘回正无力故障检修、车辆高速行驶制动时车身抖动故障检修。每个任务均有一个典型的案例，针对不同的知识点和技能点，通过解决案例任务，完成相应知识内容的实践技能训练。本书配套有 PPT、微课、图片、维修手册、电路图、试题库等丰富的数字教学资源。

本书编写按照资讯、决策、计划、实施、检查、评估等环节展开。

本书按照学生职业能力成长的过程进行编写，以行动任务为导向，以任务驱动为手段，注重理论联系实际，在教学中运用所学汽车理论知识，以培养学生全面掌握汽车检测、维修工具及检测仪器的操作使用为基础，以培养学生现场的分析解决问题的能力为终极目标，将学生需要使用的实训工单设计成可以自由摘取的工单，方便学生使用。

本课程于高职院校第四学期开设，建议学时：48~56 课时。

本书由哈尔滨职业技术大学张立新担任主编，负责确定教材编写的体例及统稿工作，并负责项目一任务一、任务二，项目二的编写；哈尔滨职业技术大学方敏负责项目一任务三、任务四的编写；哈尔滨职业技术大学黄海负责项目三任务一、任务二的编写；哈尔滨职业技术大学李喜文负责项目三任务三、任务四的编写；一汽大众汽车 4S 店技术经理苏大文和凯迪拉克 4S 店技术总监张忠楠对实训项目的可行性进行审核并提供技术支持。东北林业大学交通学院副教授李冰担任本书主审，对教材编写提出了很多专业性修改建议。在此特别感谢哈尔滨职业技术大学中国特色高水平高职学校项目建设成果系列教材编审委员会领导给予教材编写的指导和大力帮助。

由于编者水平有限，书中难免存在不足之处，敬请广大读者批评指正。

编　者

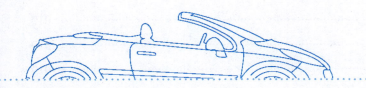

目 录
C O N T E N T S

目　录

CONTENTS

3

目　录　CONTENTS

项目一
发动机系统故障检测与诊断

某车发动机出现了故障，产生发动机起动困难、仪表显示故障灯指示亮、发动机怠速抖动、加速不良、油耗升高并伴有尾气冒黑烟及发动机机油消耗量过大等症状。维修人员运用故障诊断仪对发动机读取故障码、分析数据流，结合使用气缸压力表、机油压力表、燃油压力表、真空表、万用表、示波器等专用仪器设备对发动机系统进行故障检测与诊断，排除发动机故障。

发动机故障包含发动机机械、发动机电控等多种影响因素。维修人员必须先识别故障类型，确认故障成因，再"对症下药"用有针对性的维修技术来恢复汽车发动机的正常运作。

知识目标
(1)掌握发动机机械系统各组成部分的结构与工作原理。

(2)掌握发动机电控管理(起动、点火、燃油喷射)系统各元件的结构、性能及绘制工作原理简图。

(3)了解对发动机利用万用表、故障诊断仪、示波器等专业仪器设备进行故障诊断方法的描述。

能力目标
(1)能够根据故障现象，利用专业诊断仪器设备对发动机系统进行综合故障诊断，最终排除故障。

(2)能够独立进行故障分析及制订维修方案。

(3)能够用资料说明、核查、评价自身的工作成果。

(4)能够对工作进行总结、归纳并填写项目单。

素质目标
(1)具备创新意识和团队协作能力。

(2)具备良好的安全、卫生习惯。

(3)注重工匠精神的养成。

(4)通过各种媒体资源查找发动机系统相关信息。

项目实施

任务一　发动机故障指示灯亮故障检修

任务描述

小王驾驶一台于 2017 年 8 月出厂的一汽大众宝来汽车，其搭载 1.6 L EA211 发动机，现行驶里程 6 万 km。

故障现象：最近发现发动机起动后，仪表上故障指示灯常亮，如图 1-1 所示。

图 1-1　发动机故障指示灯亮

任务解析

汽车仪表上有很多警示灯（指示灯），其中一些是用来监测发动机工作状况的，如图 1-2 所示，正常情况下发动机起动后指示灯都应该熄灭。

图 1-2　汽车仪表上的警示灯

发动机故障指示灯亮起（图 1-1），表明发动机有故障，提示驾驶员尽快去检查维修，否则将对发动机产生严重后果。

学生使用万用表、示波器、故障诊断仪等检测工具及汽车专用仪器设备，对造成发动机故障指示灯亮的各种可能原因进行诊断、检测及排除。训练学生能够运用所学知识，以维修手册资料为依据，规范操作，依据由简到繁、由表及里的流程对引起发动机故障指示灯亮的各种原因进行检修。

本任务所涉及的知识点及技能点，扫描二维码查看。

前 导 知 识 测 试

在学习本任务之前，先对大家的知识及技能储备情况进行一个测试，以了解大家对前期知识的掌握情况，是否具备了学习本任务应具备的能力。扫描二维码查看测试内容。

知 识 链 接

汽车发动机系统包含发动机机械及发动机电控两部分。其技术状况直接影响汽车的动力性及燃料经济性。汽车发动机系统故障检修是汽车检测与故障诊断的重点之一。

与发动机相关的故障指示灯包括发动机故障指示灯、机油压力指示灯、充电灯、水温灯（或水温表）等。正常情况下打开点火开关（发动机未起动）的状态下，车辆先进行自检，各系统自检几秒后指示灯会熄灭，有些指示灯则需发动机起动后熄灭。若某个指示灯常亮，则表明发动机存在故障，驾驶员应尽快停车联系 4S 店或维修厂进行检修。

一、故障码产生的机理

（1）发动机控制单元（ECM）实时对传感器和执行器进行监测，在 3 s 内连续两次检测到同一个信号不正常，则故障指示灯点亮。

（2）其他方面，如控制单元需要匹配、编程、自适应等提示，故障指示灯也会点亮，因此不是故障指示灯点亮就一定有故障，但灯亮 ECM 中一定会有故障码存储。

故障码存储在 ECM 的存储器（RAM）中。

再次起动发动机，ECM 在 3 s 内检测不到故障则故障指示灯会自动熄灭，但即使故障指示灯熄灭，故障码仍然会存储在 ECM 内，可以通过故障诊断仪提取出来历史故障。存储在 ECM 内的故障码需要使用故障诊断仪进行消码（有些车型断开电瓶 3 min 以上也可以消码）。

二、故障诊断仪的使用

扫描二维码学习故障诊断仪的使用方法。

视频：汽车故障诊断仪的使用方法

看完视频后请回答故障诊断仪使用注意事项（表 1-1）。

表 1-1　故障诊断仪使用注意事项

内容	注意事项（请勾选正确项）
车辆防护	□座套、脚垫、方向盘把套三件套
插诊断仪插头时	□应先关闭点火开关—插上插头后，再打开点火开关 □点火开关可以在打开位置
拔诊断仪插头时	□诊断仪应先退出系统—关机—关闭点火开关，再拔诊断仪插头 □可以直接拔下诊断仪插头

三、发动机电控系统功能

发动机电控系统由发动机电子控制单元（简称电控单元）、传感器和执行器三大部分组成。其基本功能是燃油喷射控制和电子点火控制。

电控系统的其他功能包括进气控制、排放控制、自诊断功能、失效保护功能、增压压力控制、废气再循环控制、可变气门正时控制、可变进气道控制等。

四、发动机电控系统工作原理

如图 1-3 所示，传感器进行数据采集并输入电控单元，电控单元进行数据处理后，发出控制指令控制执行器工作。同时，电控单元也能对传感器和执行器进行功能诊断。

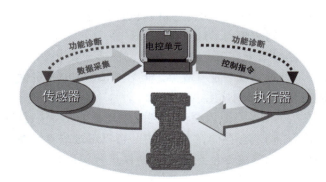

图 1-3　发动机电控系统工作原理

1. 发动机电控系统

发动机电控系统由传感器、电控单元（ECU）、执行器组成，如图 1-4 所示。

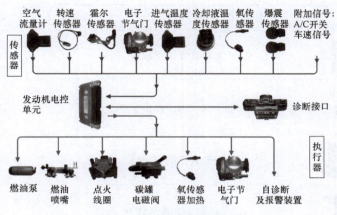

空气流量计　转速传感器　霍尔传感器　电子节气门　进气温度传感器　冷却液温度传感器　氧传感器　爆震传感器　附加信号：A/C开关 车速信号

传感器

发动机电控单元

诊断接口

执行器

燃油泵　燃油喷嘴　点火线圈　碳罐电磁阀　氧传感器加热　电子节气门　自诊断及报警装置

图 1-4　发动机电控系统组成

2. 执行元件故障自诊断原理

　　现代汽车电子控制系统中，一般设有故障自诊断系统。故障自诊断系统主要由ECU 中的部分软件和"故障指示灯"等组成，不需要专门的传感器。电控系统工作时，故障自诊断系统对电控系统各种输入、输出信号进行监测，并运用程序进行推理、判断，将结果迅速反馈到主控系统，改变控制状态；此外，还根据自诊断结果控制"故障指示灯"工作，如图 1-5 所示。

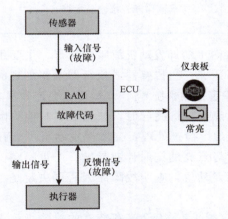

传感器

输入信号（故障）

仪表板

RAM　ECU

故障代码

常亮

输出信号　反馈信号（故障）

执行器

图 1-5　执行元件故障自诊断原理

五、发动机故障指示灯

　　当汽车发动机系统发生故障时，通常仪表上会亮起或闪烁相应的指示灯，以提示驾驶员或维修人员发动机系统故障的宏观方向。仪表上常见的指示灯及其含义见表 1-2。

表1-2　仪表上常见的指示灯及其名称和颜色

灯符号	指示灯名称	颜色
	发动机故障指示灯	黄色
EPC	电子节气门故障指示灯	黄色
	发动机充电指示灯	红色或黄色
	机油压力指示灯	红色
	水温报警指示灯	红色
	车身电子稳定控制系统指示灯	黄色
service	车辆保养、维修提示灯	黄色

（1）MIL故障指示灯（图1-6）即发动机故障指示灯，主要用于检测：①由于发动机燃烧不正常造成的排放不达标；②传感器或执行器电路出现的故障；③联动故障，如变速箱、ESP（车身电子稳定控制系统）等出现故障，会连带很多系统出现故障码。

一般来说，发动机故障指示灯亮起时，如果没有其他故障指示灯同时点亮，都是可以正常驾驶的，开到修理厂检查处理，会发现发动机可能存在限速、限扭，汽车动力不足。如果在故障指示灯点亮的同时伴有异响、严重抖动等现象，就必须立即关闭发动机，查明故障原因后再决定是否可以继续行驶。

（2）EPC故障指示灯（图1-7，大众汽车特有的故障指示灯）即电子节气门故障指示灯：它也是显示发动机故障的，但是它显示的故障一般是电子节气门故障或发动机电控类相关故障。原因：①节气门过脏，有积炭；②电子节气门本身出现故障；③进气歧管真空漏气；④燃油品质有问题；⑤尾灯刹车灯有故障。

一般来说，EPC故障指示灯点亮时不影响正常驾驶。

（3）发动机充电指示灯（图1-8）：拧动钥匙起动发动机，车辆自检后会自动熄灭。如果指示灯常亮，则表明此时发

图1-6　发动机故障指示灯

图1-7　EPC故障指示灯

动机充电出现了问题，发动机电量耗尽后车辆则无法起动。原因：①发电机不发电；②发动机故障充不进电。

图 1-8　发动机充电指示灯

发动机充电指示灯的作用是显示充电系统的工作情况，如果发动机充电指示灯常亮，就说明发电机系统存在一定的故障。

（4）机油压力指示灯（图 1-9）：用来显示发动机内机油压力状况，发动机工作状态时应熄灭，灯亮则表明机油压力低于正常值，需要检查、维修。原因：①缺机油；②机油黏度过低；③机油压力指示灯电路故障；④机油泵故障；⑤发动机机械磨损，轴与轴瓦间隙过大。

图 1-9　机油压力指示灯

（5）水温报警指示灯（图 1-10）：指示灯亮，表明此时发动机冷却系统散热不好，水温已超出正常值，需要立即熄火检查、维修，否则发动机将抱瓦、拉缸。原因：①缺少冷却液；②水温传感器或水温表故障；③节温器故障造成冷却系统无大循环；④散热风扇故障；⑤水箱散热不好；⑥气缸垫密封不好，发动机气缸窜气。

图 1-10　水温报警指示灯

（6）车辆保养、维修提示灯（图 1-11）：车辆按千米数统计，每行驶一定距离（5 000 km 或 10 000 km，或自行设定保养周期），车辆保养、维修提示灯即点亮，提示驾驶员车辆应该进行保养了。保养结束后还需进行保养灯消灯，否则灯一直亮。保养灯消灯后，车辆按千米数开始进行下一个保养周期的重新计算。

图 1-11　车辆保养、维修提示灯

六、故障码、故障与故障症状之间的关系

发动机 ECU 存储的故障码有两种：一种是当前故障码，即当前控制系统中存在着故障；另一种是历史故障码，即曾经存在故障，但当前不存在该故障。因此，对故障部位进行维修后，记录在 ECU 中的故障码必须清除，如果不清除故障码，虽然不会影响发动机的运行，但在 ECU 中会一直保留着，下次再出现故障时，保留的故障码会与新的故障码一起出现，造成识别故障码的错觉。

七、故障码如何消除

（1）当发动机故障指示灯亮时，可以尝试连续三次对车辆进行起动和熄火；或拔掉发动机蓄电池的负极后，等待 30 s 再接上去。按上述方法做完后，看仪表盘的发动机故障指示灯是否还亮。若消不掉故障码，则必须使用故障诊断仪。

（2）有些车型必须使用故障诊断仪消除故障码，需进入 ECU 程序进行消除，没办法手动消除故障指示灯的点亮状态（具体操作根据车型不同会有差别，请参考相关车型维修手册）。

八、失效保护和应急备用系统

失效保护和应急备用系统依靠 ECU 内的软件完成其功能。在电控系统工作时，ECU 检测到某传感器内（或者其控制电路）出现故障时，将按设定的标准信号替代故障信号控制发动机继续运转，或者停止运转以保护发动机，确保车辆安全，这便是失效保护。

当发动机 ECU 内微处理器或少数重要传感器出现故障时，ECU 按预存的程序控制燃油喷射和点火正时，使电控系统维持最基本的控制功能，从而使发动机维持运转，汽车能维持基本行驶，这就是应急备用功能，它由 ECU 的备用 IC（集成电路）完成。

任 务 实 施

一、分组

按照班级人数平均进行分组（建议每组 5～8 人），每组选出一名负责人，负责人对小组任务进行分配。组员按负责人要求完成相关任务内容，并将自己所在小组及个人任务内容填入表 1-3 中。

表 1-3 小组成员职责分工

序号	组员姓名	组员职责
1	AB	准备三件套
2	CD	验证发动机运转是否正常　是□　否□ 仪表上是否有发动机故障指示灯常亮　是□　否□
3	EF	准备工具、资料
4	GH	准备零部件、物料
5		

二、填写作业工单

每组接受任务，对故障车进行检查，并填写作业工单（表 1-4）。

表 1-4 作业工单

作业工单			
车型		年款	
VIN		维修日期	
故障现象描述： 2017 年 8 月出厂的一汽大众宝来汽车，搭载 1.6 L EA211 发动机，现行驶里程 6 万 km。打开点火开关，起动发动机，发动机运转正常，但仪表上显示发动机故障指示灯亮。车主反映故障指示灯亮了一天			

故障初步诊断：	
油表检查	环车检查
油量显示（用箭头标记）	外观检查（损坏处用圆圈标出）
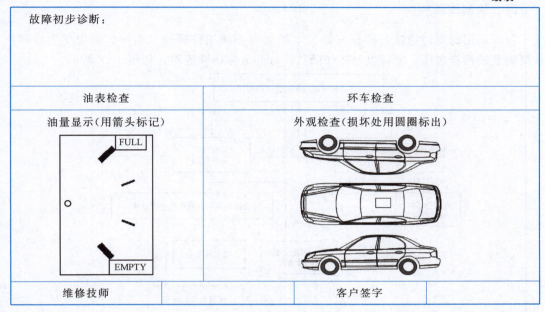	
维修技师	客户签字

三、验证故障现象

以小组为单位，通过试车来验证客户描述的故障现象，填写表1-5。

表 1-5　故障现象验证

序号	人员	试车内容	结果	
1	AB	发动机是否能顺利起动	是	否
2	CD	发动机故障指示灯是否常亮	是	否
3	EF	其他仪表灯是否正常	是	否
4	EF	发动机怠速是否抖动	是	否
5	GH	发动机加速是否正常	是	否
6	GH	其他	是	否
序号	故障码	检查内容记录及分析	性质	
1				
2				
3				
最终结果：				

四、绘制故障树

教师运用课堂讨论法，根据发动机电控管理系统工作原理，引导、带领学生按照从简到繁的检查顺序，制订发动机故障指示灯亮故障诊断流程，如图 1-12 所示。

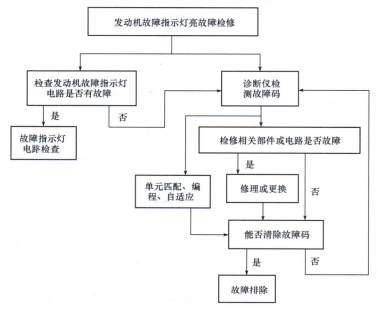

图 1-12 发动机故障指示灯亮故障诊断流程

五、制订诊断计划

以小组为单位分析并制订诊断计划：查阅维修手册，根据检测出的故障码分析引起发动机故障指示灯亮的原因，并列出故障诊断计划，填入表 1-6。

表 1-6 故障诊断计划

序号	可能原因	诊断方法	使用设备/工具
1	发动机故障指示灯电路故障	查维修手册电路图	万用表
2	相关传感器	阻值及工作电压检测	万用表、示波器
3	传感器故障	数据流检查	故障诊断仪
4	设定、编码	设定功能	故障诊断仪
5			
教师意见：			

六、制订工作计划

根据诊断计划，小组按成员进行任务分工，制订工作计划（表 1-7）。

表 1-7　工作计划表

步骤	工作内容	工具/辅具	注意事项	操作人
1	使用故障诊断仪对发动机进行检测	故障诊断仪	安全操作	AB
2	测量相关传感器阻值及工作电压	万用表、故障诊断仪	安全操作	CD
3	传感器数据流检查	故障诊断仪	安全操作	EF
4	发动机计算机设定	故障诊断仪	安全操作	GH

七、填写项目单

根据知识内容完成项目单填写（用最简洁的语言填空）（表 1-8）。

表 1-8　项目单

	零件名称： 作用： 所属类别：传感器□　　执行器□
	零件名称： 作用： 所属类别：传感器□　　执行器□
	零件名称： 作用： 所属类别：传感器□　　执行器□
	零件名称： 作用： 所属类别：传感器□　　执行器□
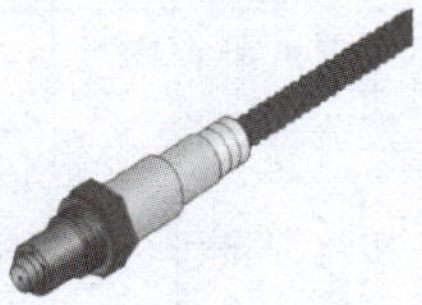	零件名称： 作用： 所属类别：传感器□　　执行器□

续表

图片	说明
	零件名称： 作用： 所属类别：传感器□　执行器□
	零件名称： 作用： 所属类别：传感器□　执行器□
	零件名称： 作用： 所属类别：传感器□　执行器□
	零件名称： 作用： 所属类别：传感器□　执行器□
	零件名称： 作用： 所属类别：传感器□　执行器□
	零件名称： 作用： 所属类别：传感器□　执行器□
	零件名称： 作用： 所属类别：传感器□　执行器□

八、诊断及维修

（1）使用故障诊断仪读取故障码，并完成任务实施表的填写（表1-9）。

表 1-9　任务实施表

步骤	工作内容	工具/辅具	注意事项	操作者
1	安装座椅套、地板垫、方向盘套	无	不要弄脏车内	AB
2	先连接故障诊断仪，再打开点火开关	故障诊断仪	按流程操作	AB
3	打开钥匙门至 ON 进行自检，检查发动机故障指示灯是否常亮	故障诊断仪	按流程操作	AB

步骤	工作内容	工具/辅具	注意事项	操作者
4	使用故障诊断仪对发动机电控系统进行故障诊断，提取故障码、消除故障码	故障诊断仪	按流程操作，认真仔细	AB
5	根据故障诊断仪检测结果找到显示故障的传感器，拆卸传感器检查	常用工具	按流程操作，认真仔细	CDE
6	断开传感器插接头，检查传感器阻值、供电电压及工作波形	万用表、示波器	按流程操作，认真仔细	CDE
7	根据故障诊断仪检测结果提示对相关电路进行检查，排查是否有插接头接触不良、线路短路及断路故障	万用表	按流程操作，认真仔细	FGH
8	故障分析：分析检查结果，确定故障原因，找出故障点	无	无	小组
9	确定维修方案：换件或维修调整	无	经济性与可行性	小组
10	维修与调整：修理、调整、更换传感器或检修电路	维修工具	按流程正确安装	FGH
11	使用故障诊断仪检测发动机电控系统，查看系统是否还存在故障码	故障诊断仪	按流程操作	AB
12	验证故障是否排除：试车确认故障是否排除	故障诊断仪	试车	小组

（2）对测量结果做记录，并给出解决方案（表1-10）。

表1-10 测量结果记录

序号	检测项目	标准	实际	判断是否正常
1				
2				
3				
4				
5				
6				
最终结果：				
处理方法：				

九、检查与评估

填写检查单（表1-11）。

表1-11　检查单

项目一	发动机系统故障检测与诊断		任务一	发动机故障指示灯亮故障检修
检查学时		4学时	第　　　组	
检查目的及方式		教师全程监控小组的工作情况，如检查结果等级为不合格，则小组需要整改，并拿出整改说明		
序号	考核内容	配分	评分标准（每项累计扣分不超过配分）	得分
1	正确使用工具、仪表	10	使用工具、仪表错误，每项扣5分	
2	故障现象判断	10	判断思路不明确扣10分	
3	故障诊断过程	30	检查方法错误、不会使用故障诊断仪扣10分	
			操作过程不规范扣10分	
			检查结果错误扣10分	
4	故障确认与排除及工单的填写	20	不能排除故障扣20分	
			一处故障未确认扣10分	
5	验证排除效果	10	不验证或方法错误扣10分	
6	遵守规程、安全生产、工具使用正确、现场卫生、防护措施	15	每违规一项扣3分，直至扣完	
7	因违反操作规程造成事故	5	因违规操作发生重大人身或设备事故，此题按0分计	

检查结果分级

（90分及以上为优秀，80分及以上为良好，70分及以上为中等，60分及以上为及格，低于60分为不及格）

检查评语		教师签字：

任务评价

1. 小组工作评价单

项目一	发动机系统故障检测与诊断		任务一	发动机故障指示灯亮故障检修		
评价学时			4 学时			
班级：			第　　　组			
考核情境	考核内容及要求	分值(100)	小组自评(10%)	小组互评(20%)	教师评分(70%)	实际得分(∑)
汇报展示(20)	讲解知识点应用	5				
	讲解技能点运用	5				
	团队成员任务分配	5				
	工作过程描述	5				
质量评价(40)	工作质量自检	10				
	工作质量互检	5				
	工作质量终检	25				
团队情感(25)	社会主义核心价值观	5				
	创新性	5				
	参与率	5				
	合作性	5				
	劳动态度	5				
安全文明(10)	工作过程中遵守规程、安全生产情况	5				
	工具正确使用和保养、放置规范	5				
工作效率(5)	能够在要求的时间内完成，每超时 5 min 扣 1 分	5				

2. 小组成员素质评价单

项目一	发动机系统故障检测与诊断		任务一	发动机故障指示灯亮故障检修	
班级		第　　组		成员姓名	
评分说明	每个小组成员评价分为自评和小组其他成员评价两部分，取平均值计算，作为该小组成员的任务评价个人分数。共设计5个评分项目，依据评分标准进行合理量化评分。小组成员自评分后，由其他小组成员进行不记名评分				
对象	评分项目	评分标准			评分
自评 (100分)	核心价值观(20分)	是否有违背社会主义核心价值观的思想及行动			
	工作态度(20分)	是否按时完成负责的工作内容、遵守纪律，是否积极主动参与小组工作，是否全过程参与，是否吃苦耐劳，是否具有工匠精神			
	交流沟通(20分)	是否能良好地表达自己的观点，是否能倾听他人的观点			
	团队合作(20分)	是否与小组成员合作完成任务，做到相互协作、互相帮助、听从指挥			
	创新意识(20分)	看问题是否能独立思考、提出独到见解，是否能利用创新思维解决遇到的问题			
成员1 (100分)	核心价值观(20分)	是否有违背社会主义核心价值观的思想及行动			
	工作态度(20分)	是否按时完成负责的工作内容、遵守纪律，是否积极主动参与小组工作，是否全过程参与，是否吃苦耐劳，是否具有工匠精神			
	交流沟通(20分)	是否能良好地表达自己的观点，是否能倾听他人的观点			
	团队合作(20分)	是否与小组成员合作完成任务，做到相互协作、互相帮助、听从指挥			
	创新意识(20分)	看问题是否能独立思考、提出独到见解，是否能利用创新思维解决遇到的问题			
成员2 (100分)	核心价值观(20分)	是否有违背社会主义核心价值观的思想及行动			
	工作态度(20分)	是否按时完成负责的工作内容、遵守纪律，是否积极主动参与小组工作，是否全过程参与，是否吃苦耐劳，是否具有工匠精神			
	交流沟通(20分)	是否能良好地表达自己的观点，是否能倾听他人的观点			
	团队合作(20分)	是否与小组成员合作完成任务，做到相互协作、互相帮助、听从指挥			
	创新意识(20分)	看问题是否能独立思考、提出独到见解，是否能利用创新思维解决遇到的问题			

对象	评分项目	评分标准	评分
成员3 （100分）	核心价值观（20分）	是否有违背社会主义核心价值观的思想及行动	
	工作态度（20分）	是否按时完成负责的工作内容、遵守纪律，是否积极主动参与小组工作，是否全过程参与，是否吃苦耐劳，是否具有工匠精神	
	交流沟通（20分）	是否能良好地表达自己的观点，是否能倾听他人的观点	
	团队合作（20分）	是否与小组成员合作完成任务，做到相互协作、互相帮助、听从指挥	
	创新意识（20分）	看问题是否能独立思考、提出独到见解，是否能利用创新思维解决遇到的问题	
成员4 （100分）	核心价值观（20分）	是否有违背社会主义核心价值观的思想及行动	
	工作态度（20分）	是否按时完成负责的工作内容、遵守纪律，是否积极主动参与小组工作，是否全过程参与，是否吃苦耐劳，是否具有工匠精神	
	交流沟通（20分）	是否能良好地表达自己的观点，是否能倾听他人的观点	
	团队合作（20分）	是否与小组成员合作完成任务，做到相互协作、互相帮助、听从指挥	
	创新意识（20分）	看问题是否能独立思考、提出独到见解，是否能利用创新思维解决遇到的问题	
成员5 （100分）	核心价值观（20分）	是否有违背社会主义核心价值观的思想及行动	
	工作态度（20分）	是否按时完成负责的工作内容、遵守纪律，是否积极主动参与小组工作，是否全过程参与，是否吃苦耐劳，是否具有工匠精神	
	交流沟通（20分）	是否能良好地表达自己的观点，是否能倾听他人的观点	
	团队合作（20分）	是否与小组成员合作完成任务，做到相互协作、互相帮助、听从指挥	
	创新意识（20分）	看问题是否能独立思考、提出独到见解，是否能利用创新思维解决遇到的问题	
成员6			
成员7			
成员8			
最终小组成员得分			

课 后 测 评

一、填空题

1. 控制计算机实时对传感器和执行器进行监测，当_____连续_____检测到同一个信号不正常，则故障指示灯点亮。

2. 不是故障指示灯亮就一定有故障，但故障指示灯亮则在 ECM 中一定会有_____存储。故障码存储在 ECM 的_____（RAM）中。

3. 存储在控制单元内的故障码需要使用_____进行消码（有些车型断开电瓶 3 min 以上也可以消码）。

二、判断题

1. 发电机是汽车的主要电源，由汽车发动机驱动，在发动机正常工作时，发电机对除起动机以外的所有用电设备供电，并向蓄电池充电，以补充蓄电池在使用中所消耗的电能。（　　）

2. 发电机是将机械能转变成电能的电机。发电机分为直流发电机和交流发电机两大类。现代汽车发电机采用交流发电机。汽油发动机中的交流发电机在工作时，发电机输出的正常电压为 14 V 左右。（　　）

3. 在发动机集中控制系统中，同一传感器信号可用于不同系统中。（　　）

4. 凡不受 ECU 直接控制的电子元件和机械元件，因未超出值域和时域范围，有故障现象，但无故障代码。（　　）

5. 在电控系统中，车载故障自诊断系统可以监测电路系统中每一条线路存在的故障（断路或短路）。（　　）

三、选择题

1. 汽车电路由电源、电路保护装置、控制装置、（　　）和电线组成。
　　A. 变压器　　　　　　　　　　　B. 开关
　　C. 发电机　　　　　　　　　　　D. 电气设备

2. 电路的三种状态为（　　）。
　　A. 电流、电压、电阻　　　　　　B. 通路、断路、短路
　　C. 超载、超时、超量

3. 故障诊断仪的使用注意事项是（　　）。
　　A. 应关闭点火开关，插上插头后再打开点火开关
　　B. 点火开关可以在打开位置插拔诊断仪插头
　　C. 故障诊断仪应先退出系统—关机—关闭点火开关—再拔掉诊断仪插头
　　D. 可以在打开位置直接拔诊断仪插头

4. 发动机电控系统由（　　）组成。
　　A. 电控单元　　　　　　　　　　B. 传感器
　　C. 执行器　　　　　　　　　　　D. 以上都正确

5. 发动机故障指示灯亮主要是由于（　　）引起的。
　　A. 检测尾气排放不达标　　　　　B. 底盘故障
　　C. 车身电气系统故障　　　　　　D. 以上都正确

四、简答题

1. 发动机电控系统的功能有哪些？

2. 发动机传感器主信号有哪些？

任务二　起动机运转正常但发动机无法起动故障检修

任务描述

李先生的 2014 年 8 月出厂的一汽大众宝来汽车，配备 1.6L EA211 自然吸气发动机，09G 自动变速箱，现已安全行驶 12 万 km。

故障现象：据李先生反映，今天早上打开点火开关起动发动机，起动机运转正常但发动机无法起动。此故障现象已持续有一段时间，原来只是偶尔发生，这次彻底打不着火了。

任务解析

汽油发动机正常工作的三大要素：足够的压缩压力、强火花的正时点火、适当的可燃混合气。学生运用已学的汽油发动机电控系统、发动机机械系统、汽车防盗系统、发动机燃油系统、发动机点火系统工作原理等知识，使用万用表、故障诊断仪等检测工具及汽车专用仪器设备，对点火系统、燃油供给系统、发动机电控系统如曲轴位置传感器和点火线圈电源或搭铁线、燃油泵继电器及其相关线路、喷油器电源线路和各熔断器等进行检测，熟练识读起动系统电路图，以维修手册资料为依据，规范操作，按照由简入繁、从上到下的流程排除故障。

本任务所涉及的知识点及技能点，扫描二维码查看。

前导知识测试

在学习本任务之前，先对大家的知识及技能储备情况进行一个测试，以了解大家对发动机机械系统、汽车防盗系统、发动机电控原理知识的掌握情况，是否具备了学习本任务应具备的能力。扫描二维码查看测试内容。

知识链接

一、汽车防盗系统

汽车防盗系统是指防止汽车本身或车上的物品被盗所设置的系统。它由电子控制的遥控器或钥匙、电子控制电路、报警装置和执行机构等组成。

汽车防盗系统通过将防盗器与汽车电路配接在一起，从而可以达到防止车辆被盗、被侵犯、保护汽车并实现防盗器各种功能的目的。随着科技进步，人们研制出不同方式、结构的防盗器，防盗器按结构可分为机械式、芯片式、电子式和网络式四大类。

现在应用最广泛的是芯片式数码防盗器和电子式防盗器。高端汽车使用网络式防盗器。

芯片式数码防盗器的基本原理是锁住汽车的发动机、电路和油路，在没有芯片钥匙的情况下无法起动车辆。芯片式数码防盗器已经发展到第四代，第四代电子防盗系统除比以往的电子防盗系统起到更有效的防盗效果外，还具有其他先进之处：独特的射频识别技术可以保证系统在任何情况下都能正确地识别驾驶者，在驾驶者接近或远离车辆时可以自动识别其身份，自动打开或关闭车锁(图 1-13)。

图 1-13　电子式防盗装置

所谓电子式防盗，简而言之就是给车锁加上电子识别，开锁配钥匙都需要输入十几位密码的汽车防盗方式。它一般具有遥控技术，是随着电子技术的发展而迅速发展起来的一种防盗技术。电子式防盗器有如下五大功能。

(1)防盗报警功能。这个功能是指在车主遥控锁门后，报警器即进入警戒状态，此时如果有人撬门或用钥匙开门，会立即引起防盗器鸣叫报警，吓阻窃贼行窃，这也是电子式防盗器最大的优点和争议之处，因为它发出的"哇、哇"声在震慑盗贼的同时，也存在着扰民的弊端。

(2)车门未关安全提示功能。行车前车门未关妥，警示灯会连续闪烁数秒。汽车熄火遥控锁门后，若车门未关妥，则车灯会不停闪烁，喇叭鸣叫，直至车门关好为止。

(3)寻车功能。车主用遥控器寻车时，喇叭断续鸣叫，同时伴有车灯闪烁提示。

(4)遥控中央门锁。当遥控器发射正确信号时，中央门锁自动开启或关闭。电子遥控防盗装置的遥控器、电子钥匙都有相对应的密码。

(5)解锁发动机电控系统。将电子钥匙放入点火锁内，电子钥匙将内置密码发至控制电路中的接收线圈，产生的电感耦合令电路和油路起动，使汽车发动机得以运行。

二、汽车发动机电控系统

汽车发动机、底盘及车身等都运用了现代电控电子技术。其中，发动机的电控电子技术主要包括电空电子燃油喷射技术、电控电子点火技术等。汽车发动机各电控电子系统的结构组成基本相同，包括信号输入电路、电控单元及执行元件输出电路。其工作原理：信号输入装置通过信号输入电路向电控单元输入信号，电控单元对信号进行分析和处理之后，向执行元件输出电路发出指令，执行电路工作。电控单元就是可实现精准控制的电子开关。

电控系统组成：由传感器、控制单元、执行器组成。核心部件是控制单元。

电控系统基本功能：燃油喷射控制、电子点火控制。

电控系统其他功能：怠速控制、进气控制、排放控制、增压压力控制、巡航控制、警告提示功能、自诊断与报警功能、失效保护及应急备用功能等。

(一)传感器

1. 空气流量计

功能：采集发动机进气量信息，并反馈给发动机控制单元，用于计算点火时刻与喷油量。热膜式空气流量计如图 1-14 所示。

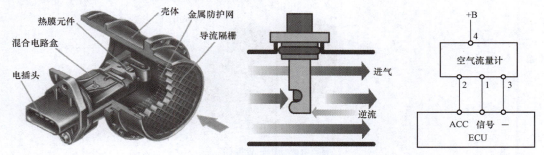

图 1-14　热膜式空气流量计

安装位置：安装在空气滤清器和节气门之间的进气歧管上。

安装方向：需按照空气流量计上的箭头指示安装。

注意事项：不允许测量电阻及用高压空气吹传感器部分。

检测：可以通过测量发动机运行时的输出电压数据来判断。发动机怠速情况下，在插头的信号端测量动态信号电压，标准电压为 0.8～1.4 V；加速到全负荷时，电压信号可接近 4 V。如果不在该范围，则可能是空气流量计本身损坏，也可能是脏污所致，清洗即可。

2. 进气压力传感器

功能：属于压电型传感器，用于监测进气歧管的压力(或压力与温度)，ECU 利用其输出的信号结合转速信号确定进气密度与质量，间接测量进气量。进气压力传感器如图 1-15 所示。

安装位置：安装在进气歧管处。

检测：发动机电控单元提供 5 V 电压，传感器根据大气压力与进气歧管压力差反馈 0～5 V 的信号电压给发动机电控单元。

3. 节气门

节气门是发动机管理系统的主要部件之一，用于控制发动机进气歧管的进气量，从而控制发动机的转速和输出功率。现在大多采用电子节气门，如图 1-16 所示。

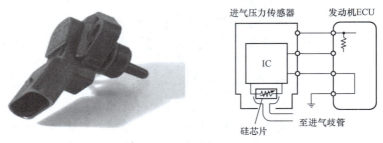

图 1-15 进气压力传感器

电子节气门由节气门阀片、节气门位置传感器、节气门控制电机组成。电子节气门既是传感器又是执行器。

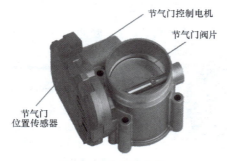

图 1-16 电子节气门

节气门位置传感器检测如图 1-17 所示。

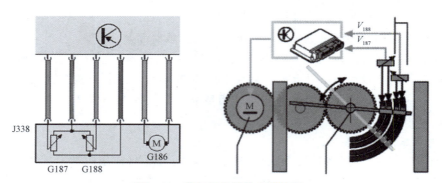

图 1-17 节气门位置传感器检测

节气门位置传感器 G187、G188 反馈信号电压之和为 5 V。

公式：$V_{187} + V_{188} = 5$ V。

4. 曲轴位置传感器

功能：曲轴位置传感器为 ECU 提供 1、4 缸上止点位置参考信号及发动机转速信号，确定点火时间和喷油时刻，是发动机电子控制的主信号，如图 1-18 所示。

曲轴位置传感器一般采用电磁感应式曲轴位置传感器和霍尔式曲轴位置传感器。

 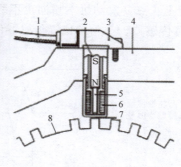

图 1-18　曲轴位置传感器

1—屏蔽的电缆；2—永磁铁；3—传感器外壳；4—安装支架；
5—软磁铁芯；6—线圈；7—空气间隙；8—带缺齿记号的信号齿环

曲轴位置传感器检测。

（1）电阻：电磁感应式阻值 1 000 kΩ 左右，随车型不同可能会有所不同。

（2）交变电压为 1～3 V，交流信号。

电磁感应式曲轴位置传感器的波形如图 1-19 所示。

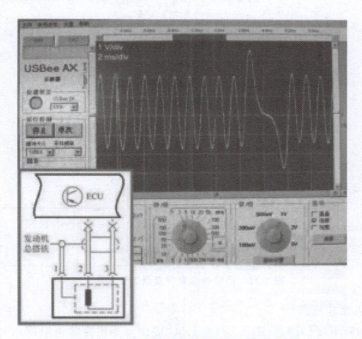

图 1-19　电磁感应式曲轴位置传感器的波形

5. 凸轮轴位置传感器

功能：凸轮轴位置（CMP）传感器和曲轴位置传感器相配合，为 ECU 提供曲轴相位信息，即区分 1 缸的压缩上止点和排气上止点。它是发动机电子控制的主信号。

凸轮轴位置传感器一般为霍尔式传感器。

发动机曲轴位置传感器和凸轮轴位置传感器信号同时缺失时，发动机将无法判断1缸压缩行程上止点，发动机不喷油也不跳火。

曲轴位置传感器、凸轮轴位置传感器信号如图 1-20 所示。

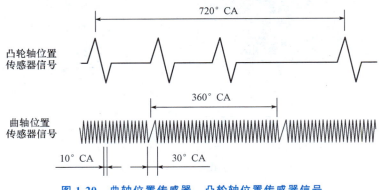

图 1-20　曲轴位置传感器、凸轮轴位置传感器信号

凸轮轴位置传感器工作原理如图 1-21 所示。

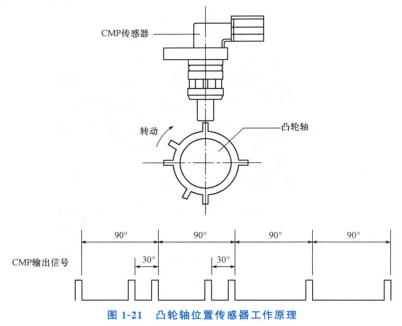

图 1-21　凸轮轴位置传感器工作原理

6. 冷却液温度传感器

功能：冷却液温度传感器（图 1-22）为 ECU 提供发动机冷却液温度信号，将其作为燃油喷射和点火正时控制的修正信号。冷却液温度传感器信号也是其他控制系统（如 EGR 等）的控制信号。

安装位置：安装在发动机缸体水套或冷却液管路中，与冷却液接触。

冷却液温度传感器是一个负温度系数（NTC）的热敏电阻，其电阻值随着温度上升而减小，但不是线性关系(图 1-23)。

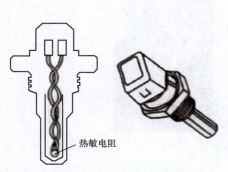

图 1-22　冷却液温度传感器

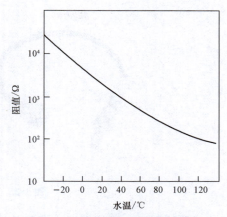

图 1-23　冷却液温度传感器阻值

冷却液温度传感器检测。

(1)电阻测量：拔下插头，用万用表测试传感器 1 和 2 针脚间的电阻值。

(2)电压测量：当点火开关置于"ON"位置时，测量水温传感器导线连接器"THW"端子或 ECU 连接器"THW"端子与 E2 之间的电压，如图 1-24 所示。

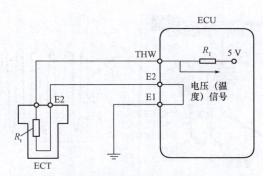

图 1-24　冷却液温度传感器输出电压测量

7. 氧传感器

功能：根据尾气中氧的含量来判断混合气浓度，使发动机空燃比保持在 14.7 : 1 的理想空燃比。发动机控制系统中普遍采用由氧传感器组成的空燃比反馈控制方式，即闭环控制方式。

氧传感器(图 1-25)可分为普通型氧传感器和宽频型氧传感器。

氧传感器一旦出现故障，将使电子燃油喷射系统的计算机不能得到排气管中氧浓度的信息，因而不能对空燃比进行反馈控制，会使发动机油耗和排气污染增加，发动机最终出现怠速不稳、缺火、喘振等故障现象。

安装位置：在排气管三元催化器前端和后端各有一个。

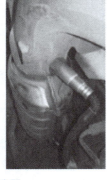

图 1-25 氧传感器

氧传感器检测：一般情况下汽车氧传感器的加热电阻为 10 Ω 左右。氧传感器输出电压一般为 0.2～0.9 V，其变化在 0.5 V 左右。

氧传感器外观检查：从排气管上拆下氧传感器，氧传感器外壳上的通气孔应无堵塞，陶瓷芯应无破损，顶尖颜色应为浅灰色。

信号电压变化次数：在 2 500 r/min 时，10 s 内变化不少于 8 次，信号波动越活跃，说明氧传感器的性能状态越好，如图 1-26 所示。

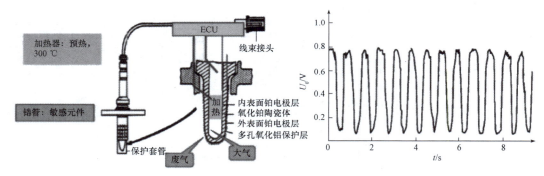

图 1-26 氧传感器信号波形

(二)执行器

1. EGR 阀(废气再循环阀)

功能：对进入进气歧管的废气量进行控制，通过参与燃烧来降低燃烧室温度，提高发动机的工作效率，改善燃烧环境，有效减少 NO 化合物的排放，减少爆震，延长各部件的使用寿命。

安装位置：通常位于进气歧管的右侧，靠近进气门体，有一通向排气歧管的金属管与之相连，如图 1-27 所示。

EGR 阀的开闭由发动机 ECU 控制。发动机 ECU 根据发动机的转速、负荷(节气门开度)、温度、进气流量、排气温度控制参与再循环的废气量。

废气再循环控制系统只在冷却液温度高于 35 ℃、发动机部分负荷工况下工作，在怠速和全负荷工况下工作。

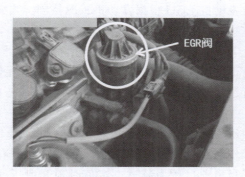

图 1-27　EGR 阀

工作原理：由发动机 ECU 控制针阀的位置，针阀控制排气歧管与进气歧管通道的大小。过度的废气参与再循环，将会影响混合气的着火和性能，从而影响发动机的动力性，如图 1-28 所示。

EGR 阀卡死在打开位置，将会造成发动机怠速抖动，并有发动机故障码显示。

图 1-28　EGR 阀工作原理

2. 碳罐电磁阀

碳罐电磁阀安装在碳罐与进气歧管之间，是燃油蒸汽控制系统（EAVP）的一个重要部件（图 1-29）。通过电磁阀控制使吸附于碳管的燃油蒸汽进入发动机参与燃烧，减少因燃油蒸发排放造成的空气污染，同时提高燃油效率。

图 1-29　碳罐电磁阀

碳罐电磁阀的通断由发动机 ECU 根据发动机工况控制。当碳罐电磁阀处于常开故障时，会造成发动机怠速抖动，并有发动机故障码显示。

3. 燃油泵

功能：将燃油从油箱送往发动机，并且保证一定的油压和足够的油量。

燃油泵由直流电动机、叶片泵和端盖（集成了止回阀、泄压阀和抗电磁干扰元件）等组成。

燃油泵工作时，燃油压力升高，当达到一定值时，则顶开出油阀经出油口输出。出油阀还可在燃油泵不工作时阻止燃油流回油箱，保持油路中有一定的残余压力，便于下次起动。泄压阀用于当出油口压力超过一定值时顶开泄压，防止燃油泵内部压力过高。因此燃油泵出口的最大压力由泄压阀决定，如图 1-30 所示。

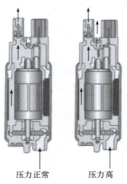

压力正常　　　压力高

图 1-30　燃油泵工作原理

电动燃油泵的阻值一般为 0.2～3 Ω。

4. 喷油器

功能：将燃油喷射到发动机进气歧管内或气缸内与空气形成混合气。

喷油器（图 1-31）可分为阀针式和孔式。喷油量取决于喷油器通电时间。喷油器还可分为低阻型喷油器和高阻型喷油器。低阻型喷油器控制电路中要串联附加电阻，阻值为 2～3 Ω，驱动电压一般为 5～6 V；高阻型喷油器阻值为 12～17 Ω，驱动电压一般为 12 V，如图 1-32 所示。（注：低阻型喷油器不能用 12 V 电压直接进行测试。）

图 1-31　喷油器

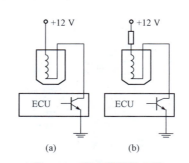

(a)　　　　　(b)

图 1-32　喷油器驱动电压

（a）高阻型喷油器；（b）低阻型喷油器

喷油器需检查阻值、喷射雾化情况及喷量。几个喷嘴喷量差值不能超过10%，否则会造成发动机抖动。

5. 点火线圈

功能：点火线圈由初级绕组、次级绕组和铁芯等组成。其是将低压电转变为高压电的主要部件（图1-33），是汽车点火系统的高压电源。

点火线圈实际上就是一个变压器（图1-34），将汽车12 V的电压转变为2万～3万V的电压，汽车点火系统利用此高压电来点燃气缸中的混合气。

图1-33　点火线圈

图1-34　点火线圈

1—初级绕组；2—次级绕组；3—铁芯

随着汽车汽油发动机向高转速、高压缩比、大功率、低油耗和低排放的方向发展，传统的点火装置已经不满足使用要求。现在大多采用数字式电控点火系统。

单独点火方式点火线圈：每一个气缸分配一个点火线圈，点火线圈直接安装在火花塞上的顶上，取消了高压线。由于没有分电器和高压线，能量传导损失及漏电损失极小，没有机械磨损，而且各缸的点火线圈和火花塞装配在一起，外用金属包裹，大幅减少了电磁干扰。

现代点火线圈初级电路的通电时间由ECU控制，根据发动机的转速信号和电源电压信号确定最佳的通电时间，并控制点火器输出指令信号，以控制点火器中晶体管的导通时间。

独立点火方式点火线圈的检查。

（1）外部检查：目测点火线圈（图1-35）外部有无绝缘壳破裂、溢胶、连接管高压嘴烧蚀的症状，若有，应予以更换。

（2）跳火检查：观察火花塞跳火颜色，判断点火能量是否正常。火花塞壳体距气缸盖3～4 mm，正常火花颜色应为白色微带蓝色粗壮火花，跳火时伴有"啪啪"炸裂声响（图1-36）。

图1-35　检查点火线圈　　　　图1-36　火花塞点火能量检查

6. 火花塞

作用：将上万伏的高压电引入燃烧室，并产生电火花点燃混合气，与点火系统和供油系统配合使发动机做功，在很大程度上共同决定着汽油发动机的性能。

结构：火花塞主要由中央电极、陶瓷绝缘体、壳体和侧电极组成，如图1-37所示。

类型：按照热值高低来分，有冷型和热型；按照电极材料来分，有镍合金、银合金和铂合金等。

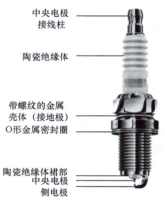

中央电极
接线柱

陶瓷绝缘体

带螺纹的金属
壳体（接地极）
O形金属密封圈

陶瓷绝缘体裙部
中央电极
侧电极

图1-37 火花塞结构组成

热值：火花塞的热值代表散热快慢，热值越大，散热越快。不同的发动机要求使用的火花塞不同，必须按照维修手册上相应的标准选择。火花塞按热值不同可分为冷型、热型、中型。

电极间隙：火花塞的中央电极与侧电极之间的间隙为主要工作技术指标，若间隙过大，则点火线圈和分电器产生的高压电难以跳过，致使发动机起动困难；若间隙过小，会导致火花微弱，同时易发生漏电。火花塞间隙对跳火的影响如图1-38所示。

火花塞的自净温度：当火花塞吸收和散发的热量达到平衡时，落在绝缘体上的油滴能立刻燃尽，不形成积炭，这个温度就叫作火花塞的自净温度。火花塞的自净温度为500～700 ℃，低于这个温度，火花塞易产生积炭，高于这个温度，火花塞表面易产生炽热点，形成早燃。因此选择正确热值的火花塞很重要。

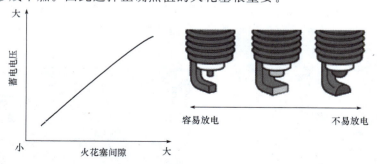

图1-38 火花塞间隙对跳火的影响

火花塞检查：

(1)间隙检查：0.8～1.1 mm，不同型号略有区别。必要时可以使用塞尺厚薄规调整火花塞间隙，如图 1-39 所示。火花塞间隙过大会造成冷车起动困难、油耗增加；间隙过小会造成跳火不好，发动机缺缸。

(2)外观检查：正常的火花塞应该表面干净，颜色为棕色或黄色、黄白色，如图 1-40(a) 所示。火花塞表面发黑说明有积炭或油污，可能是油气混合气过浓或供电系统不良或空气滤清器脏污或火花塞热值使用错误等，需要清理或更换；火花塞表面有烧蚀斑点，颜色为白灰色，表明点火过早或发动机温度过高[图 1-40(c)]。检查绝缘体应无破损、裂纹，中心电极、侧电极应无烧损，裙部应无漏电等情况[图 1-40(b)]。

图 1-39　火花塞间隙

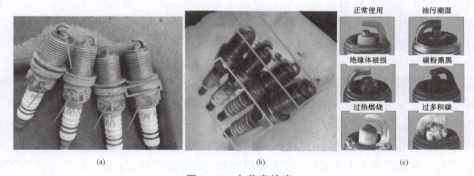

(a)　　　　　　　　　　(b)　　　　　　　　　　(c)

图 1-40　火花塞检查

(3)火花塞阻值检查：火花塞阻值应为 5～10 kΩ。使用万用表电阻挡 20 kΩ 测量火花塞中央电极与中央电极接线柱之间的电阻值，如图 1-41 所示。

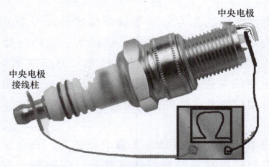

图 1-41　用万用表测量火花塞阻值

(三)汽车发动机电控系统常见故障

1.线路故障方面

汽车发动机电控系统的各个部分都是由线路及接插头连接的,线路及接插头如果出现断路、短路、破损等故障,就会导致信号传输中断,电控系统无法获得指令,发动机电控系统无法正常工作,出现各个执行元件工作异常等故障。线路的故障是比较好检测的,同时也比较容易修复。因此在检测汽车发动机电控系统时,可以优先检测线路方面是否存在故障。

2.元件老化故障方面

汽车发动机电控系统因长时间运行,并且其工作环境温度较高,电子元件会出现损伤和老化,性能退化,导致整体性能下降,影响汽车发动机电控系统的正常工作。除此之外,如果长时间没有对其进行清理,灰尘、油污等严重附着,也会影响电子元件的工作,电子元件的使用寿命严重缩短,严重时还会发生电控单元报废等情况。

3.元件击穿故障方面

汽车发动机电控系统还有可能发生电子元件被击穿的问题,从而导致电子电路短路。出现这种情况的原因:汽车电路受到大电压冲击;发动机高负荷运转;发动机高温导致电子元件工作电压变化等。如果电控单元的相关电容、三极管等元件发生击穿,就会出现电控单元内部短路,整个电控系统工作瘫痪,汽车发动机无法正常起动和运转。因此,日常检测要确保发动机各电路的电压稳定,避免元件击穿情况的发生。

(四)汽车发动机电控系统故障检修

1.常用检测工具及设备

发动机电控系统检测、维修常用的工具有跨接线、测试灯、数字万用表、示波器、解码器等。对于线路连接性能的检测,跨接线和测试灯是最常用的,它们可以进行不同位置的跨接和不同亮度的测试,以判断电路的连接情况及电压的定性高低;对于定量检测,数字万用表可对电压、电阻等进行精准测量;对于复杂多变的控制信号检测,示波器可对电压信号进行直观的检测;对于疑难故障,解码器可以精准调取故障码和发动机数据流,大大缩短故障检测、维修的时间。另外,还有发动机检测仪等其他常用设备。

2.故障检测与维修分析

发动机电控系统检测与维修一般程序:向车主了解情况、进行外部检测、故障诊断仪检测、修复或换件。

向车主了解情况是将车主的非专业零散故障描述进行专业分析和信息汇总;进行外部检测主要是各相关电路熔断器、继电器、接插头、线路连接的外观检查和试车故障再现;故障诊断仪检测主要是进行发动机电控单元静态故障码和动态数据流读取。逐步地将故障现象与检测结果进行比对后,找到故障点,并分析故障发生的原理,最终经车主同意后可进行相应修复或换件。

(五)总结

对汽车发动机电控系统的定期检测、维修十分必要。充分掌握先进的检测、维修技术,以便更好地对发动机电控系统进行故障排除,保障行车安全。在对电控系统进行检修的过程中,要依照基本流程规范操作,选用适当的工具、设备,避免操作不当导致的发动机电控系统损坏。

三、电控燃油喷射系统检修

电控燃油喷射系统的作用是根据发动机负荷、转速、进气量、进气温度及冷却水温的变化情况，准确计算燃油量，保证发动机在各种工况下混合气空燃比达到最佳状态。

(一)电控燃油喷射系统的类型
电控燃油喷射装置按不同的方式可分为不同的类型。

1. 按检测进气量的方式分
压力型是在节气门后面装进气压力传感器，以测量进气歧管内的进气压力；流量型是在发动机进气软管处（空气滤清器与节气门之间）安装空气流量计，直接测定进入发动机的空气量。

2. 按喷油器数量分
单点喷射是在节气门后方用一个喷油器集中喷射；多点喷射是在每个进气门前方都设一个喷油器。

3. 按控制系统分
开环系统不带氧传感器；闭环系统是在排气管内安装氧传感器，将氧含量信号反馈给发动机 ECU，随时修正喷入发动机的燃料量。

4. 按喷射方式分
间接喷射是每一缸的喷射都有一个限定的喷射持续期；连续喷射是在发动机的整个工作循环都喷油，而且都是喷在进气道内。

5. 按喷油器工作方式分
机械式是通过机械传动与液力传动实现燃油计量的；电子控制式是由电控单元及电磁式喷油器实现燃油计量的。

6. 按喷射位置分
按喷射位置可分为缸内直喷和歧管喷射两种，如图 1-42 所示。

(1)缸内直喷。喷油器将汽油直接喷射到气缸燃烧室内，燃油系统需要较高的喷油压力。缸内直喷可以大大提高燃油经济性，降低排放。

(a)   (b)

图 1-42　缸内直喷和歧管喷射
(a)缸内直喷；(b)歧管喷射

（2）歧管喷射。该方式中喷油器被安装于进气歧管内或进气门附近，故汽油在进气过程中被喷射后与空气混合形成可燃混合气，再进入气缸内。理论上，喷射点设计在各缸排气行程上止点前 70°左右最佳。

（二）电控燃油喷射系统组成

电控燃油喷射系统主要由空气供给系统、燃料供给系统和控制系统三大部分组成。图 1-43 所示是电控燃油喷射系统的组成。

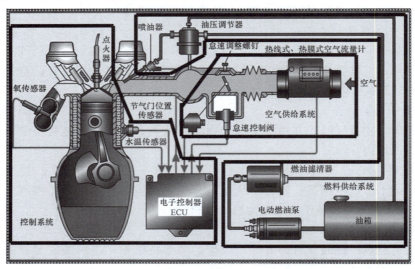

图 1-43　电控燃油喷射系统组成

1. 空气供给系统

空气供给系统的功能是测量和控制汽油燃烧时所需的空气量。空气经过空气滤清器后，由空气流量计进行计量，通过节气门进入进气歧管，再分配给各个气缸。对于没有空气流量计的进气系统，ECU 主要根据发动机转速和进气歧管的真空度及发动机温度等因素，决定喷油器的喷油量。

汽车行驶时，由驾驶员通过加速踏板控制节气门。

2. 燃料供给系统

其功能是向发动机提供混合气燃烧所需的燃油量。

过程：油箱→电动燃油泵→燃油滤清器滤去杂质→燃油分配管→燃油压力调节器使喷油压力恒定在 3.0～4.0 bar[①]→分配到各喷油器→接受电控单元的指令控制→进气门打开→将燃油喷出→随空气进入气缸。

3. 控制系统

发动机电控单元（ECU）根据电路接收的输入信号主要有发动机转速传感器、凸轮轴位置传感器、空气流量计、起动开关信号、节气门位置传感器、冷却水温度传感器、进气温度传感器等，这些传感器分别将发动机的负荷、转速、加速、减速、吸入空气

---

① 　1 bar＝10^5 Pa。

量和温度及冷却水温度的变化情况转换成电信号，输送到发动机电控单元，电控单元根据这些信息，经过综合判断与计算，控制喷油器针阀的开启时刻和持续时间，保证供给各缸最佳的混合气。

(三)工作原理

燃油喷射系统提供 3.0～4.0 bar 稳定的油压，ECU 根据空气流量计信号和发动机转速信号确定基本喷油时间，再根据其他传感器对喷油时间进行修正，并按最后确定的总喷油时间向喷油器发出指令，使喷油器喷油或断油。通过控制喷油器，精确地控制喷油量，使发动机在各种工况下都能获得最佳浓度的混合气。燃油喷射系统通过计算机中的控制程序，能实现起动加浓、暖机加浓、加速加浓、全负荷加浓、减速调稀、强制断油、自动怠速控制等功能，满足发动机特殊工况对混合气的要求，使发动机获得良好的燃料经济性和排放性。

(四)发动机冷起动喷油量控制

发动机起动时由起动机带动运转。由于转速很低，转速的波动很大，空气流量传感器所测得的进气量信号有很大的误差。基于这个原因，在发动机起动时，ECU 不以空气流量传感器的信号作为喷油量的计算依据，而是按照预先给定的起动程序来进行喷油控制。ECU 通过起动开关和转速传感器的信号，判定发动机是否处于起动状态，以决定是否按起动程序控制喷油。当起动开关接通，并且发动机转速低于 300 r/min 时，ECU 判定发动机处于起动状态，从而按照起动程序控制喷油。

在起动喷油控制程序中，ECU 按发动机水温、进气温度及起动转速计算出一个固定的喷油量。这一喷油量可以使发动机获得顺利起动所需的浓混合气。冷车起动时，发动机温度很低，喷入进气道的燃油不易蒸发。为了能够产生足够的燃油蒸气，形成足够浓度的可燃混合气，确保发动机在低温下也能正常起动，就必须进一步增大喷油量。通过 ECU 控制，以及通过增加各缸喷油器的喷油持续时间或喷油次数来增加喷油量；或者采用冷起动喷油器进行冷起动加浓。所增加的喷油量及加浓持续时间完全由ECU 通过进气温度传感器和发动机冷却液温度传感器测得的温度决定。发动机冷却液温度或进气温度越低，喷油量越大，加浓的持续时间也越长。

设有冷起动喷油器的控制方式：由双金属片结构的热限时开关控制冷起动喷油器的喷油时间，开启时间与发动机冷却液温度有直接关系。例如：在 −20 ℃时，最大的开启持续时间为 7.5 s，随着温度上升，开启持续时间将逐渐减小，当温度达到 35 ℃时，开关便一直为断开状态，冷起动喷油器停止喷油。

当发动机温度较低处于冷车状态，而冷起动喷油器不工作时，会造成冬季凉车起动困难；相反，当发动机温度已经处于热车状态(高于 35℃)不需要起动加浓时，若热限时开关出现故障，在起动时喷油器继续加浓，则会造成发动机热车不易起动。

目前的汽油发动机发展趋势已取消冷起动喷油器设置，而由各缸喷油器完成冷起动喷油器的任务，即通过异步喷油改善发动机的冷起动性能，这样不仅可使各缸供油均匀，而且可减小控制系统元件(冷起动喷油器)和简化线路。

(五)电控燃油喷射系统故障类型

1. 混合气稀

混合气稀故障原因一般是三方面：一是进气过多；二是进油太少；三是缸压不足。

以上故障是由漏气、油压不足、缺缸、空气流量计数据不准、油泵损坏、喷油器损坏等原因造成的。

具体故障原因归纳如下：

(1)进气漏气会造成混合气稀；

(2)燃油品质不好造成混合气稀；

(3)喷油器损坏、喷油器积炭堵塞、喷油量减少造成混合气稀；

(4)空气流量计信号失准会造成混合气稀；

(5)由于气缸压力低或缺缸，大量未燃混合气排入尾气，氧传感器检测到尾气中混合气浓，调整混合比减小喷油造成混合气稀；

(6)燃油泵损坏、燃油滤清器堵塞、油压(燃油压力)调节器会使燃油压力过低造成混合气稀。

在维修实践中，还要分清发动机的两个使用工况：一个是怠速工况；另一个是行驶工况，并进行分类。例如，怠速时混合气过稀，转速在 2 500 r/min 时混合气正常，故障原因是漏气；而怠速时混合气正常，转速在 2 500 r/min 时混合气过稀，故障原因是燃油滤清器堵塞。一定要按照不同使用工况进行故障分析。

2. 混合气浓

混合气浓一般表现症状为排气冒黑烟、火花塞积炭过多、严重时会自动熄火不能起动。

混合气浓故障原因：

(1)节气门积炭开度减小、空气滤清器过脏或进气道堵塞都会造成进气量减少；

(2)燃油系统油压过高、空气流量计信号失准、氧传感器故障失效、喷油器阀针过度磨损会造成喷油量过大；

(3)发动机修正信号失准，例如，进气温度传感器、冷却液温度传感器等发生信号故障，也会造成喷油量过多，混合气过浓。

(六)电控燃油喷射系统压力检测

电控燃油喷射系统压力检测共有四项指标：初始压力、怠速压力、加速压力、保持压力。

1. 燃油压力检测的步骤

(1)检查油箱内燃油应足够。将点火开关拧至 OFF 挡。

(2)将专用油压表连接到燃油系统中。有油压检测阀的直接接在油压检测阀上，没有油压检测阀的可先释放燃油系统压力，再断开进油管接头，接入三通接头，在三通接头上接上油压表。

(3)起动发动机，怠速运转，检查油压表指示压力应符合厂家标准，多点喷射系统油压应为 2.5～3.5 bar。

(4)拔开燃油压力调节器上的真空软管，并用手指堵住进气歧管一侧的管口，检查油压表指示值，油压应上升 0.5 bar 左右，见表 1-12。

表 1-12　帕萨特 B5 1.8T 发动机燃油压力检测

发动机工况		燃油压力/bar
怠速	未拔下燃油压力调节器真空管	3.5±0.2
	拔下燃油压力调节器真空管	4.0±0.2
急加速		3.5±0.2 或不低于怠速油压
熄火后 10 min		不低于 2.5

2. 燃油压力故障分析

(1)燃油压力过高。若油压表指示压力过高，则拔下燃油压力调节器上的真空软管，然后重新接上燃油压力调节器上的真空软管，检查油压表指示压力应略有下降(约0.5 bar)，否则应检查真空管路是否堵塞或漏气；若真空管路正常，则应检查回油管路是否堵塞；若回油管路正常，则说明燃油压力调节器有故障，应更换。

(2)燃油压力过低。若燃油系统压力过低，则可夹住回油软管以切断回油管路，再检查油压表指示压力，若压力上升至 4.0 bar 以上，则说明燃油压力调节器有故障，应更换；若压力仍过低，则应检查燃油系统有无泄漏，燃油泵滤网、燃油滤清器和回油管路是否堵塞，若无泄漏和堵塞故障，则应更换燃油泵。

(3)残压保持不住。发动机运行后熄火，等待 10 min 后，观察油压表的压力：多点喷射系统应不低于 2.5 bar。若压力过低，则应检查燃油系统是否有外泄漏；若无外泄漏，则说明燃油泵出油阀或燃油压力调节器回油阀或喷油器密封不良。

(七)喷油器检查

喷油器需检查阻值、喷射雾化情况、喷量(几个喷油器喷量差值不超过 10%)、滴漏(在燃油系统规定压力下，1 min 内滴漏不超过 1 滴)，如图 1-44 所示。

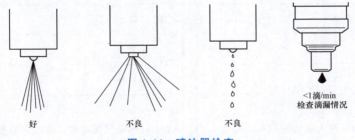

图 1-44　喷油器检查

当喷油器由于长时间使用阀针磨损或有杂质、积炭颗粒使喷油器密封不严出现滴漏时，会造成发动机燃油系统保持压力(初始油压)过低、起动困难；同时由于滴漏使发动机在热车状态时混合气过浓，不易起动。因此一定要区分发动机冷车不易起动、热车不易起动及无论冷热车状态都不易起动等几种故障症状，其影响原因是不同的，需要不同的解决方法。

思考：冷热车状态都不易起动，哪个信号传感器最应该检查？——曲轴位置 G28 或凸轮轴位置 G40 传感器。

任 务 实 施

一、分组

按照班级人数平均进行分组（建议每组 5~8 人），每组选出一名负责人，负责人对小组任务进行分配。组员按负责人要求完成相关任务内容，并将自己所在小组及个人任务内容填入表 1-13 中。

表 1-13　小组成员职责分工

序号	组员姓名	组员职责	
1	AB	准备三件套	
2	CD	验证起动机运转是否正常　是□　否□ 发动机是否能正常起动　是□　否□	
3	EF	准备工具、资料	
4	GH	准备零部件、物料	
5			

二、填写作业工单

每组接受任务，对故障车进行检查，并填写作业工单（表 1-14）。

表 1-14　作业工单

任务工单			
车型		年款	
VIN		维修日期	
故障现象描述： 　2014 年 8 月的一汽大众宝来汽车，配备 1.6L EA211 自然吸气发动机，09G 自动变速箱，行驶 12 万 km。故障现象：打开点火开关起动发动机，起动机运转正常但发动机无法起动。车主反映此故障发生有一段时间了，原来是偶尔发生，这次彻底打不着火了			
故障初步诊断： 			

油表检查	环车检查
油量显示（用箭头标记） 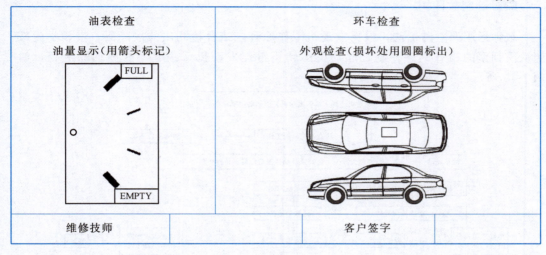	外观检查（损坏处用圆圈标出）
维修技师		客户签字	

三、验证故障现象

以小组为单位，通过试车来验证客户描述的故障现象，填写表 1-15。

表 1-15　故障现象验证

序号	人员	试车内容	结果	
1	AB	起动机运转是否正常	是	否
2	AB	发动机是否能顺利起动	是	否
3	AB	仪表防盗指示灯是否常亮	是	否
4	AB	其他仪表灯是否正常	是	否
5	CDE	故障诊断仪检测发动机是否有故障码	是	否
6	FGH	发动机是否有燃油	是	否
7	AB	火花塞是否跳火	是	否
8		其他		
序号	故障码	检查内容记录及分析	性质	
1				
2				
3				
最终结果：				

四、绘制故障树

教师运用课堂讨论法，根据发动机工作原理，结合检测出的故障码，带领学生按照从简到繁的检查顺序，制订起动机运转正常但发动机无法起动故障诊断流程，如图 1-45 所示。

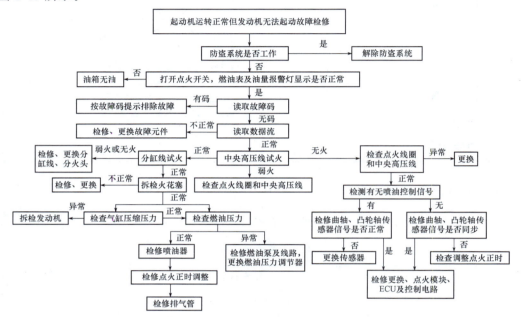

图 1-45　起动机运转正常但发动机无法起动故障诊断流程

五、分析制订诊断计划

通过查询维修手册，分析影响发动机起动性能的原因，并列出诊断计划，填入表 1-16 中。

表 1-16　故障诊断计划

序号	可能原因	诊断方法	使用设备/工具
1	发动机故障指示灯电路故障	通过故障码，按照维修手册诊断流程进行故障排查	故障诊断仪、万用表
2	发动机燃油压力低	燃油压力检测	燃油压力表
3	火花塞无高压点火	火花塞检查、点火线圈检查	万用表
4	发动机缸压低	检测缸压	气缸压力表
5	相关传感器检查（曲轴位置、凸轮轴位置传感器）	阻值及工作电压检测、数据流检查	故障诊断仪、万用表、示波器
6	燃油泵不工作	查询维修手册燃油系统控制电路图，检查燃油泵阻值	万用表

序号	可能原因	诊断方法	使用设备/工具
7	配气正时串牙	拆解检查	
教师意见:			

六、制订工作计划

根据诊断计划，小组按成员进行任务分工，制订工作计划（表 1-17）。

表 1-17　工作计划表

步骤	工作内容	工具/辅具	注意事项	操作人
1	打开点火开关，起动发动机，检查是否能正常起动	无	安全操作	AB
2	检查发动机故障指示灯是否常亮	无	安全操作	AB
3	提取故障码、消码	故障诊断仪	安全操作	AB
4	检查配气正时	故障诊断仪	安全操作	CD
5	对 G40、G28 数据流进行检查	故障诊断仪	安全操作	CD
6	检查燃油系统压力是否正常	燃油系统压力表	安全操作	EF
7	检查气缸压力检测是否正常	气缸压力表	安全操作	GH
8	检查点火塞点火强度是否正常	万用表	安全操作	AB
9	恢复	无	安全操作	小组全体

七、实施

按照计划进行任务实施并完成项目单填写（表 1-18）。

表 1-18　任务实施表

步骤	工作内容	工具/辅具	注意事项	操作者
1	安装座椅套、地板垫、方向盘套	无	不要弄脏车内	AB
2	打开钥匙门至 ON 进行自检，检查发动机故障指示灯是否常亮	无	按流程操作	AB

项目一　发动机系统故障检测与诊断

续表

步骤	工作内容	工具/辅具	注意事项	操作者
3	使用故障诊断仪对发动机电控系统进行故障诊断,提取故障码、消除故障码	故障诊断仪	按流程操作,认真仔细	AB
4	配气正时检查	故障诊断仪或正时枪	规范操作,安装正确	CD
5	使用故障诊断仪对发动机电控系统数据流进行检查(曲轴位置传感器 G40、凸轮轴位置传感器 G28)	故障诊断仪	规范操作	CD
6	燃油压力检测	燃油压力表、万用表、常用工具	按流程操作,注意安全,并记录结果	EF
7	气缸压力检测(注意断油、断火)	气缸压力表	规范操作,注意安全,并记录结果	GH
8	点火系统检测	万用表、示波器	规范操作,安装正确	AB
9	故障分析:分析检查结果,确定故障原因,找出故障点	无	无	小组
10	确定维修方案:换件修理或调整恢复	无	经济性与可行性	小组
11	维修与调整:通过更换发动机电控系统主信号传感器(G40、G28)或修复其线路,更换燃油器、火花塞、点火线圈或检修电路,检修配气正时等	故障诊断仪、维修工具	规范操作,安装正确	小组
12	验证故障是否排除:试车确认故障是否排除	无	试车	小组

检测点火系统并填写表 1-19、表 1-20。

表 1-19 火花塞检测

序号	火花塞燃烧状况	结果	判断是否正常	影响
1	过度燃烧	是　否		

序号	火花塞燃烧状况		结果	判断是否正常	影响
2	良好 		是 否		
3	熏黑 		是 否		

表 1-20　点火系统检测

序号	检测项目	标准	实际	判断是否正常
1	点火线圈检测			
2	火花塞跳火检测			
3	火花塞外观检测			
4	火花塞电极间隙检测			
5	火花塞阻值检测			
6				
7				
8				
9				

最终结果：

处理方法：

项目一　发动机系统故障检测与诊断

检测燃油系统并填写表 1-21、表 1-22。

表 1-21　燃油系统压力检测

序号	检测项目	标准	实际	判断是否正常
1	燃油泵是否工作			
2	燃油系统初始压力			
3	燃油系统怠速压力			
4	燃油系统急加速压力			
5	燃油系统保持压力			
6				
7				
8				
最终结果：				
处理方法：				

表 1-22　喷油器检测

步骤	检测项目	检测内容	检测结果	使用工具
1	使用听诊器给喷油器进行动作测试	执行元件动作测试	喷油器应"咔嗒"声	听诊器
2	喷油器电阻测量	高阻值喷油器：12～17 Ω		万用表
		低阻值喷油器：2～3 Ω		
3	检测喷油器喷射情况	喷射雾化情况		喷油器清洗仪
		各个喷油器喷量差值不超过10%		
		1 min 内滴漏不超过 2 滴		

检测电控系统并填写表 1-23。

表 1-23　主要传感器信号检测

序号	检测项目	标准	实际	判断是否正常
1	曲轴位置传感器			
2	凸轮轴位置传感器			
3				
最终结果：				
处理方法：				

检测气缸压力并填写表 1-24。

表 1-24　气缸压力检测

序号	检测项目	标准	实际	判断是否正常
1				
2				
3				
4				
5				
6				
7				
8				
最终结果：				
处理方法：				

八、检查与评估

填写检查单(表 1-25)。

表 1-25　检查单

项目一	发动机系统故障检测与诊断		任务二	起动机运转正常 但发动机无法起动故障检修
检查学时		4 学时	第　　　组	
检查目的及方式		教师全程监控小组的工作情况,如果检查结果等级为不合格,则小组需要整改,并拿出整改说明		
序号	考核内容	配分	评分标准(每项累计扣分不超过配分)	得分
1	正确使用工具、仪表	10	使用工具、仪表错误,每项扣 5 分	
2	故障现象判断	10	判断思路不明确扣 10 分	
3	故障诊断过程	30	检查方法错误、不会使用故障诊断仪扣 10 分	
			操作过程不规范扣 10 分	
			检查结果错误扣 10 分	
4	故障确认与排除及工单的填写	20	不能排除故障扣 20 分	
			一处故障未确认扣 10 分	
5	验证排除效果	10	不验证或方法错误扣 10 分	
6	遵守规程、安全生产、工具使用正确、现场卫生、防护措施	15	每违规一项扣 3 分,直至扣完	
7	因违反操作规程造成事故	5	因违规操作发生重大人身或设备事故,此题按 0 分计	
检查结果分级				
(90 分及以上为优秀,80 分及以上为良好,70 分及以上为中等,60 分及以上为及格,低于 60 分为不及格)				
检查评语			教师签字:	

任务评价

1. 小组工作评价单

项目一	发动机系统故障检测与诊断	任务二	起动机运转正常但发动机无法起动故障检修		
评价学时		4 学时			
班级：			第　　　　组		
考核情境	考核内容及要求	分值（100）	小组自评（10%）	小组互评（20%）	教师评分（70%）	实际得分（∑）
汇报展示（20）	讲解知识点应用	5				
	讲解技能点运用	5				
	团队成员任务分配	5				
	工作过程描述	5				
质量评价（40）	工作质量自检	10				
	工作质量互检	5				
	工作质量终检	25				
团队情感（25）	社会主义核心价值观	5				
	创新性	5				
	参与率	5				
	合作性	5				
	劳动态度	5				
安全文明（10）	工作过程中遵守规程、安全生产情况	5				
	工具正确使用和保养、放置规范	5				
工作效率（5）	能够在要求的时间内完成，每超时 5 min 扣 1 分	5				

2. 小组成员素质评价单

项目一	发动机系统故障检测与诊断		任务二	起动机运转正常 但发动机无法起动故障检修
班级		第　　组	成员姓名	
评分说明		每个小组成员评价分为自评和小组其他成员评价两部分，取平均值计算，作为该小组成员的任务评价个人分数。共设计 5 个评分项目，依据评分标准进行合理量化评分。小组成员自评分后，由其他小组成员进行不记名评分		
对象	评分项目	评分标准		评分
自评 （100 分）	核心价值观（20 分）	是否有违背社会主义核心价值观的思想及行动		
	工作态度（20 分）	是否按时完成负责的工作内容、遵守纪律，是否积极主动参与小组工作，是否全过程参与，是否吃苦耐劳，是否具有工匠精神		
	交流沟通（20 分）	是否能良好地表达自己的观点，是否能倾听他人的观点		
	团队合作（20 分）	是否与小组成员合作完成任务，做到相互协作、互相帮助、听从指挥		
	创新意识（20 分）	看问题是否能独立思考、提出独到见解，是否能利用创新思维解决遇到的问题		
成员 1 （100 分）	核心价值观（20 分）	是否有违背社会主义核心价值观的思想及行动		
	工作态度（20 分）	是否按时完成负责的工作内容、遵守纪律，是否积极主动参与小组工作，是否全过程参与，是否吃苦耐劳，是否具有工匠精神		
	交流沟通（20 分）	是否能良好地表达自己的观点，是否能倾听他人的观点		
	团队合作（20 分）	是否与小组成员合作完成任务，做到相互协作、互相帮助、听从指挥		
	创新意识（20 分）	看问题是否能独立思考、提出独到见解，是否能利用创新思维解决遇到的问题		
成员 2 （100 分）	核心价值观（20 分）	是否有违背社会主义核心价值观的思想及行动		
	工作态度（20 分）	是否按时完成负责的工作内容、遵守纪律，是否积极主动参与小组工作，是否全过程参与，是否吃苦耐劳，是否具有工匠精神		
	交流沟通（20 分）	是否能良好地表达自己的观点，是否能倾听他人的观点		
	团队合作（20 分）	是否与小组成员合作完成任务，做到相互协作、互相帮助、听从指挥		
	创新意识（20 分）	看问题是否能独立思考、提出独到见解，是否能利用创新思维解决遇到的问题		

对象	评分项目	评分标准	评分
成员 3 (100 分)	核心价值观(20 分)	是否有违背社会主义核心价值观的思想及行动	
	工作态度(20 分)	是否按时完成负责的工作内容、遵守纪律，是否积极主动参与小组工作，是否全过程参与，是否吃苦耐劳，是否具有工匠精神	
	交流沟通(20 分)	是否能良好地表达自己的观点，是否能倾听他人的观点	
	团队合作(20 分)	是否与小组成员合作完成任务，做到相互协作、互相帮助、听从指挥	
	创新意识(20 分)	看问题是否能独立思考、提出独到见解，是否能利用创新思维解决遇到的问题	
成员 4 (100 分)	核心价值观(20 分)	是否有违背社会主义核心价值观的思想及行动	
	工作态度(20 分)	是否按时完成负责的工作内容、遵守纪律，是否积极主动参与小组工作，是否全过程参与，是否吃苦耐劳，是否具有工匠精神	
	交流沟通(20 分)	是否能良好地表达自己的观点，是否能倾听他人的观点	
	团队合作(20 分)	是否与小组成员合作完成任务，做到相互协作、互相帮助、听从指挥	
	创新意识(20 分)	看问题是否能独立思考、提出独到见解，是否能利用创新思维解决遇到的问题	
成员 5 (100 分)	核心价值观(20 分)	是否有违背社会主义核心价值观的思想及行动	
	工作态度(20 分)	是否按时完成负责的工作内容、遵守纪律，是否积极主动参与小组工作，是否全过程参与，是否吃苦耐劳，是否具有工匠精神	
	交流沟通(20 分)	是否能良好地表达自己的观点，是否能倾听他人的观点	
	团队合作(20 分)	是否与小组成员合作完成任务，做到相互协作、互相帮助、听从指挥	
	创新意识(20 分)	看问题是否能独立思考、提出独到见解，是否能利用创新思维解决遇到的问题	
成员 6			
成员 7			
成员 8			
最终小组成员得分			

课 后 测 评

一、填空题

1. 汽车防盗系统是指为防止汽车本身或车上的物品被盗所设的系统。它由电子控制的遥控器或钥匙、_____、_____和_____等组成。

项目一 发动机系统故障检测与诊断

2. 现在应用最广泛的是_____数码防盗器和_____防盗器。高端汽车使用网络式防盗器。芯片式数码防盗器的基本原理是锁住汽车的发动机、电路和油路，在没有芯片钥匙的情况下无法起动车辆。

3. 电子节气门既是_____，又是_____。

二、选择题

1. ECU 利用〈　　〉的信号可以监测发动机某个气缸是否存在失火现象。

    A. 曲轴位置传感器和凸轮轴位置传感器

    B. 氧传感器和爆震传感器

    C. 曲轴位置传感器和氧传感器

    D. 氧传感器和凸轮轴位置传感器

2. 发动机空气质量传感器安装位置在（　　）。

    A. 节气门前方   B. 节气门后方

    C. 进气歧管上   D. 排气管上

3. 下列与"曲轴箱强制通风"（PCV）系统相关的叙述正确的是（　　）。

    A. PCV 系统在 PCV 阀处净化曲轴箱内的窜缸混合气，并将其释放至大气

    B. PCV 系统在 PCV 阀处将空气引入曲轴箱内，降低窜缸混合气的浓度

    C. PCV 系统控制在 PCV 阀处从曲轴箱释放至大气的窜缸混合气总量

    D. PCV 系统将窜缸混合气导入进气歧管内，将窜缸混合气重新燃烧

4. 下列几种传感器中，（　　）对喷油器的喷油脉宽会有影响。

    A. 水温传感器   B. 进气压力传感器

    C. 氧传感器   D. 车速传感器

5. 电喷发动机没有高压火花的原因有（　　）。

    A. 空气流量计故障   B. 曲轴位置传感器故障

    C. 点火控制器故障   D. 发动机 ECU 故障

三、判断题

1. 发动机故障指示灯不亮表明发动机没有故障。   （　　）

2. 火花塞热值选用不当会影响发动机的工作性能。   （　　）

3. 汽油发动机点火过早，会造成爆震，活塞上行受阻，效率降低，热负荷、机械负荷、噪声和振动加剧，这是应该防止的。   （　　）

4. 影响汽油发动机工作的三要素是燃油、点火、缸压。   （　　）

5. 汽油发动机燃油供油方式有歧管喷射和缸内直喷两种，现在还有混合喷射设计。

                              （　　）

四、简答题

1. 芯片式数码防盗器的基本原理是什么？

2. 汽油发动机测量进气量的传感器有哪些？

3. 造成发动机无法起动的原因有哪些？

⚙ 任务三 发动机怠速抖动故障检修

任 务 描 述

李先生的 2014 年 8 月出厂的一汽大众宝来汽车，配备 1.6L EA211 自然吸气发动机，09G 自动变速箱，现已安全行驶 12 万 km。

故障现象：起动发动机后发动机失火，怠速抖动，同时发动机故障指示灯点亮。

任 务 解 析

发动机怠速抖动或喘抖(游车)，工作状况不佳，是发动机典型故障之一。一般是由发动机缺火或可燃混合气浓度急剧波动造成的。使用故障诊断仪、尾气分析仪、气缸压力表等对故障进行检测分析，针对混合气浓度、火花塞点火强度、缸压等进行检查。故障具体部位可能为空气流量计、节气门位置传感器、水温传感器、喷油器、点火线圈、火花塞、氧传感器及线路等；或者燃油管路压力、碳罐电磁阀常开、进气管路漏气等。学生通过实践排除故障检查，掌握"都有哪些原因会造成混合气过稀，如何检测"。

本任务故障原因是混合气过稀和火花塞故障。进行故障检修时要参照各系统电路图完成。

本任务所涉及的知识点及技能点，扫描二维码查看。

前 导 知 识 测 试

在学习本任务之前，先对大家的知识及技能储备情况进行一个测试，以了解大家对发动机机械、燃油系统、点火系统、发动机电控原理知识的掌握情况，是否具备了学习本任务应具备的能力。扫描二维码查看测试内容。

知 识 链 接

在排除因为混合气过稀而导致的故障时可能会遇到如"燃油修正——倍增，气缸系统过稀、混合气配比超过调节界限下限或上限"等故障码，这是因为发动机控制单元通过氧传感器的闭环修正，增加喷油脉宽达到理论空燃比。当喷油脉宽增加到最大时还不能达到理论空燃比，氧传感器检测到废气中氧含量过高，对应的混合气处于过稀状态，于是记录该故障码。

学生根据发动机电控系统、发动机机械系统、发动机燃油系统、发动机点火系统工作原理等知识，利用万用表、故障诊断仪等检测工具及汽车专用仪器设备，以维修手册资料为依据，对节气门怠速控制、缸压的影响、喷油器工作性能、火花塞工作性能、混合气空燃比等进行检测，规范操作，按照由简入繁、从上到下的流程排除故障。

一、使用故障诊断仪检测

汽车故障诊断仪是汽车维修中非常重要的工具（图1-46），能够帮助修理人员有效地排查汽车故障原因。主要的功能：读取故障码，清除故障码，读取发动机动态数据流，示波功能，元件动作测试、匹配、设定和编码等功能，英汉辞典，计算器及其他辅助功能。

（1）实故障：如果传感器和执行元件在正常工作时发生断路或短路，会产生故障码。

（2）偶发故障：很多情况下，查找相关线路时，并没有断路，也没有短路，但仍会报断路或短路的故障码。

图 1-46　故障诊断仪

（3）无码故障：一般为机械系统的故障。有时电控系统出现故障，例如，某些传感器出现灵敏度下降、反应迟钝及输出特性偏移等，但还未超出"正常范围"，即不显示故障码。

实故障是指故障诊断仪不能消除故障码，需要将故障排除后，电控系统检测正常后才能消除；而偶发故障是由于线路接触不良或磁场干扰产生的故障，可以通过故障诊断仪消除故障码。

实故障的排除需借助维修手册，按照故障诊断流程进行排查，最终排除故障，故障原因一般为线路虚接、电路故障或元件损坏。故障排除后，再使用故障诊断仪清除历史存留故障码。若无法清除故障码，则说明故障未排除，需继续排查，直至故障排除，清除历史故障码。

二、发动机密封性检查

（一）发动机气缸压力检测

1. 气缸压力检测目的及工具

气缸压力（缸压）检测目的是检测气缸压力是否达标。其可以诊断气缸、活塞组的密封情况；活塞环、气门、气缸垫密封性是否良好和气门间隙是否适当。气缸压力是发动机动力性能检测的重要指标之一。

使用工具设备：气缸压力表（图1-47）。

2. 气缸压力表安装位置

汽油发动机：利用火花塞孔。柴油发动机：利用喷油嘴孔（图 1-48）。

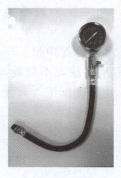

图 1-47　气缸压力表

图 1-48　气缸压力表安装位置

3. 测量条件

(1)发动机冷却液温度达到正常工作温度，即 75～95 ℃。

(2)断开进气软管，保证进气通畅。

(3)蓄电池电量充足（转速在 200 r/min 以上）。

(4)火花塞全部拆下。

(5)断油控制（断油泵熔断器、继电器、插头等）。

(6)节气门全开。

(7)起动机带动发动机旋转 3～5 s 或 4 个压缩行程。

4. 气缸压力检测步骤

(1)热车，使发动机温度达到正常（75～95 ℃）。

(2)用抹布或高压气将发动机点火线圈周围的灰尘清理干净。

(3)拔出点火线圈插头，拆卸各缸点火线圈，卸下全部火花塞。

(4)断油控制（断开燃油泵插头、所有喷油器插头、燃油泵熔断器）。

(5)接上气缸压力表。

(6)油门踏板踩到底，保持节气门全开状态，转动点火开关使起动机旋转 3～5 s 或不少于 4 个压缩行程，记录气缸压力表上的数值。

(7)若遇到某气缸缸压低于正常值，则注入 10～20 mL 机油后重新测量。

(8)每缸测量 2 次，取平均值。

5. 缸压测量结果分析

(1)单独一个气缸缸压低：缸壁密封出现问题或气门漏气。

(2)相邻两个气缸缸压低：气缸垫窜气。

(3)四个气缸缸压都低：配气正时串牙。

缸压差超过 10% 将引起发动机抖动；发动机缸压低于标准 40% 需要大修。以维修手册为准。

发动机正常工作需要足够的压缩压力，但不是越高越好。一般来说，汽油发动机气缸压力为 9～13 bar，柴油发动机气缸压力为 12～16 bar。

为确保发动机具有一定的动力性和经济性，汽油发动机气缸压力应不低于原厂规定标准值的 10%；柴油发动机气缸压力不得低于原厂规定标准值的 20%。同时，为保证发动机平稳工作，各缸压力差，汽油发动机不得超过 10%，柴油发动机不得超过 8%。

因此，气缸压力检测是用于检查发动机工作不良故障的一个重要检查项目。压力过高，会造成工作粗暴，甚至会爆震；压力过低，会造成动力不足，甚至不能起动。气缸压力不正常会影响发动机的动力性、经济性、环保性。表 1-26 为气缸压力对发动机故障的影响。

表 1-26　气缸压力对发动机故障的影响

序号	缸压检测	故障原因	影响
1	过高	活塞顶表面积炭	1. 敲缸爆震 2. 活塞顶烧化
2	单个缸压低	气门关闭不严或缸壁密封不严	1. 缺缸失火 2. 动力性、经济性、环保性变差
3	相邻两缸缸压低	气缸垫窜气	1. 缺缸失火 2. 不易起动 3. 动力性、经济性、环保性变差
4	所有各缸缸压都低	配气正时串牙	无法起动

（二）发动机真空度检测

1. 进气歧管真空度检测的目的

发动机进气歧管的真空度也称为进气歧管负压，是进气歧管管内的进气压力与外部大气压力的压力差，单位用 kPa 表示。进气歧管真空度是汽油发动机的重要诊断参数之一，它可以表征气缸组和进气歧管的密封性。发动机进气歧管的真空度随活塞气缸组的磨损而变化，并且与配气机构的技术状况及点火系统和供给系统的调整有关。因此，测量进气歧管的真空度就可以判断上述系统技术状况的好坏。

视频：发动机进气歧管真空度检测

2. 进气歧管真空度与发动机转速的关系

进气歧管真空度与发动机转速的关系如图 1-49 所示。

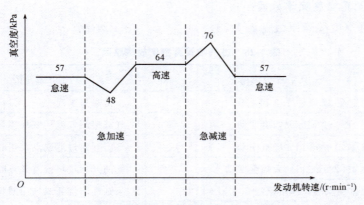

图 1-49　进气歧管真空度与发动机转速的关系

进气歧管真空度与发动机转速的关系分析如下。

(1)急加速时节气门迅速打开，进气歧管真空度会出现瞬时下降，然后马上提升。

(2)持续高速状态真空度会高于怠速工况的真空度。

(3)急减速时节气门迅速关闭，进气歧管真空度会出现瞬时升高，然后马上下降至怠速工况的真空度。

3. 进气歧管真空度检测条件及方法

(1)发动机应运转至正常工作温度，水冷发动机水温达 75～95 ℃。

(2)变速器处于空挡位置，发动机怠速运转。

(3)检查真空表和进气歧管连接软管及各个接头部位，确保均无泄漏。

(4)在怠速、加速、减速等各种工况下读取真空表上的读数。

4. 进气歧管真空度检查结果分析

进气歧管真空度检查结果分析，见表 1-27。

表 1-27　各工况下进气歧管真空度数值

状态	压力值	结果分析
怠速	57～72 kPa	密封性正常
迅速开闭节气门	在 6.8～84.2 kPa 灵敏摆动	
怠速	低于正常值且不稳	密封性不良
迅速打开节气门	跌落到零，关闭回不到 84.2 kPa	
怠速	在 45.7～58 kPa 摆动	点火问题
怠速	有时可达 53 kPa，马上跌落为零或很低	排气堵塞

对照表 1-27，可以通过怠速状态下真空度数值，判断是否存在进气歧管真空漏气或排气系统阻塞造成了怠速抖动。因此，真空度检测是在维修中用到的另一种辅助诊断手段。在发动机故障维修中与尾气分析仪等仪器有效配合，可以综合、快速、准确地判断出故障原因。

5. 进气歧管真空度故障原因

进气歧管真空度故障原因见表1-28。

表 1-28　进气歧管真空度故障原因

工况	真空度检测结果	可能原因
怠速	稳定在 57.5～71.2 kPa	正常怠速工况
	在 16～65 kPa 大幅度摆动	气缸垫漏气或活塞环损坏漏气
	在 47.1～68 kPa 轻微摆动	气门开启过迟或点火正时不对
	在 45.2～68 kPa 大幅度摆动	气门开启过早或点火正时不对
	规律性跌落，跌落值在 6.5 kPa 以上	某缸气门烧坏或气门间隙不合适
	在 45～68 kPa 慢摆	混合气较浓或个别缸点火缺失
	摆动幅度较大且有怠速游车现象	混合气较稀或进气歧管漏气
	真空表指针不规则间隔退回，2 500 r/min 运转 2 min 后，怠速运转时，指针短时间猛烈抖动	存在气门卡滞
怠速	54 kPa，很快又跌落为 0 或很低	排气系统阻塞
急加速	读数逐渐清晰地下降为 0	

6. 进气歧管漏气检查步骤

(1)进气歧管漏气造成怠速状态混合气稀，使用化油器清洗机直接喷洗进气歧管处，若发动机转速上升或有明显波动，则说明发动机进气歧管处漏气。

(2)碳罐电磁阀常开故障造成怠速状态混合气稀。

(3)废气再循环(EGR)阀卡滞在常开位置故障造成怠速状态混合气稀。

(4)曲轴箱强制通风(PCV)阀卡滞在常开位置故障造成怠速状态混合气稀。

碳罐电磁阀、EGR 阀、PCV 阀检查，需要将元件拆卸下来，并堵住与进气歧管相通的接口，检查怠速是否恢复正常。

三、点火系统检修

(1)组成。点火系统通常由供电部分、控制驱动装置、点火线圈、高压线和火花塞等组成。

(2)功能。在不同的负荷下，均能在适当的时机提供足够的电压，使火花塞产生足以点燃气缸内混合气的火花，让发动机得到最佳的燃烧效率。

点火线圈能将蓄电池或发电机的低压电(12～14 V)变成高压电(20～30 kV)。

(3)点火系统要求。

1)能产生足以击穿火花塞间隙的高电压。

2)火花应具有足够的能量。

3)适时的点火时刻。

(4)火花塞热值选择。冷型火花塞，绝缘体暴露在燃烧室的面积小，散热较快，温度提升慢，一般在输出功率较大的发动机使用；热型火花塞，绝缘体暴露在燃烧室的面积大，散热较慢，温度提升快，如图 1-50 所示。

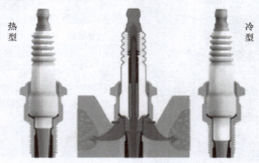

图 1-50　火花塞热值

一般功率高、压缩比大的发动机选用热值高的冷型火花塞；相反，功率低、压缩比小的发动机选用热值低的热型火花塞。但是，现在很多发动机都采用了涡轮增压、缸内直喷、可变气门正时与升程甚至可变压缩比等新技术，所以，火花塞的选用也不是完全遵循这样的规律。一般汽车工程师会经过严格的计算与试验，最终确定火花塞的型号与热值，因此，在使用中不要轻易更改火花塞的型号。

（5）火花塞的检查。

1）卸下怀疑有故障的火花塞，将其平置于发动机缸体上，拔下高压线，与火花塞接线头接触。打开点火开关使高压电在火花塞电极间跳火，若火花连续而明亮，则火花塞良好，否则应更换火花塞，如图 1-51 所示。

2）检查火花塞电阻，应在 5 kΩ 左右。

3）检查火花塞电极间隙是否过大，应为 0.8～1.1 mm。

4）外观检查火花塞，绝缘体应无破损、裂纹，中心电极、侧电极应无烧损，裙部应无漏电等。图 1-52 所示为各种工况下火花塞的工作状态。

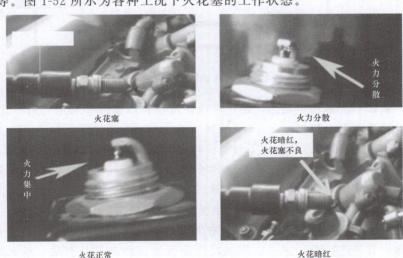

图 1-51　火花塞检查

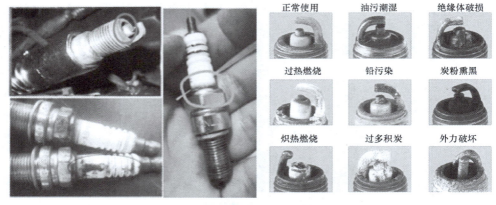

图 1-52　各种工况下火花塞的工作状态

四、燃油供给系统检修

（1）功能。根据发动机控制模块发出的供油指令，供应具有一定压力的燃油，适时、适量地将燃油提供给相应的气缸。

（2）组成。燃油供给系统由燃油箱、燃油泵、燃油滤清器、油轨、喷油器、油压调节器等组成，如图 1-53 所示。

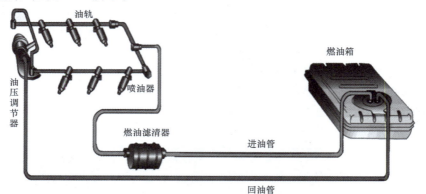

图 1-53　燃油供给系统组成

汽油由燃油泵从燃油箱中泵出，经过燃油滤清器，除去杂质及水分后，送至油轨，再经各缸喷油器进入各个气缸。

（3）燃油供给系统供油方案分为无回油管和有回油管两种，如图 1-54 所示。

1）无回油管供油设计更有利于防止燃油在高温下发生气阻。将油压调节器设置在燃油箱里，燃油滤清器也设置在油箱里；油压调节器与燃油泵并联，燃油压力达到一定值时自动泄压流回燃油箱，使燃油供给系统保持恒定压力。

2）有回油管供油设计是燃油泵与油压调节器串联，当油轨内燃油压力达到某一值后油压调节器即打开进行泄压，多余燃油经回油管流回燃油箱，燃油供给系统保持恒定压力。

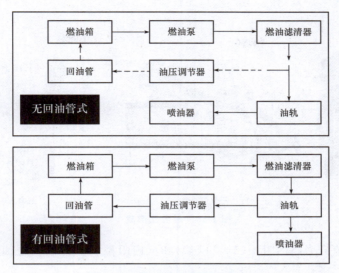

图 1-54　燃油供给系统供油方式

　　无回油管供油方案系统的油压一般为 4.0 bar；有回油管供油方案系统的油压一般为 2.5～3.5 bar。无回油管供油设计系统的油压相对较高，不易形成气阻。

　　(4)燃油压力调节器(简称回油阀或油压调节器)，是燃油供给系统内部的燃油压力调节部分，如图 1-55 所示。油压调节器具有压力调节和稳定压力的作用，将燃油分配管总成系统的压力控制在一定值。此外，油压调节器能像燃油泵的单向阀一样，维持燃油管内的残余压力。

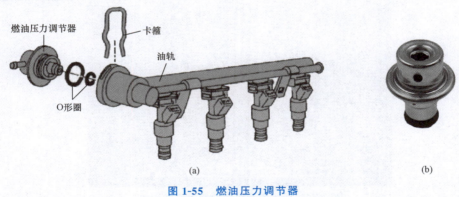

(a)　　　　　　　　　　　　　　　　　　　　　　　(b)

图 1-55　燃油压力调节器

(a)有回油管；(b)无回油管

　　如图 1-55 所示，有回油管布置方案的油压调节器，其工作不仅受弹簧压力控制，还受进气歧管真空控制，各工况下随进气歧管真空度变化，其系统压力与进气歧管内的真空度压力差为恒定值；无回油管布置方案的油压调节器只受弹簧压力控制，系统压力保持恒定。

　　若油压调节器密封性差或卡滞在常开位置，则会造成燃油系统压力过低，最终造成发动机怠速不稳、加速不良、起动困难甚至无法起动。

　　(5)喷油器的功能：将燃油喷射到发动机进气歧管内或气缸内与空气形成混合气，

如图 1-56 所示。

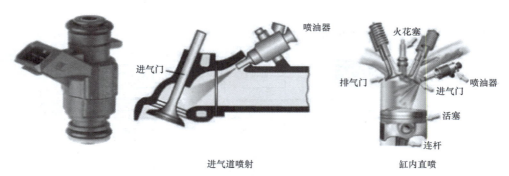

图 1-56　混合气形成

喷油器按阻值分为高内阻型（12～17 Ω）和低内阻型（2～3 Ω）；喷油器按喷孔数量分为单孔、双孔、多孔。

喷油器需要满足不同类型的燃烧室对喷油特性的要求，必须有一定的穿透距离和喷射锥角及良好的雾化质量，而且要求在喷油结束后不发生滴漏（在工作压力下，滴漏 1 min 内不多于 1 滴），如图 1-44 所示。

同一发动机的几个喷油器还要求喷油量差值不超过 5％，否则会造成发动机怠速失火抖动，如图 1-57 所示。

图 1-57　同一发动机喷油器喷量需均匀

（6）燃油供给系统油压检测。当发动机出现起动困难、怠速不稳、加速性能下降、行驶无力、油耗明显增加、尾气排放变差等故障现象时，需要对燃油供给系统进行油压检测。

使用燃油压力表对燃油供给系统进行检测，如图 1-58 所示。

视频：燃油供给
系统油压检测

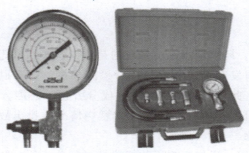

图 1-58　燃油压力表

　　燃油压力检测共有初始油压检测、怠速油压及油压调节器检测、加速油压检测和保持油压检测四项指标。

　　油压检测步骤如下。

　　1）将系统泄压。

　　2）将燃油压力表正确地安装在燃油供给系统中（将燃油压力表接入燃油滤清器与油轨之间），如图 1-59 所示。

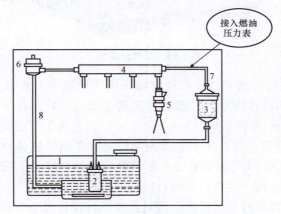

接入燃油压力表

图 1-59　接入燃油压力表

1—燃油箱；2—燃油泵；3—燃油滤清器；4—油轨；5—喷油器；

6—油压调节器；7—进油管；8—回油管

　　3）打开点火开关或起动车辆，并记录车辆的初始油压（若初始油压低于 1.0 bar，会造成发动机起动困难）。

　　4）起动车辆，保持怠速运转并记录怠速油压，根据系统油压对照维修手册判断油压调节器工作性能是否正常（一般为 3.0～3.5 bar）。

　　5）急加速和急减速，并记录急加速时燃油供给系统加速油压（应升高 0.3 bar 或不降低）。

　　6）关闭点火开关，10 min 后查看并记录系统的保持油压（下降不超过 2.0 bar）。

　　若油压不符，则需对燃油供给系统进行检查维修（对于各项数据指标，还应根据车型查询维修手册，车型不同时，数据会有所不同）。

五、尾气检测

（1）尾气检测的目的。尾气检测的主要目的是减少汽车对有害物质的排放，提高环保的效率；同时，通过对发动机尾气成分进行检测分析，还可以诊断发动机的工作情况，提高发动机的动力。此外，通过分析尾气成分含量，还能分析出燃油在燃烧室内的燃烧情况，及时检测出发动机存在的不正常燃烧情况，找出故障点并及时排除，大大提高了燃油的经济效率。

（2）尾气检测用的仪器。尾气检测用的仪器是尾气分析仪（图1-60）。尾气分析仪有五指标或六指标两种。五指标尾气分析仪包含 CO、CO_2、O_2、HC、NO_x；六指标尾气分析仪包含 CO、CO_2、O_2、HC、NO_x 和 λ。

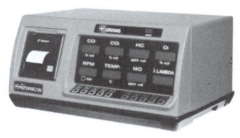

图1-60　尾气分析仪

（3）汽油发动机尾气检测方法。汽油发动机尾气检测方法有双怠速法和稳态工况法。教学中采用双怠速法检测尾气。双怠速法属于无负荷检测，分别在发动机运行的低怠速（600～800 r/min）和高怠速（2 000～2 500 r/min）两个怠速段进行排放检测；稳态工况法属于有负荷检测，配合使用底盘测功机，对车辆实施各种工况，测试结果更接近实际排放。目前，我国汽油车尾气检测普遍采用的是稳态工况法，是通过对车速在 25 km/h 和 40 km/h 两个速度段的运行模拟进行检测。

（4）使用尾气分析仪进行尾气检测。测量前应先打开尾气分析仪进行预热，预热完毕后根据尾气分析仪使用说明书，对尾气分析仪进行相关的参数设置，如发动机类型、标准气体校准等。然后将车辆预热至机油温度达到 80 ℃，按使用说明书要求开始对汽车尾气进行检测。

（5）使用尾气分析仪进行尾气性能检测步骤。在对尾气进行检测时，应测量低怠速、高怠速两种情况下的尾气数据，并对测量结果进行记录。

双怠速法尾气检测具体操作方法如下所述。

1）怠速测量（发动机转速为 600～800 r/min）。

①打开尾气分析仪并完成预热与相关参数设置。

②起动发动机并预热至发动机油温到 80 ℃。

视频：使用尾气分析
仪进行尾气检测

③使发动机快速急加速两次后回到怠速转速并将尾气分析仪测量探头伸入发动机排气管中。

④测量结果显示稳定后，打印测量数据并拔出尾气分析仪的测量探头。

2)高怠速测量(发动机转速为 2 000 r/min)。

①怠速测量结束后,对尾气分析仪进行"清零"。

②将尾气分析仪测量探头伸入发动机排气管中,按下尾气分析仪上的"实测"按钮,同时将发动机转速保持在 2 000 r/min。

③测量结果显示稳定后,打印测量数据并拔出尾气分析仪的测量探头。

(6)尾气检测结果分析见表1-29。

表 1-29　发动机尾气检测结果分析

O_2	CO	HC	CO_2	NO_x	故障原因分析
正常	正常	正常	正常	偏高	三元催化转换器
正常	偏高	偏低	正常	正常	点火太迟
正常	偏高	偏低	正常	偏高	氧传感器故障
正常	偏低	偏高	正常	正常	点火太早
正常	变化	变化	偏低	正常	EGR 阀漏气
偏高	很低	很低	很低	正常	空气喷射系统故障
偏高	很低	偏高	偏低	正常	混合气过稀
偏高	偏低	偏低	偏低	正常	排气管漏气/混合气稀
偏低	偏低	偏高	偏低	正常	间歇性失火/缸压不足
偏低	很高	很高	偏低	正常	混合气浓

　　根据尾气检测结果,对照表1-29,分析发动机怠速失火抖动的可能原因。结合进气歧管真空度检测、故障诊断仪数据流分析、火花塞检测、喷油器检测、故障码相关故障排查等,排除发动机怠速状态失火抖动故障。

课程素养

　　培养学生节能、保护环境、可持续发展的理念。

　　通过对目前社会广泛关注的环境污染和能源短缺话题进行讨论,了解汽油、柴油等燃料的理化性质及发动机排放控制措施。

任务实施

一、分组

按照班级人数平均进行分组（建议每组5～8人），每组选出一名负责人，负责人对小组任务进行分配。组员按负责人要求完成相关任务内容，并将自己所在小组及个人任务内容填入表1-30中。

表1-30　小组成员职责分工

序号	组员姓名	组员职责
1	AB	准备三件套
2	CD	验证发动机是否有故障码　是□　否□ 发动机怠速是否抖动　是□　否□
3	EF	准备工具、资料
4	GH	准备零部件、物料
5		其他

二、填写作业工单

每组接受任务，对故障车进行检查，并填写作业工单（表1-31）。

表1-31　作业工单

作业工单			
车型		年款	
VIN		维修日期	
用户描述故障现象 　　2014年的一汽大众宝来汽车，配备1.6 L EA211发动机，行驶12万km。故障现象：起动发动机后发动机失火，怠速抖动，工作不平稳，发动机故障指示灯亮			
故障初步诊断：			

油表检查	环车检查	
油量显示（用箭头标记）	外观检查（损坏处用圆圈标出）	
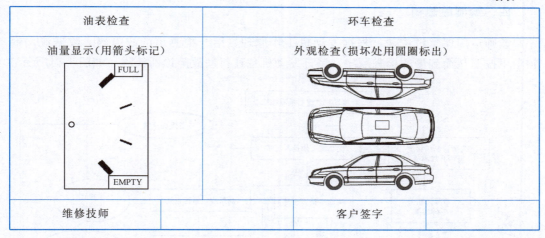		
维修技师	客户签字	

三、验证故障现象

以小组为单位，通过试车来验证客户描述的故障现象，填写表 1-32。

表 1-32　故障现象验证

序号	人员	试车内容	结果	
1	AB	起动机运转是否正常	是	否
2	AB	发动机是否能顺利起动	是	否
3	AB	发动机故障指示灯是否常亮	是	否
4	AB	EPC 灯是否亮	是	否
5	AB	其他仪表灯是否正常	是	否
6	CDE	发动机怠速是否抖动	是	否
7	CDE	发动机加速是否正常	是	否
8	FGH	各缸断缸试验是否正常	是	否
9		其他		
序号	故障码	检查内容记录及分析	性质	
1				
2				
3				
最终结果：				

四、绘制故障树

教师运用课堂讨论法，根据发动机工作原理，结合检测出的故障码、数据流，带领学生按照从简到繁的检查顺序，制订发动机怠速抖动故障诊断流程，如图 1-61 所示。

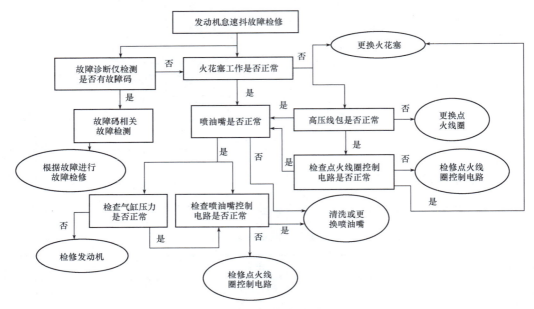

图 1-61　发动机怠速抖动故障诊断流程

五、制订诊断计划

通过查询维修手册，分析影响发动机工作状况的原因，并列出诊断计划，填入表 1-33 中。

表 1-33　故障诊断计划

序号	可能原因	诊断方法	使用设备/工具
1	发动机故障指示灯电路故障	通过故障码、数据流，按照维修手册诊断流程进行故障排查	故障诊断仪、万用表
2	发动机燃油压力低	燃油压力表压力检测	燃油压力表
3	火花塞、点火线圈故障	火花塞跳火能量测试、阻值检查；点火线圈检查	万用表
4	发动机进气、漏气	取节气门后部真空管进行真空度检测	真空表
5	发动机缸压低	检测缸压	气缸压力表

序号	可能原因	诊断方法	使用设备/工具
6	混合气混合比不正常	双怠速法	尾气分析仪
7	故障码相关故障	阻值及工作电压检测、数据流检查	故障诊断仪、万用表、示波器
8	喷油器故障	查维修手册电路图、阻值、喷射雾化情况检查	万用表、喷油器清洗仪
教师意见：			

六、制订工作计划

根据诊断计划，小组按成员进行任务分工，制订工作计划（表 1-34）。

表 1-34 工作计划表

步骤	工作内容	工具/辅具	注意事项	操作人
1	车辆保护，铺设三件套		安全操作	AB
2	起动发动机，检查仪表上是否有故障指示灯常亮		安全操作	AB
3	读取故障码及发动机数据流检测	故障诊断仪	安全操作	CD
4	通过检验火花塞跳火强度检查点火线圈及火花塞是否故障	常用工具套装	安全操作	EF
5	燃油供给系统油压检测及喷油器工作状况检查	常用工具套装/燃油压力表/喷油器清洗仪	安全操作	GH
6	进气歧管真空度检查	常用工具套装	安全操作	AB
7	使用尾气分析仪对排气进行检测	尾气分析仪	安全操作	CD
8	气缸压力检测	气缸压力表	安全操作	EF
9	恢复		安全操作	GH

七、实施

按照计划进行任务实施并完成项目单填写(表 1-35)。

表 1-35　任务实施表

步骤	工作内容	工具/辅具	注意事项	操作者
1	安装座椅套、地板垫、方向盘套	无	不要弄脏车内	AB
2	打开钥匙门至 ON 进行自检，检查发动机故障指示灯是否常亮不熄灭			AB
3	使用故障诊断仪对发动机电控系统进行故障诊断，提取故障码、消除故障码	故障诊断仪	按流程操作，认真仔细	AB
4	使用故障诊断仪对发动机电控系统数据流进行凒查	故障诊断仪	规范操作	AB
5	点火系统检查	万用表、示波器	规范操作，安装正确	CD
6	气缸压力检测	气缸压力表、常用工具	按流程操作，注意安全，并记录结果	EF
7	燃油供给系统喷油器检查	喷油器清洗仪、万用表、常用工具	按流程操作，注意安全，并记录结果	GH
8	进气歧管真空度检测	真空表	规范操作，安装正确	AB
9	发动机尾气检测	尾气分析仪	规范操作，安装正确	CD
10	故障分析：分析检查结果，确定故障原因，找出故障点	无	无	小组
11	确定维修方案：换件修理或调整恢复	无	经济性与可行性	小组
12	维修与调整：通过更换发动机电控传感器或修复线路，清洗或更换喷油器、火花塞、点火线圈等	故障诊断仪、维修工具	规范操作，安装正确	GH
13	验证故障是否排除：试车确认故障是否排除	无	试车	小组

检测点火系统并填写表 1-36。

表 1-36　点火系统检测

序号	检测项目	标准	实际	判断是否正常
1	点火线圈检测			
2	火花塞跳火检测			

序号	检测项目	标准	实际	判断是否正常
3	火花塞外观检测			
4	火花塞电极间隙检测			
5	火花塞阻值检测			
最终结果:				
处理方法:				

检测燃油供给系统并填写表 1-37、表 1-38。

表 1-37　燃油供给系统压力检测

序号	检测项目	标准	实际	判断是否正常
1	燃油初始压力			
2	怠速压力			
3	加速压力			
4	保持压力			
5	油压调节器工作情况			
最终结果:				
处理方法:				

表 1-38　喷油器工作情况检测

步骤	检测项目	检测内容	检测结果	使用工具
1	使用听诊器给喷油器进行动作测试	执行元件动作测试	喷油器应"咔嗒"声	听诊器

项目一　发动机系统故障检测与诊断

069

续表

步骤	检测项目	检测内容		检测结果	使用工具
2	喷油器电阻测量	高阻值喷油器：12～17 Ω			万用表
		低阻值喷油器：2～3 Ω			
3	检测喷油器喷射情况	喷射雾化情况			喷油器清洗仪
		几个喷油器喷量差值不超过 10%			
		1 min 内滴漏不超过 1 滴			

检测电控系统并填写表 1-39。

表 1-39　发动机电控系统检测

序号	检测项目	标准	实际	判断是否正常
1	故障码相关传感器			
2				
3				
最终结果：				
处理方法：				

检测气缸压力并填写表 1-40。

表 1-40　发动机气缸压力检测

序号	检测项目	标准	实际	判断是否正常
1				
2				
最终结果：				
处理方法：				

进行进气歧管真空度检测并填写表 1-41。

表 1-41　进气歧管真空度检测

序号	检测项目	标准	实际	判断是否正常
1	怠速状态			
2	急加速			
3	急减速			
最终结果：				
处理方法：				

进行尾气检测并填写表 1-42。

表 1-42　尾气分析仪进行尾气检测

发动机转速	λ	O_2	CO	HC	CO_2
2 000 r/min					
800 r/min					
最终结果：					
处理方法：					

八、检查与评估

填写检查单(表1-43)。

表1-43　检查单

项目一	发动机系统故障检测与诊断	任务三	发动机怠速抖动故障检修
检查学时		4学时	第　　组
检查目的及方式		教师全程监控小组的工作情况,如果检查结果等级为不合格,则小组需要整改,并拿出整改说明	

序号	考核内容	配分	评分标准(每项累计扣分不超过配分)	得分
1	正确使用工具、仪表	10	使用工具、仪表错误,每项扣5分	
2	故障现象判断	10	判断思路不明确扣10分	
3	故障诊断过程	30	检查方法错误、不会使用故障诊断仪扣10分	
			操作过程不规范扣10分	
			检查结果错误扣10分	
4	故障确认与排除	20	不能排除故障扣20分	
			一处故障未确认扣10分	
5	验证排除效果	10	不验证或方法错误扣10分	
6	遵守规程、安全生产、工具使用正确、现场卫生、防护措施	15	每违规一项扣3分,直至扣完	
7	因违反操作规程造成事故	5	因违规操作发生重大人身或设备事故,此题按0分计	
检查结果分级				
(90分及以上为优秀,80分及以上为良好,70分及以上为中等,60分及以上为及格,低于60分为不及格)				
检查评语		教师签字:		

任 务 评 价

1. 小组工作评价单

项目一	发动机系统故障检测与诊断	任务三	发动机怠速抖动故障检修		
评价学时			4 学时		
班级：			第　　　　组		
考核情境	考核内容及要求	分值（100）	小组自评（10%）	小组互评（20%）	教师评分（70%）	实际得分（∑）
汇报展示（20）	讲解知识点应用	5				
	讲解技能点运用	5				
	团队成员任务分配	5				
	工作过程描述	5				
质量评价（40）	工作质量自检	10				
	工作质量互检	5				
	工作质量终检	25				
团队情感（25）	社会主义核心价值观	5				
	创新性	5				
	参与率	5				
	合作性	5				
	劳动态度	5				
安全文明（10）	工作过程中遵守规程、安全生产情况	5				
	工具正确使用和保养、放置规范	5				
工作效率（5）	能够在要求的时间内完成，每超时 5 min 扣 1 分	5				

2. 小组成员素质评价单

项目一	发动机系统故障检测与诊断		任务三	发动机怠速抖动故障检修	
班级		第　　　组		成员姓名	
评分说明		每个小组成员评价分为自评和小组其他成员评价两部分，取平均值计算，作为该小组成员的任务评价个人分数。共设计 5 个评分项目，依据评分标准进行合理量化评分。小组成员自评分后，由其他小组成员进行不记名评分			
对象	评分项目	评分标准			评分
自评 (100分)	核心价值观(20分)	是否有违背社会主义核心价值观的思想及行动			
	工作态度(20分)	是否按时完成负责的工作内容、遵守纪律，是否积极主动参与小组工作，是否全过程参与，是否吃苦耐劳，是否具有工匠精神			
	交流沟通(20分)	是否能良好地表达自己的观点，是否能倾听他人的观点			
	团队合作(20分)	是否与小组成员合作完成任务，做到相互协作、互相帮助、听从指挥			
	创新意识(20分)	看问题是否能独立思考、提出独到见解，是否能利用创新思维解决遇到的问题			
成员 1 (100分)	核心价值观(20分)	是否有违背社会主义核心价值观的思想及行动			
	工作态度(20分)	是否按时完成负责的工作内容、遵守纪律，是否积极主动参与小组工作，是否全过程参与，是否吃苦耐劳，是否具有工匠精神			
	交流沟通(20分)	是否能良好地表达自己的观点，是否能倾听他人的观点			
	团队合作(20分)	是否与小组成员合作完成任务，做到相互协作、互相帮助、听从指挥			
	创新意识(20分)	看问题是否能独立思考、提出独到见解，是否能利用创新思维解决遇到的问题			
成员 2 (100分)	核心价值观(20分)	是否有违背社会主义核心价值观的思想及行动			
	工作态度(20分)	是否按时完成负责的工作内容、遵守纪律，是否积极主动参与小组工作，是否全过程参与，是否吃苦耐劳，是否具有工匠精神			
	交流沟通(20分)	是否能良好地表达自己的观点，是否能倾听他人的观点			
	团队合作(20分)	是否与小组成员合作完成任务，做到相互协作、互相帮助、听从指挥			
	创新意识(20分)	看问题是否能独立思考、提出独到见解，是否能利用创新思维解决遇到的问题			

对象	评分项目	评分标准	评分
成员3 (100分)	核心价值观(20分)	是否有违背社会主义核心价值观的思想及行动	
	工作态度(20分)	是否按时完成负责的工作内容、遵守纪律,是否积极主动参与小组工作,是否全过程参与,是否吃苦耐劳,是否具有工匠精神	
	交流沟通(20分)	是否能良好地表达自己的观点,是否能倾听他人的观点	
	团队合作(20分)	是否与小组成员合作完成任务,做到相互协作、互相帮助、听从指挥	
	创新意识(20分)	看问题是否能独立思考、提出独到见解,是否能利用创新思维解决遇到的问题	
成员4 (100分)	核心价值观(20分)	是否有违背社会主义核心价值观的思想及行动	
	工作态度(20分)	是否按时完成负责的工作内容、遵守纪律,是否积极主动参与小组工作,是否全过程参与,是否吃苦耐劳,是否具有工匠精神	
	交流沟通(20分)	是否能良好地表达自己的观点,是否能倾听他人的观点	
	团队合作(20分)	是否与小组成员合作完成任务,做到相互协作、互相帮助、听从指挥	
	创新意识(20分)	看问题是否能独立思考、提出独到见解,是否能利用创新思维解决遇到的问题	
成员5 (100分)	核心价值观(20分)	是否有违背社会主义核心价值观的思想及行动	
	工作态度(20分)	是否按时完成负责的工作内容、遵守纪律,是否积极主动参与小组工作,是否全过程参与,是否吃苦耐劳,是否具有工匠精神	
	交流沟通(20分)	是否能良好地表达自己的观点,是否能倾听他人的观点	
	团队合作(20分)	是否与小组成员合作完成任务,做到相互协作、互相帮助、听从指挥	
	创新意识(20分)	看问题是否能独立思考、提出独到见解,是否能利用创新思维解决遇到的问题	
成员6			
成员7			
成员8			
最终小组成员得分			

课 后 测 评

一、填空题

1. 点火系统通常由供电部分、控制驱动装置、_____、高压线和_____等组成。

2. 火花塞根据热值选择，可以分为_____火花塞和_____火花塞两种。

3. 汽油发动机混合气形成分为_____和_____两种。

二、选择题

1. 下列几种传感器中，（　　）对喷油器的喷油脉宽会有影响。

　　A. 水温传感器　　　　　　　　B. 进气压力传感器

　　C. 氧传感器　　　　　　　　　D. 车速传感器

2. 电喷发动机没有高压火花的原因有（　　）。

　　A. 空气流量计故障　　　　　　B. 曲轴位置传感器故障

　　C. 点火控制器故障　　　　　　D. 发动机 ECU 故障

3. 气缸压力检测时某一缸气缸压力过高的可能原因是（　　）。

　　A. 气门密封不严　　　　　　　B. 活塞与气缸密封不严

　　C. 进气道积炭过多　　　　　　D. 气缸内活塞表面积碳过多

4. 装有（　　）的电控燃油系统控制方式属于闭环控制。

　　A. 氧传感器　　　　　　　　　B. 节气门位置传感器

　　C. 进气温度传感器　　　　　　D. 曲轴位置传感器

5. 电控发动机电子节气门的作用是（　　）。

　　A. 测量进气压力　　　　　　　B. 测量进气质量

　　C. 测量进气流量　　　　　　　D. 自动调整稳定的怠速转速

6. 怠速工况下对发动机进行断缸试验，若断缸后发动机抖动加剧，则（　　）。

　　A. 说明此缸工作状况不良　　　B. 说明此缸工作状况良好

　　C. 说明此缸点火有故障　　　　D. 说明此缸喷油器有故障

三、判断题

1. 清洗节气门后，怠速时节气门的开度就会增大。　　　　　　　　　　　（　　）

2. 火花塞伸入燃烧室绝缘体的尖部部分，工作温度不低于 500 ℃，以确保火花塞的自洁能力；不能高于 850 ℃ 左右，防止自燃的产生。　　　　　　　　（　　）

3. 气缸压力过高可能造成发动机失火。　　　　　　　　　　　　　　　（　　）

四、简答题

1. 如何检查火花塞？

2. 无回油管供油方式有哪些特点和优势？

3. 电子节气门怠速控制原理是什么？

4. 如何正确进行节气门积炭清洗？

5. 电子节气门角度传感器 G187 和 G188 的关系是什么？

任务四　发动机机油消耗量过大故障检修

任务描述

有一台 2008 年 8 月出厂的大众帕萨特 B5 汽车，装备 1.8T ANQ 发动机，行驶里程 18 万 km。

故障现象：车主反映该汽车发动机机油消耗量过大，平均每 2 000 km 机油消耗量就达 1 L，且拔出机油尺观察机油颜色很黑。发动机工作状态相对正常，转速比较平稳，急速时尾气无明显蓝烟，但早晨起来发动车辆急加速时，发动机尾气排故会有明显的蓝烟。

任务解析

发动机机油消耗量大的原因包括机油渗漏、拉缸、气门油封老化、活塞环密封不严、气缸磨损使活塞与缸壁间隙过大、曲轴箱强制通风阀堵塞、涡轮增压器损坏等。通过本任务的实践学习，学生进一步加深对发动机机械系统结构及发动机润滑系统知识的理解，熟练掌握内窥镜、气缸压力表等各种检测工具及汽车专用仪器设备的使用，以维修手册资料为依据，对发动机机械性能进行检测，规范操作，按照由简入繁、从上到下的流程排除故障。

本任务所涉及的知识点及技能点，扫描二维码查看。

前导知识测试

在学习本任务之前，先对大家的知识及技能储备情况进行一个测试，以了解大家对发动机润滑系统及发动机机械性能知识的掌握情况，是否具备了学习本任务应具备的能力。扫描二维码查看测试内容。

知识链接

一、发动机机械系统结构及检修

(一)机油的作用

机油的七大作用是润滑、密封、冷却、减振缓冲、传递动力、清洁、防锈。机油不仅能够润滑机件，减少磨损，提高运动效率，还可以在活塞环与活塞之间形成密封，还能对曲轴轴径上承受的冲击负荷起到缓冲的作用，良好的机油还能够将发动机零件上的碳化物、油泥、磨损颗粒通过循环清洗去除。因此必须时刻保持正常的机油品质及油量，这对发动机很重要。

机油在发动机使用中会有一定的消耗。正常情况下每个换油周期消耗 0.1～0.2 L 机油（自然吸气发动机）；涡轮增压发动机机油消耗会多些，厂家建议一般≤0.4 L/1 000 km。当发动机工作性能变差时，会使机油短期内急剧减少、变黑及黏稠、油质下降。当发动机机油消耗量超过 1.0 L/1 000 km 时，就是很严重的"烧机油"了，必须马上对发动机进行检查、维修，如检查外部是否渗漏、曲轴箱通风装置检查、涡轮增压器检查，甚至发动机解体维修。

发动机"烧机油"故障会造成以下五大后果。

（1）机油消耗量增加。

（2）燃油消耗量增加。

（3）燃烧积炭增加，加速有关机件的磨损。

（4）下窜气增加，加速了机油的老化。

（5）机油补充不及时，可造成烧瓦抱轴的严重故障。

(二)活塞、缸壁间隙

用外径千分尺测量活塞裙部的直径（查阅维修手册，确定测量点的位置），用量缸表测量气缸直径，它们的差值即活塞油膜间隙。检查活塞时，检测部位距离裙部下缘约 10 mm，并与活塞销轴线呈 90°，如图 1-62 所示。

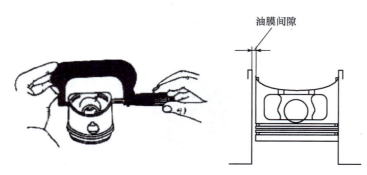

图 1-62　活塞、缸壁间隙

(三)活塞环的选配

活塞环分为气环和油环,如图1-63所示。气环的作用是密封活塞和气缸之间的间隙,防止漏气并将活塞头部热量传递给气缸壁,帮助活塞散热;油环的作用是刮油,经活塞内腔流入曲轴箱,防止多余机油进入燃烧室,造成燃烧室积炭,同时使缸壁上机油分布均匀,提高活塞与缸壁的润滑条件。

气环   油环

图1-63　活塞环

发动机工作时,活塞、活塞环等机件都会发生热膨胀。而活塞环在气缸、活塞环槽内的运动较为复杂,既要与活塞一起在气缸内做上下运动、径向胀缩,又要在环槽内做微量的圆周运动,保证气缸的密封性,并防止环卡死在缸内或胀死于环槽中。安装时,活塞环应留有侧隙、端隙和背隙,如图1-64所示。

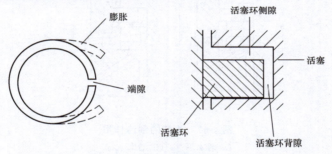

图1-64　活塞环间隙

(四)活塞环的泵油现象

1.气环的泵油现象

气环随活塞做往复运动时,会把气缸壁上的机油不断送入气缸中,这种现象称为气环的泵油,其原理如图1-65所示。

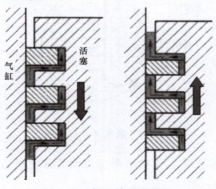

图1-65　气环的泵油原理

2. 油环的刮油作用

发动机油环分为整体式与组合式两种，如图1-66所示。

图1-66　油环的种类
（a）整体式油环；（b）组合式油环

当活塞向下运动时，油环外圈如刀口一样便将缸壁上多余的润滑油刮下，使之经环槽底的狭缝或小孔流回曲轴箱，限制机油窜入燃烧室，如图1-67（a）所示。活塞向上运动时，油环刮下的机油仍从回油孔流回曲轴箱，如图1-67（b）所示。

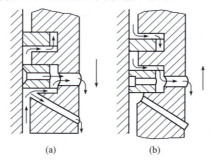

图1-67　油环的刮油作用
（a）活塞下行；（b）活塞上行

3. 活塞环开口方向

第一道活塞环于口应朝向侧压力小的一面，第二道与第一道开口对置；油环开口也要相互错开，如图1-68所示。

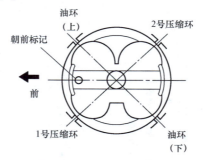

图1-68　活塞环开口方向

各环开口布置应避开活塞销座孔和两侧工作面及膨胀槽位置。

4. 气门油封

气门油封（图1-69）是发动机气门组的重要零件之一，在高温下与汽油和机油相接触，因此需要采用耐热性和耐油性优良的材料，一般由氟橡胶制作。气门油封是油封的一种，一般由外骨架和氟橡胶共同硫化而成，油封径口部安装自紧弹簧或钢丝，用于发动机气门导杆的密封。

气门油封可以防止机油进入进排气管，避免机油流失；防止汽油与空气的混合气体及排放废气泄漏；防止发动机机油进入燃烧室。

图 1-69　气门油封

由于磨损，当气门导杆与气门导管间配合间隙超出极限值时，会导致气门油封密封不严，机油通过气门导管、气门油封进入燃烧室，机油消耗量过大。

5. 曲轴箱强制通风

在发动机工作时，燃烧室的高压可燃混合气和已燃气体，或多或少会通过活塞组与气缸之间的间隙漏入曲轴箱内，造成窜气。为防止曲轴箱压力过高，延长机油使用期限，减少零件磨损和腐蚀，防止发动机漏油，必须进行曲轴箱强制通风。曲轴箱强制通风系统(图 1-70)所负责的工作就是把混入曲轴箱内的"混合油气"进行分离后，机油回油底壳、汽油蒸汽重返燃烧室参与再次燃烧。

若曲轴箱强制通风阀(PCV 阀)为单向阀，发动机工况恶化或长期机油更换不及时，会使 PCV 单向阀堵塞卡滞，PCV 单向阀损坏或曲轴箱强制通风口堵塞使曲轴箱内的压力过大，最终使机油随曲轴箱气体进入气缸参与燃烧。

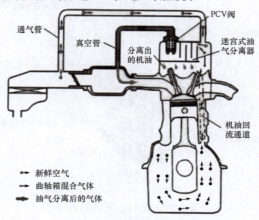

图 1-70　曲轴箱强制通风系统

油水分离器和 PCV 阀损坏会引起"烧机油"故障，因此要排除曲轴箱强制通风装置引起的"烧机油"现象，这两项都需要检查。

二、发动机机油压力指示灯亮故障检修

(一)发动机润滑系统组成及工作原理

在发动机工作时，机油泵将机油压送到机油滤清器，经过滤清后的机油被输送或飞溅到发动机内部的各个摩擦表面。然后再回落到油底壳。机油就是这样周而复始地循环流动，以保证对发动机内部摩擦表面的润滑。

仪表盘上的机油压力指示灯是用来监测发动机压力润滑系统油压的。机油压力正常时，发动机起动后机油压力指示灯会自动熄灭。

若发动机起动后机油压力指示灯不熄灭、偶尔闪亮或常亮，则表明机油压力有问题，需马上关闭发动机进行检查，否则可能会造成发动机"抱瓦"等严重损坏。

1. 机油的作用

润滑、冷却、密封、清洁、防锈、减振缓冲、传递动力。

2. 发动机的润滑方式

(1)飞溅润滑：利用发动机工作时，曲轴和凸轮轴等运动零件旋转飞溅起来的或从连杆大头上设的油孔喷出的油滴，对摩擦表面实行润滑的方式。润滑的对象是缸壁、凸轮、活塞销等。

(2)压力润滑：利用机油泵将一定压力的润滑油送到零件的摩擦表面，形成具有一定厚度并能承受一定机械负荷的油膜，实现可靠的润滑。该方式主要满足发动机上相对速度高、机械负荷大的零件润滑，如曲轴主轴颈、凸轮轴主轴颈、摇臂轴轴颈、平衡轴轴颈等部位。

压力润滑的特点：工作可靠，润滑效果好，并且具有强烈的清洗和冷却作用，但结构复杂，如图 1-71 所示。

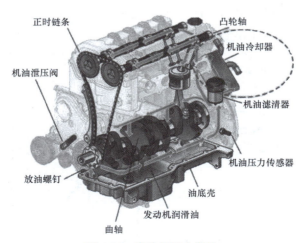

图 1-71　发动机压力润滑

发动机润滑系统在主油道上安装有机油压力传感器(图 1-72)。一汽大众品牌汽车在缸体和缸盖都安装机油压力传感器，分别负责监测缸体和缸盖部分的机油压力(例如，老款捷达 1.6L，一个低压一个高压)。

图 1-72 机油压力传感器

（3）润滑脂润滑：以润滑脂定期加注的方式进行润滑。

3. 润滑系统组成

发动机润滑系统主要由集滤器、机油泵、机油滤清器、主油道、回油孔、油底壳等组成，如图 1-73 所示。

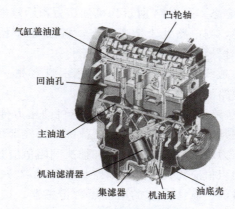

图 1-73 发动机润滑系统组成

（二）发动机机油的检查

1. 油质检查

（1）试纸观察。

（2）对机油颜色进行观察。

（3）观察油流颜色，放油观察其流动情况，质量好的机油的油流颜色应该透明呈棕褐色，细长、均匀、连绵不断，而变质的机油会呈油滴状态。

视频：发动机
机油的检查

（4）手感应无异物。

（5）应无异味。

若检查中发现机油出现了以上情况，则需进行更换。

2. 油量检查

机油不能过少，但也不能过多，要求机油尺在上下限之间。新换机油油量在机油尺上限以下 3 mm 左右为宜。

(三)机油压力过低故障检修

机油压力过低会导致加速机械磨损,缩短发动机的使用寿命,严重的甚至会造成发动机报废。

仪表盘上的机油压力指示灯是用来监测发动机压力润滑系统油压的。机油压力正常时,发动机起动后机油压力指示灯会自动熄灭。若机油压力指示灯亮,则需立即进行检查。

1. 机油压力指示灯亮原因分析

(1)缺机油。

(2)指示灯电路故障。

(3)机油压力传感器故障。

(4)若机油压力低,则需拆解发动机进行检修。

(5)机油黏度过稀。

2. 机油压力指示灯亮故障检修

(1)指示灯电路故障检修。图1-74所示为机油压力指示灯电路连接示意图。打开钥匙门,在没有机油压力时,则电路处于接通状态,机油压力指示灯点亮;起动发动机后,油压将压力传感器的接地断路,机油压力指示灯熄灭。

若传感器后端电路与地线短路,则机油压力指示灯点亮。因此需检查机油压力指示灯电路是否与车身有短路故障。

(2)机油压力传感器故障检修。若检查确认拔下机油压力传感器线束插头后,机油压力指示灯即能熄灭,则判断为机油压力传感器故障,更换即可。

1)正常情况下,无压力时万用表检测壳体和插头间阻值应为0,通路状态;略有压力时,检测壳体和插头间阻值应为无穷大,断路状态(图1-75)。

2)更换一个正常型号的、状态完好的机油压力传感器,接上线路重新测试压力指示灯电路是否恢复正常。

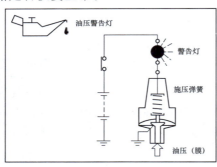

图1-74　机油压力指示灯电路连接示意图　　图1-75　机油压力传感器检测

(3)机油压力低故障检修。使用机油压力表(或故障诊断仪)检测机油压力,如图1-76所示。

检测时,拆下机油压力开关,装上机油压力表。起动发动机,分别检测怠速时和发动机转速为2 000 r/min时的机油压力,应符合厂家规定值。

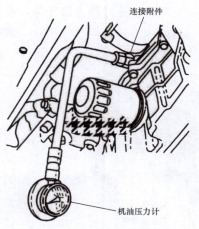

连接附件

机油压力计

图 1-76 机油压力检测

若机油压力表检测发动机机油压力确实偏低（正常值为怠速状态机油压力大于或等于 0.5 bar），原因可能是油路堵塞、轴颈与轴瓦间隙过大造成泄压、机油泵压力过低、机油黏度过稀等，需逐一进行排查。

故障排除步骤如下。

1）更换机油滤清器，排除机油滤清器堵塞造成油压过低的可能性。

2）更换黏度更高的机油，排除机油黏度过稀的可能性——使用假机油或机油黏度选择不当。

3）拆解发动机进行检查。

检查机油泵安全阀是否卡滞造成泄压。机油泵的作用是把机油送到发动机各摩擦部位，使机油在润滑线路中循环，以保证发动机得到良好的润滑，如图 1-77 所示。

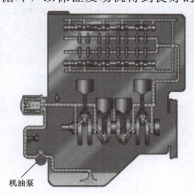

机油泵

图 1-77 机油泵

机油泵限压阀的检查：检查限压阀活塞是否活动自如、弹簧是否断裂。防止限压阀因卡滞造成机油泵泄压，如图 1-78 所示。

机油更换不及时或发动机工作状态不良会使发动机润滑系统产生大量的油泥，油泥会使机油泵限压阀活塞卡滞。若机油泵限压阀活塞卡滞，则机油泵过早泄压，机油压力达不到规定压力即已泄压。发动机压力润滑是必须在保证一定压力的前提下才能实现的，压力过低就会造成轴颈润滑不良、正时链条跳牙等，最后造成发动机机械故障，甚至导致发动机报废。

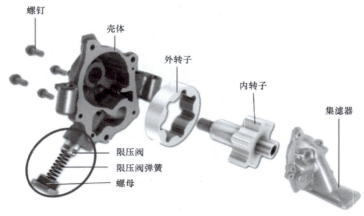

图 1-78　机油泵限压阀检查

检查轴与轴颈间隙，是否为磨损使配合间隙变大造成泄压，若是，则需要进行发动机大修，按照厂家规定的数据，重新匹配曲轴、主轴瓦及连杆瓦，如图 1-79 所示。

图 1-79　轴颈与轴瓦的磨损

发动机轴颈 70% 的磨损都来自起动的一瞬间。随着发动机的使用，磨损也会加剧，当轴颈与轴瓦间隙超过规定值，机油就会泄压严重，机油压力过低，此时就需要对发动机进行解体大修了。

任 务 实 施

一、分组

按照班级人数平均进行分组（建议每组 5～8 人），每组选出一名负责人，负责人对小组任务进行分配。组员按负责人要求完成相关任务内容，并将自己所在小组及个人任务内容填入表 1-44 中。

表 1-44 小组成员职责分工

序号	组员姓名	组员职责
1	AB	准备三件套
2	CD	验证发动机运转是否正常　是□　否□ 发动机急加速是否冒蓝烟　是□　否□
3	EF	准备工具、资料
4	GH	准备零部件、物料
5		
6		
7		
8		

二、填写作业工单

每组接受任务，对故障车进行检查，填写作业工单（表 1-45）。

表 1-45 作业工单

任务工单			
车型		年款	
VIN		维修日期	
故障现象描述： 　　2008 年大众帕萨特 B5 汽车，装备 1.8T ANQ 发动机，行驶里程 18 万 km。车主反映该车发动机机油消耗量大，平均每 2 000 km 机油消耗量就达 1 L，且拔出机油尺观察机油颜色很黑。发动机工作状态相对正常，转速比较平稳，急速时尾气无明显蓝烟，但早晨发动车辆及急加速时，发动机尾排会有明显的蓝烟出现			
故障初步诊断： 			

续表

油表检查	环车检查
油量显示（用箭头标记）	外观检查（损坏处用圆圈标出）

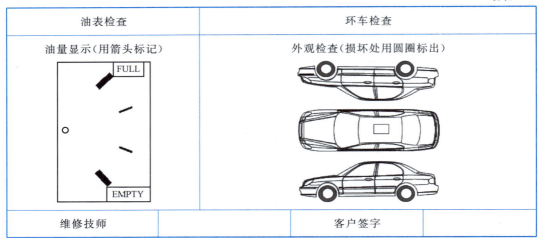

维修技师		客户签字	

三、验证故障现象

以小组为单位，通过试车来验证客户描述的故障现象，填写表1-46。

表1-46　故障现象验证

序号	人员	试车内容	结果	
1	AB	发动机是否能顺利起动	是	否
2	AB	发动机故障灯是否常亮	是	否
3	AB	EPC灯是否亮	是	否
4	AB	其他仪表灯是否正常	是	否
5	CD	发动机怠速工况工作是否正常	是	否
6	CD	发动机怠速是否冒蓝烟	是	否
7	CD	发动机急加速是否冒蓝烟	是	否
8	EF	发动机机油是否缺失	是	否
9	EF	发动机机油是否黏稠、发黑、有异味	是	否
10		其他		

序号	故障码	检查内容记录及分析	性质
1			
2			
3			

最终结果：

四、绘制故障树

根据发动机系统工作原理，教师运用课堂讨论法，带领学生按照从简到繁的检查顺序，制订发动机机油消耗量过大故障诊断流程，如图 1-80 所示。

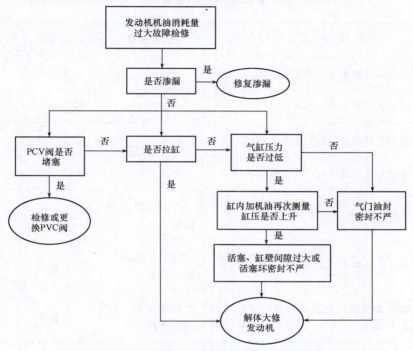

图 1-80 发动机机油消耗量过大故障诊断流程

五、制订诊断计划

通过查询维修手册，分析影响发动机机油消耗量过大的原因，并列出诊断计划，填入表 1-47 中。

表 1-47 故障诊断计划

序号	可能原因	诊断方法	使用设备/工具
1	外部渗漏	检查	目测检查
2	活塞环卡滞造成密封不严	缸压检测	气缸压力表
3	气门油封	缸压检测	气缸压力表
4	活塞、缸壁间隙过大	缸压检测	气缸压力表
5	拉缸	发动机怠速异响、检查火花塞	常规工具、内窥镜
6	曲轴箱强制通风	PCV 单向阀是否堵塞	常规工具
教师意见：			

六、制订工作计划

根据诊断计划，小组按成员进行任务分工，制订工作计划（表1-48）。

表1-48　工作计划表

步骤	工作内容	工具/辅具	注意事项	操作人
1	机油油质及液量检查是否正常		安全操作	AB
2	怠速状态观察排气是否冒蓝烟		安全操作	CD
3	急加速状态观察排气是否冒蓝烟		安全操作	CD
4	曲轴箱强制通风（PCV）单向阀检查	拆装工具	安全操作	EF
5	是否拉缸	拆装工具、内窥镜	安全操作	GH
6	气缸缸压检测	拆装工具、气缸压力表	安全操作	AB
7	缸内加机油再次缸压检测，观察压力是否上升	拆装工具、气缸压力表	安全操作	AB

七、实　施

按照计划进行任务实施并完成项目单填写（表1-49、表1-50）。

表1-49　任务实施表

步骤	工作内容	工具/辅具	注意事项	操作者
1	安装座椅套、地板垫、方向盘套	无	不要弄脏车内	AB
2	安装车外三件套	无	不要弄脏车内	AB
3	检查机油油质及液量	无	规范操作，并记录结果	AB
4	检查发动机外部是否渗漏机油	无	记录结果	AB
5	怠速状态下观察排气是否冒蓝烟	无	规范操作，并记录结果	CD
6	急加速状态下观察排气是否冒蓝烟	无	规范操作，并记录结果	CD

步骤	工作内容	工具/辅具	注意事项	操作者
7	曲轴箱强制通风（PCV）单向阀检查	拆装工具	规范操作，注意安全	EF
8	检查是否拉缸	内窥镜	规范操作，注意安全	GH
9	气缸压力检测	气缸压力表	规范操作，安装正确	AB
10	确定维修方案：换件修理或调整恢复	无	经济性与可行性	小组
11	维修与调整：通过更换曲轴箱强制通风（PCV）单向阀或检修发动机更换修理气门油封、气缸、活塞环等	维修工具	规范操作，安装正确	小组
12	验证故障是否排除：试车确认故障是否排除	无	试车	小组

表 1-50　检测情况记录表

序号	检测项目	标准	实际	判断是否正常
1	机油是否外部渗漏			
2	机油油质及液量检查			
3	怠速及急加速排气是否冒蓝烟			
4	PCV 阀检查			
5	是否拉缸			
6	气缸压力检查			

最终结果：

处理方法：

八、检查与评估

填写检查单(表1-51)。

表 1-51　检查单

项目一	发动机系统故障检测与诊断		任务四	发动机机油消耗量过大故障检修
检查学时	4 学时		第　　　组	
检查目的及方式	教师全程监控小组的工作情况,如果检查结果等级为不合格,则小组需要整改,并拿出整改说明			
序号	考核内容	配分	评分标准(每项累计扣分不超过配分)	得分
1	正确使用工具、仪表	10	使用工具、仪表错误,每项扣 5 分	
2	故障现象判断	10	判断思路不明确扣 10 分	
3	故障诊断过程	30	检查方法错误、不会使用故障诊断仪扣 10 分	
			操作过程不规范扣 10 分	
			检查结果错误扣 10 分	
4	故障确认与排除及工单的填写	20	不能排除故障扣 20 分	
			一处故障未确认扣 10 分	
5	验证排除效果	10	不验证或方法错误扣 10 分	
6	遵守规程、安全生产、工具使用正确、现场卫生、防护措施	15	每违规一项扣 3 分,直至扣完	
7	因违反操作规程造成事故	5	因违规操作发生重大人身或设备事故,此题按 0 分计	

检查结果分级

(90 分及以上为优秀,80 分及以上为良好,70 分及以上为中等,60 分及以上为及格,低于 60 分为不及格)

检查评语		教师签字:

任 务 评 价

1. 小组工作评价单

项目一	发动机系统故障检测与诊断		任务四	发动机机油消耗量过大故障检修		
评价学时			4 学时			
班级：			第 组			
考核情境	考核内容及要求	分值（100）	小组自评（10%）	小组互评（20%）	教师评分（70%）	实际得分（Σ）
汇报展示（20）	讲解知识点应用	5				
	讲解技能点运用	5				
	团队成员任务分配	5				
	工作过程描述	5				
质量评价（40）	工作质量自检	10				
	工作质量互检	5				
	工作质量终检	25				
团队情感（25）	社会主义核心价值观	5				
	创新性	5				
	参与率	5				
	合作性	5				
	劳动态度	5				
安全文明（10）	工作过程中遵守规程、安全生产情况	5				
	工具正确使用和保养、放置规范	5				
工作效率（5）	能够在要求的时间内完成，每超时 5 min 扣 1 分	5				

2. 小组成员素质评价单

项目一	发动机系统故障检测与诊断		任务四	发动机机油消耗量过大故障检修
班级		第　　组	成员姓名	
评分说明	每个小组成员评价分为自评和小组其他成员评价两部分，取平均值计算，作为该小组成员的任务评价个人分数。共设计 5 个评分项目，依据评分标准进行合理量化评分。小组成员自评分后，由其他小组成员进行不记名评分			

对象	评分项目	评分标准	评分
自评 (100分)	核心价值观(20分)	是否有违背社会主义核心价值观的思想及行动	
	工作态度(20分)	是否按时完成负责的工作内容、遵守纪律，是否积极主动参与小组工作，是否全过程参与，是否吃苦耐劳，是否具有工匠精神	
	交流沟通(20分)	是否能良好地表达自己的观点，是否能倾听他人的观点	
	团队合作(20分)	是否与小组成员合作完成任务，做到相互协作、互相帮助、听从指挥	
	创新意识(20分)	看问题是否能独立思考、提出独到见解，是否能利用创新思维解决遇到的问题	
成员 1 (100分)	核心价值观(20分)	是否有违背社会主义核心价值观的思想及行动	
	工作态度(20分)	是否按时完成负责的工作内容、遵守纪律，是否积极主动参与小组工作，是否全过程参与，是否吃苦耐劳，是否具有工匠精神	
	交流沟通(20分)	是否能良好地表达自己的观点，是否能倾听他人的观点	
	团队合作(20分)	是否与小组成员合作完成任务，做到相互协作、互相帮助、听从指挥	
	创新意识(20分)	看问题是否能独立思考、提出独到见解，是否能利用创新思维解决遇到的问题	
成员 2 (100分)	核心价值观(20分)	是否有违背社会主义核心价值观的思想及行动	
	工作态度(20分)	是否按时完成负责的工作内容、遵守纪律，是否积极主动参与小组工作，是否全过程参与，是否吃苦耐劳，是否具有工匠精神	
	交流沟通(20分)	是否能良好地表达自己的观点，是否能倾听他人的观点	
	团队合作(20分)	是否与小组成员合作完成任务，做到相互协作、互相帮助、听从指挥	
	创新意识(20分)	看问题是否能独立思考、提出独到见解，是否能利用创新思维解决遇到的问题	

对象	评分项目	评分标准	评分
成员 3 (100 分)	核心价值观(20 分)	是否有违背社会主义核心价值观的思想及行动	
	工作态度(20 分)	是否按时完成负责的工作内容、遵守纪律，是否积极主动参与小组工作，是否全过程参与，是否吃苦耐劳，是否具有工匠精神	
	交流沟通(20 分)	是否能良好地表达自己的观点，是否能倾听他人的观点	
	团队合作(20 分)	是否与小组成员合作完成任务，做到相互协作、互相帮助、听从指挥	
	创新意识(20 分)	看问题是否能独立思考、提出独到见解，是否能利用创新思维解决遇到的问题	
成员 4 (100 分)	核心价值观(20 分)	是否有违背社会主义核心价值观的思想及行动	
	工作态度(20 分)	是否按时完成负责的工作内容、遵守纪律，是否积极主动参与小组工作，是否全过程参与，是否吃苦耐劳，是否具有工匠精神	
	交流沟通(20 分)	是否能良好地表达自己的观点，是否能倾听他人的观点	
	团队合作(20 分)	是否与小组成员合作完成任务，做到相互协作、互相帮助、听从指挥	
	创新意识(20 分)	看问题是否能独立思考、提出独到见解，是否能利用创新思维解决遇到的问题	
成员 5 (100 分)	核心价值观(20 分)	是否有违背社会主义核心价值观的思想及行动	
	工作态度(20 分)	是否按时完成负责的工作内容、遵守纪律，是否积极主动参与小组工作，是否全过程参与，是否吃苦耐劳，是否具有工匠精神	
	交流沟通(20 分)	是否能良好地表达自己的观点，是否能倾听他人的观点	
	团队合作(20 分)	是否与小组成员合作完成任务，做到相互协作、互相帮助、听从指挥	
	创新意识(20 分)	看问题是否能独立思考、提出独到见解，是否能利用创新思维解决遇到的问题	
成员 6			
成员 7			
成员 8			
最终小组成员得分			

课 后 测 评

一、填空题

1. 机油的作用是_____、_____、_____、_____、_____、_____、_____。

2. 活塞环分为_____和_____。油环分为_____与_____两种。气环的主要作用是_____；油环的主要作用是_____。

3. 气门油封用于发动机_____的密封，可以防止机油进入_____。

二、选择题

1. 活塞环的间隙没有（　　）。

　　A. 端隙　　　　　　　　　　B. 侧隙

　　C. 背隙　　　　　　　　　　D. 油隙

2. 发动机发动后，若机油压力表读数迅速下降，则可能的原因是（　　）。

　　A. 机油滤清器堵塞　　　　　B. 机油黏度过大

　　C. 气缸体的油道堵塞　　　　D. 机油量过多

3. 甲说汽车发动机每个气缸有 1 个进气门和 1 个排气门，乙说现在的汽车发动机每个气缸可有 2 个或 3 个进气门及排气门，下列表述中正确的是（　　）。

　　A. 只有甲说的对　　　　　　B. 只有乙说的对

　　C. 甲、乙说的都对　　　　　D. 甲、乙说的都不对

三、简答题

1. 发动机"烧机油"会造成哪些不良后果？

2. 简述曲轴箱强制通风。

项 目 总 结

本项目对汽车发动机系统常见故障进行了分析，其中包括发动机故障指示灯亮故障检修、起动机运转正常但发动机无法起动故障检修、发动机怠速抖动故障检修、发动机机油消耗量过大故障检修等。

通过本项目的学习，学生可以更加熟练地使用各种专用仪器设备，如气缸压力表、燃油压力表、真空表、故障诊断仪、万用表、示波器等，并综合运用所学知识，以维修手册资料为依据，规范操作，依据由简到繁、由表及里的流程对引起发动机故障的发动机机械、发动机电控管理系统等方面的各种原因进行检查、维修。

综合运用所学知识，本项目还可拓展出以下工作任务：发动机急加速工作不良故障检修、发动机长时间停放后不易起动故障检修、发动机冒黑烟且油耗高故障检修、发动机水温异常升高故障检修、发动机充电指示灯亮故障检修等，进一步锻炼学生对发动机系统故障的综合分析解决能力，提高学生的实践技能和理论水平。

项目二
车身电气系统故障检测与诊断

项目导入

某车车身电气系统出现故障，如电动车窗或中控锁故障，车窗玻璃无法正常升降，门锁无法锁车门，给驾驶员带来不便，车身电气系统故障会影响车辆的安全性和舒适性。维修人员需要掌握车身电气系统各部分，如汽车灯光系统、汽车电动车窗、电动倒车镜、天窗、雨刷器、汽车空调、汽车音响导航、电动座椅、汽车防盗、汽车中控锁、安全气囊系统的结构、工作原理，以及车身电气系统的控制方式。维修人员通过使用故障诊断仪、万用表、示波器等专用仪器设备，运用汽车电气系统工作原理，对车身电气系统相关线路及元件进行检测、故障诊断及故障排除。

学习目标

知识目标

（1）掌握电气设备的构造与工作原理。

（2）掌握汽车灯光照明系统、电动车窗、中控锁、空调系统常见故障原因及诊断方法。

（3）了解利用万用表、故障诊断仪、示波器进行汽车电气系统的综合故障诊断的方法。

能力目标

（1）能够利用故障诊断仪对车身电气系统进行故障诊断。

（2）能够根据汽车灯光照明系统、电动车窗、中控锁、空调系统进行故障排除。

（3）能够根据故障现象，参考维修手册，制订维修方案并进行故障排除。

（4）能够遵守操作规范，正确使用工具、设备，遵守劳动安全、环保的规章制度。

素质目标

（1）培养集体荣誉感和团队合作意识。

（2）养成良好沟通的能力。

（3）养成安全意识和环保理念。

（4）养成积极进取、诚实守信、吃苦耐劳、爱岗敬业的职业道德和良好品质。

任务一　汽车外部灯光故障检修

任务描述

　　张先生驾驶一台 2015 年 8 月出厂的一汽大众迈腾 B7L(图 2-1)，装备 1.8T 发动机，行驶里程 8 万 km。

　　故障现象：车主反映该车打开点火开关或起动发动机后小灯亮起(此年款迈腾 B7L 无日间行车灯配置)，且近光灯不亮。

图 2-1　一汽大众迈腾 B7L

任务解析

　　本车打开大灯开关，左前远光灯不亮而右前远光灯亮，单侧不亮说明灯开关功能正常，变光开关也正常，远光灯继电器正常。从电路图得知，此车左右远光灯电路中分别设有熔断器，因此，应从左前远光灯灯泡、熔断器和灯光线路入手对故障进行排查。

　　通过本任务的实践学习，学生进一步加强对汽车电路图识读的能力，熟练使用维修手册，读懂电路图，对汽车车身电路进行检测，规范操作，按照由简入繁、从上到下的流程排除故障。

　　本任务所涉及的知识点及技能点，扫描二维码。

前导知识测试

　　在学习本任务之前，先对大家的知识及技能储备情况进行一个测试，以了解大家对汽车电气及舒适系统知识的掌握情况，是否具备了学习本任务应具备的能力。扫描二维码查看测试内容。

知 识 链 接

　　汽车灯光系统对车辆安全行驶起到至关重要的作用。汽车灯光系统不但复杂，而且电气设备数量较多、线路较长，故障概率较大。导线连接松动、短路、断路等都会导致汽车灯光系统不能正常运行，因此，对于灯光系统故障必须严格按照相关标准迅速、正确地进行检测和诊断，快速地排除灯光故障。

一、汽车基础电气常识

1．电压、电阻、电流的测量

　　如图 2-2 所示，对电路元件进行测量。

　　(1)电压的测量。将万用表与用电器并联进行测量。

　　(2)电阻的测量。测量用电器电阻时，应断开电路开关或将用电器单独拆下进行测量(如图 2-2 中测量灯泡电阻)。

　　(3)电流的测量。将万用表串接在电路中进行测量。

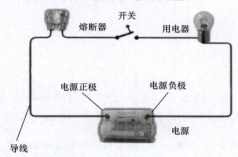

图 2-2　电路测量

2．电瓶电压的检测

　　电瓶(又称蓄电池)的作用：一是为汽车提供起动时的电能；二是为发电机调整输出和负荷之间的稳压保护；三是在发动机未起动时为车辆用电器供电，如中控锁、座椅、音响、灯光、玻璃升降等。

　　(1)将大灯打开、关闭几次，以去除蓄电池的浮电。

　　(2)静态电压及起动电压的测量。

　　1)使用万用表在发动机未起动状态测量电瓶电压，应为 11.8～12.8 V。

　　2)使用万用表在发动机起动瞬间状态测量电瓶电压，应不低于 10.5 V。

　　3)发动机起动后，电瓶电压应为 12～14.5 V。

3．继电器的检测

　　(1)继电器的作用。继电器是汽车电路上的一种重要的电控开关，是利用小电流控制大电流运作的一种"自动开关"，由控制电路(线圈)和主电路(开关触点)组成。

　　(2)继电器的类型。汽车常用继电器为 4 脚继电器和 5 脚继电器，如图 2-3 所示。4 脚继电器为常断型，即控制电路(线圈)通电，主电路触点闭合；5 脚继电器称为转换型(Z 形)触点，控制电路(线圈)不通电时，动触点和其中一个静触点断开与另一个闭合，线圈通电后，动触点就移动，使原来断开的呈闭合状态，原来闭合的呈断开状态，主电路线路达到转换的目的。

图 2-3　汽车常用继电器

(3)继电器可能的故障。

1)继电器线圈故障：断路、短路。

2)继电器触点故障：通断情况。

(4)继电器性能检测。

1)判断继电器线圈好坏：测量 85 和 86 之间的线圈短路或断路(表 2-1)。

在断电情况下，用万用表 200 Ω 电阻挡测量 85 和 86 之间的线圈电阻值。

表 2-1　测量 85 和 86 之间的线圈短路或断路

线圈电阻值	状况判断
阻值在 80 Ω 以内	正常
阻值为 0Ω 左右时	短路
阻值为∞时	断路

2)判断继电器触点的好坏(以 4 脚继电器为例)(表 2-2)。

表 2-2　测量 85 和 86 之间的线圈电阻值

控制电路(线圈)状态	触点 85 与 86 间电阻值	状况判断
线圈 85 和 86 断电情况下	阻值为∞时	正常
	阻值为 0Ω 左右时	短路
线圈 85 和 86 通电情况下	阻值为 0Ω 左右时	正常
	阻值为∞时	断路

注意：在继电器线圈通电或断电的过程中，能听到触点清脆的接通和断开的"哒哒"响声，表明继电器线圈工作是正常的，但触点是否能闭合使主电路接通，则需使用万用表对触点间的电阻值进行测量验证。听到触点"哒哒"响声不表明触点间一定接通，触点间电阻值需为 0.5 Ω 以内才属正常。

4. 汽车上熔断器的检查

（1）检查线路是否断路：用万用表直流电压挡，选择量程 20 V，分别测量导线两端对地电压值。导线两端对地电压值应一致，否则表明线路故障。

（2）检查熔断器：首先检查熔断器两端电压（图 2-4），然后拔下熔断器进行电阻测量（图 2-5）。

图 2-4　熔断器电压测量

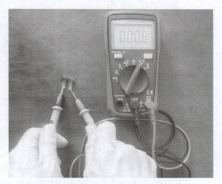

图 2-5　熔断器电阻测量

测量熔断器电阻值时需拔下熔断器，按图 2-4 所示进行测量。

测量熔断器两端的电压不需要拔下熔断器，车上测量即可。若电压检测①点与地之间和②点与地之间的电压值不同，说明熔断器虚接（或熔断器有阻值），需拆下熔断器进行电阻测量。

二、汽车灯光系统操作方法

车辆灯光开关分为旋钮式和拨杆式，如图 2-6、图 2-7 所示。德系灯光开关为旋钮式；日系、美系、韩系等灯光开关为拨杆式。无论车辆灯光开关是旋钮式还是拨杆式，远近光灯切换开关都是在左侧拨杆（转向灯拨杆）位置。

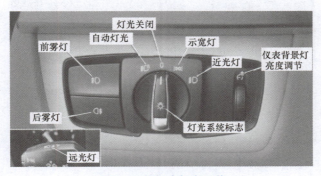

图 2-6　旋钮式灯光开关

虽然远光灯往外一拨就开，但是要开启远光灯，必须先开启近光灯，在灯光其他挡位（关闭或示宽灯）位置，是无法单独开启远光灯的。但是，往里拨动拨杆闪光灯闪动一次（会车灯）则没有条件限制，即使在车灯关闭状态，会车灯也可以操作，如图 2-8

所示。远光灯开启后仪表上会有蓝色的远光灯标志亮起，便于驾驶员进行远近光切换操作时清楚地知道灯光状态，如图2-9所示。

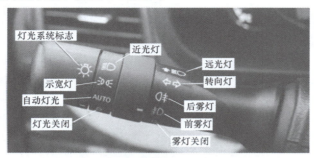

图 2-7　拨杆式灯光开关

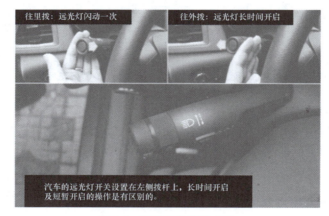

图 2-8　灯光开关操作方法

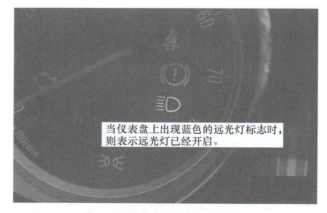

图 2-9　仪表盘远光灯开启标志

三、迈腾 B7L 灯光系统工作原理

1. 迈腾 B7L 灯光开关操作方法

迈腾 B7L 外部灯光开关 E1 与雾灯开关(E7、E18)组合在一起，统称为灯光开关，如

图 2-10 所示，两者相互关联。迈腾 B7L 灯光开关操作方法：起动发动机，将灯光开关旋转到 AUTO 挡，计算机根据自动灯光感应器（位于车内后视镜的安装座里）感受的外界光线强弱自动开启或关闭小灯和大灯。将灯光开关旋转到小灯挡，前后小灯、仪表及开关照明灯等均点亮。将灯光开关旋转到近光灯挡，小灯、近光灯同时点亮。当灯光开关处于小灯挡或近光灯挡时，向外拉一下开关，前雾灯点亮，再拉一下，前、后雾灯同时点亮。

图 2-10　迈腾 B7L 旋钮式灯光开关

注：2016 年迈腾 B7L 没有日间行车灯。

2. 迈腾 B7L 灯光控制电路

以 2016 年迈腾 B7L 为例，其灯光控制电路如图 2-11 所示。

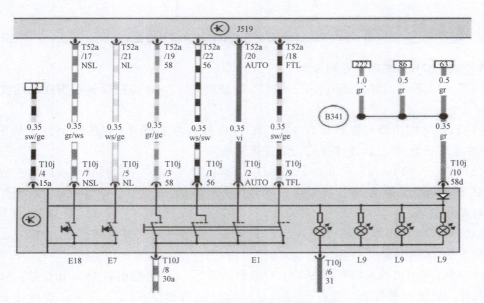

图 2-11　迈腾 B7L 外部灯光控制电路

为方便分析学习，特对迈腾 B7L 灯光开关线路图及信号线含义进行归纳总结。如图 2-12 所示为迈腾 B7L 灯光开关线路图及信号线含义。

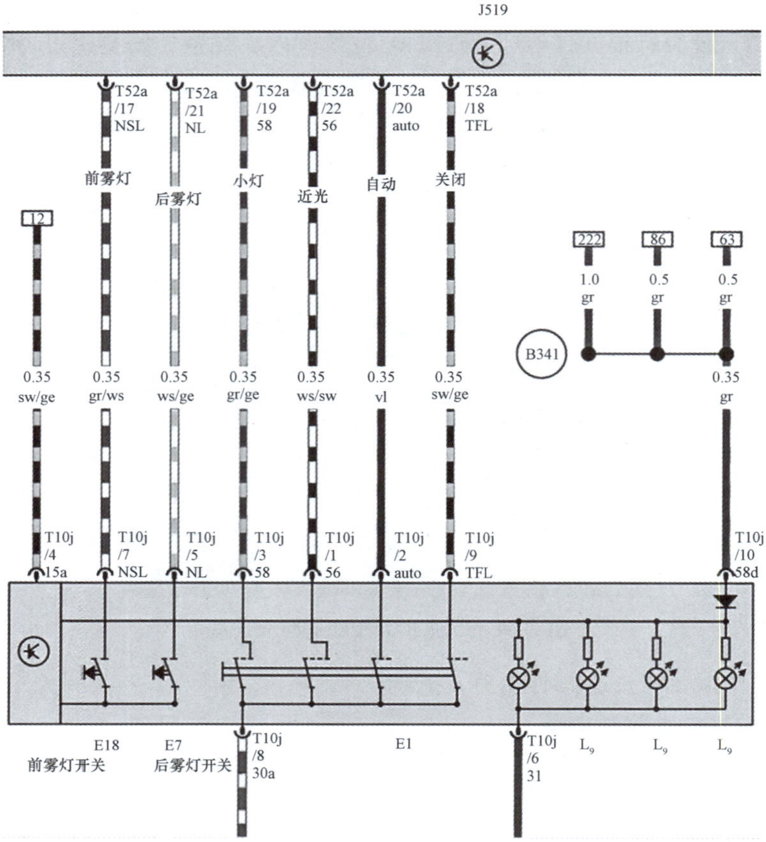

图 2-12　迈腾 B7L 灯光开关线路图及信号线含义

3. 迈腾 B7L 灯光系统控制分析

如图 2-12 所示，灯光开关上有一个 10 针插接器 T10j，插接器各引脚连线功能归纳如下。

(1) T10j/8 引出线与熔断器 SC13(15A)进而与电源正极 B＋相连接，为灯光开关 E1 及前雾灯开关 E7、后雾灯开关 E18 提供常电源。

(2) T10j/9、T10j/2、T10j/3、T10j/1、T10j/5、T10j/7 引出线与车载电网控制单元 J519 相连接，分别为 J519 提供灯光关闭信号、自动灯光信号、小灯信号、近光灯信号、前雾灯信号、后雾灯信号。

(3) T10j/10 引出线与 J519 相连接，J519 通过此线为灯光开关挡位指示灯 L76(红色，共 6 个)提供电源。

(4) T10j/4 引出线与熔断器 SC2(5A)进而与端子 15 供电继电器 J329 相连接。J329 为灯光开关旋钮照明灯 L9(红色，2 个)、AUTO 挡指示灯 K209、前雾灯指示灯 K17(绿色)提供 ON 电源。

由灯光开关电路图可知，灯光开关 E1 由熔断器 SC13 供电，E1 置于不同挡位(包括关闭挡)时，相应的信号线接通，向 J519 提供 1 个＋B 电压信号，J519 向相应的灯光供电，点亮车灯；E1 每个挡位只有 1 条信号线接通。J519 在收到小灯挡或前照灯挡信号的情况下，再收到雾灯开关信号，才会开启相应的雾灯，而且开启后雾灯前须先开启前雾灯。

4. 迈腾 B7L 灯光系统应急保护模式

迈腾 B7L 灯光系统的应急保护模式有以下两种（图 2-12）。

(1)J519 连接灯光开关 E1 的 TFL、AUTO、58、56 4 个端子，在任何情况下，必须有一个端子且只有一个端子为高电位，否则灯光系统进入应急保护模式，同时点亮小灯和近光灯，具体如下。

1)当 E1 处于关闭位置时，点火开关 ON，若此时 J519 接收不到高电位信号，灯光系统即进入保护模式，同时点亮小灯与近光灯。

2)当 E1 处于 AUTO 挡时，点火开关 ON，若此时 J519 接收不到高电位信号，灯光系统即进入应急保护模式，同时点亮小灯与近光灯。

3)当 E1 处于小灯挡时，点火开关 ON，若此时 J519 接收不到高电位信号，灯光系统进入应急保护模式，同时点亮小灯与近光灯。此时打开前、后雾灯开关，前、后雾灯均不亮(J519 必须接收到小灯信号方可接通前、后雾灯)。

4)当 E1 处于近光灯挡时，点火开关 ON，若此时 J519 接收不到高电位信号，灯光系统进入应急保护模式，同时点亮小灯与近光灯。此时打开前、后雾灯开关，前、后雾灯均不亮(J519 必须接收到近光灯信号方可接通前、后雾灯)。

(2)当灯光开关 E1 处于小灯挡或近光灯挡时，打开前雾灯，若 J519 接收不到前雾灯信号，前雾灯不亮，打开后雾灯时会进入应急保护模式，具体如下。

1)当 E1 处于小灯挡时，小灯点亮；打开前雾灯，前雾灯不亮；打开后雾灯，后雾灯不亮，但近光灯会异常点亮。

2)当 E1 处于近光灯挡时，近光灯点亮；打开前雾灯，前雾灯不亮；打开后雾灯，后雾灯会点亮。

5. 前照灯应急保护模式

(1)测试 1。断开关闭挡信号线 T52a/18—T10j/9(图 2-12)，其余信号线正常。测试结果见表 2-3。

表 2-3　关闭挡信号线断路故障现象

开关挡位	小灯	前照灯(近光灯)	前雾灯	后雾灯	状态
关闭挡	√	√	—	—	异常
自动挡	×	×	—	—	正常
小灯挡	√	×	×	×	正常
小灯挡开前雾灯	√	×	√	×	正常
小灯挡开后雾灯	√	×	√	√	正常
前照灯挡	√	√	×	×	正常
前照灯挡开前雾灯	√	√	√	×	正常
前照灯挡开后雾灯	√	√	√	√	正常

结果表明：在关闭挡，小灯和近光灯异常点亮，其余挡位正常。

（2）测试 2。断开小灯挡信号线 T52a/19－T10j/3（图 2-12），其余信号线正常。测试结果见表 2-4。

表 2-4　小灯挡信号线断路故障现象

开关挡位	小灯	前照灯（近光灯）	前雾灯	后雾灯	状态
关闭挡	×	×	—	—	正常
自动挡	×	×	—	—	正常
小灯挡	√	√	×	×	异常
小灯挡开前雾灯	√	√	×	×	异常
小灯挡开后雾灯	√	√	×	×	异常
前照灯挡	√	√	×	×	正常
前照灯挡开前雾灯	√	√	√	×	正常
前照灯挡开后雾灯	√	√	√	√	正常

结果表明：在小灯挡，除小灯点亮外，近光灯异常点亮，前、后雾灯均无法开启，其余挡位正常。

（3）测试 3。断开前照灯挡信号线 T52a/22－T10j/1（图 2-12），其余信号线正常。测试结果见表 2-5。

表 2-5　前照灯挡信号线断路故障现象

开关挡位	小灯	前照灯（近光灯）	前雾灯	后雾灯	状态
关闭挡	×	×	—	—	正常
自动挡	×	×	—	—	正常
小灯挡	√	×	×	×	正常
小灯挡开前雾灯	√	×	√	×	正常
小灯挡开后雾灯	√	×	√	√	正常
前照灯挡	√	×	×	×	正常
前照灯挡开前雾灯	√	×	×	×	异常
前照灯挡开后雾灯	√	×	×	×	异常

结果表明：在前照灯挡，小灯和近光灯点亮，前、后雾灯均无法开启，说明前照灯挡不开雾灯时的正常状态是假象，实质上也是一种异常状态，其余挡位正常。

（4）分析。由上面 3 个测试结果分析可知，E1 开关任一挡位信号线断路时，将开关置于此断路挡位，J519 均无法收到任何开关信号，系统无法判断此时驾驶员的意图。为安全起见，系统开启小灯和近光灯，此种情况下，前、后雾灯均无法正常开启。这就是迈腾 B7L 的前照灯应急保护模式。

6.雾灯应急保护模式

断开前雾灯开关 E7 信号线 T52a/21－T10j/5（图 2-12），其余信号线正常。测试结果见表 2-6。

表 2-6　前雾灯信号断路故障现象

开关挡位	小灯	前照灯（近光灯）	前雾灯	后雾灯	状态
关闭挡	×	×	—	—	正常
自动挡	×	×	—	—	正常
小灯挡	√	×	×	×	正常
小灯挡开前雾灯	√	×	×	×	异常
小灯挡开后雾灯	√	√	×	×	异常
前照灯挡	√	√	×	×	正常
前照灯挡开前雾灯	√	√	×	×	异常
前照灯挡开后雾灯	√	√	×	√	异常

断开后雾灯开关 E18 信号线 T52a/17－T10j/7（图 2-12），其余信号线正常。测试结果见表 2-7。

表 2-7　后雾灯信号断路故障现象

开关挡位	小灯	前照灯（近光灯）	前雾灯	后雾灯	状态
关闭挡	×	×	—	—	正常
自动挡	×	×	—	—	正常
小灯挡	√	×	×	×	正常
小灯挡开前雾灯	√	×	√	×	异常
小灯挡开后雾灯	√	√	√	×	异常
前照灯挡	√	√	×	×	正常
前照灯挡开前雾灯	√	√	√	×	异常
前照灯挡开后雾灯	√	√	√	×	异常

结果表明：小灯挡开前雾灯，前雾灯不亮，再开后雾灯，近光灯异常点亮，前、后雾灯均不亮；前照灯挡开前雾灯，前雾灯不亮，再开后雾灯，前雾灯仍不亮，但后

雾灯点亮。这就是迈腾 B7L 的雾灯应急保护模式。

7. 小结

如图 2-12 所示，灯光开关 E1 至 J519 之间任意挡位信号线断路时，此挡位进入前照灯应急模式，表现为小灯和近光灯点亮，前、后雾灯均无法开启。

前雾灯开关 E7 信号线断路时，前雾灯无法开启，开后雾灯时进入雾灯应急保护模式。表现为小灯挡开后雾灯，近光灯异常点亮；前照灯挡开后雾灯，前雾灯不亮，后雾灯亮。

了解灯光系统的应急保护模式，有助于维修人员理解其控制原理，为诊断排除相关故障提供依据。

四、迈腾 B7L 灯光系统故障检修

视频：迈腾汽车灯灯光
系统故障检修

针对张先生的大众迈腾 B7L 汽车外部灯光故障现象，起动发动机后小灯亮起，而且两近光灯都不亮，进行故障检修。

(一)故障现象

(1)打开点火开关，小灯即亮起；开启小灯挡，小灯正常点亮，操作前、后雾灯开关，前、后雾灯均不亮。

(2)开启近光灯挡时，近光灯不亮，操作前、后雾灯开关，前、后雾灯正常点亮。

(3)其他灯光正常。

(二)故障原因分析

打开点火开关时，小灯亮起，说明外部灯光进入应急保护模式；小灯挡操作前、后雾灯开关，前、后雾灯均不亮，但近光灯挡操作前、后雾灯开关，前、后雾灯正常点亮，说明近光开关和前、后雾灯开关信号及雾灯线路均正常；但开启小灯挡时，操作前、后雾灯开关，前、后雾灯均不亮，说明小灯挡位时，雾灯工作的条件没有满足，即 J519 没有收到正确的小灯开关信号。

可能的故障原因如下。

(1)E1 开关故障。

(2)E1 至 J519 之间线路故障。

(3)J519 局部故障。

基于测量方便的原则，从灯光控制开关 E1 处着手进行检查诊断。

(三)检查及诊断

1. 测量 E1 的小灯挡开关信号输出

打开点火开关，操作 E1 至小灯挡，测量 T10j/3 的对地电压，测量结果为悬空电压→+B，标准为 0.5 V→+B，测量结果说明小灯挡时信号正常。可能的故障原因如下。

(1)E1 至 J519 之间的线路故障。

(2)J519 局部故障。

2. 测量 J519 的小灯挡开关信号输入

如图 2-13 所示，打开点火开关，操作 E1 至小灯挡，测量 T52a/19 的对地电压，

测量结果为 0.5 V→0.5 V，标准为 0.5 V→＋B，测量结果异常。

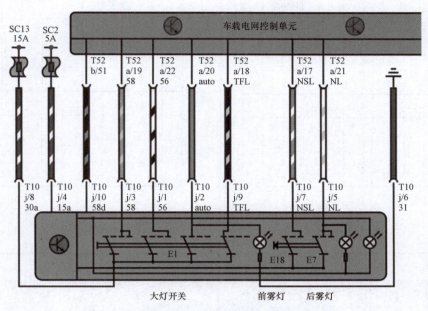

图 2-13　迈腾 B7L 灯光开关线路图及信号线含义

由于在打开点火开关、未操作灯光开关时，T10j/3 至 T52a/19 之间线路、T10j/1 至 T52a/22 之间线路一端为 0.5 V，一端为悬空电压，说明 E1 开关（小灯挡）的 T10j/3—J519 的 T52a/19 线路存在断路。

修复线路后发现小灯挡位时雾灯工作恢复正常；但打开近光灯开关时，近光灯均不亮；其他灯光均正常。由于近光灯挡时，操作前、后雾灯开关，前、后雾灯均正常点亮，说明 J519 收到正常的近光灯开关信号，那么两个近光灯均不亮的可能故障原因如下。

(1)J519 局部故障。

(2)J519 与近光灯之间线路故障。

(3)近光灯故障。

(4)近光灯搭铁故障。

因为近光灯与远光灯共用搭铁线路，远光灯工作正常，所以暂时不考虑近光灯的搭铁故障。

3. 测量近光灯的供电电压

如图 2-14 所示，打开点火开关，操作近光灯开关，测量近光灯 M29 的 T10q/6、M31 的 T10/6 对地电压；测量结果均为 0 V→0 V，标准应为 0 V→＋B，测量结果均异常。近光灯的供电电压测量，如图 2-15 所示。

说明近光灯没有收到 J519 的电源信号，可能的故障原因如下。

(1)J519 局部故障。

(2)J519 与近光灯之间线路故障。

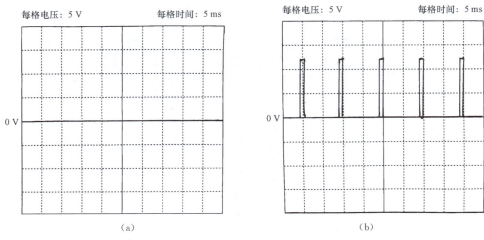

图 2-14　近光灯的供电电压测量

（a）实测波形；（b）标准波形

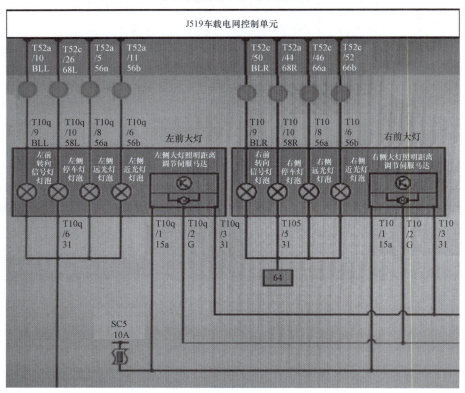

图 2-15　迈腾 B7L 灯光线路检查

4. 测量 J519 的输出电压

如图 2-13 所示，打开点火开关，打开近光灯开关，测量 J519 的 T52a/11、T52c/52 对地电压，测量结果均为 0 V→＋B，标准应为 0 V→＋B，测量结果均正常。J519 输出给近光灯灯泡的电压，如图 2-16 所示。

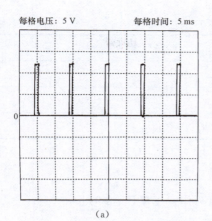

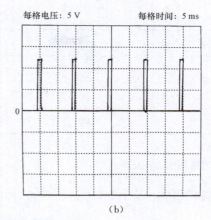

每格电压：5 V   每格时间：5 ms

0

（a）

每格电压：5 V   每格时间：5 ms

0

（b）

图 2-16   J519 输出给近光灯灯泡的电压

（a）实测波形；（b）标准波形

由于 T10q/6 至 T52a/11、T10/6 至 T52c/52 电压差均为＋B，且一端为零，说明左侧近光灯 M29 的 T10q/6－J519 的 T52a/11 之间线路断路，右侧近光灯 M31 的 T10/6－J519 的 T52c/52 之间线路断路。简单修复后，近光灯工作恢复正常。

5. 故障点总结

（1）E1 开关（小灯挡）的 T10j/3－J519 的 T52a/19 之间线路断路（图 2-13）。

（2）左侧近光灯 M29 的 T10q/6－J519 的 T52a/11 之间线路断路（图 2-15）。

（3）右侧近光灯 M31 的 T10/6－J519 的 T52c/52 之间线路断路（图 2-15）。

（四）故障机理分析及排除

（1）E1 开关（小灯挡）的 T10j/3－J519 的 T52a/19 之间线路断路（图 2-13），导致 J519 无法收到小灯开关信号，导致操作雾灯开关时，前、后雾灯都不亮。

如图 2-15 所示，左侧近光灯 M29 的 T10q/6－J519 的 T52a/11 之间线路断路，右侧近光灯 M31 的 T10/6－J519 的 T52c/52 之间线路断路，导致近光灯均不亮。

（2）建议更换或修复相关线路。

任 务 实 施

一、分组

按照班级人数平均进行分组（建议每组 5～8 人），每组选出一名负责人，负责人对小组任务进行分配。组员按负责人要求完成相关任务内容，并将自己所在小组及个人任务内容填入表 2-8 中。

表 2-8   小组成员职责分工

序号	组员姓名	组员职责
1	AB	准备三件套
2	CD	验证操作灯光是否正常 是□ 否□

序号	组员姓名	组员职责
3	EF	准备工具、资料
4	GH	准备零部件、物料
5		其他

二、填写作业工单

每组接受任务，对故障车进行检查，并填写作业工单(表2-9)。

表 2-9　作业工单

作业工单			
车型		年款	
VIN		维修日期	

故障现象描述：

　　2015 年的大众迈腾 B7L 汽车，装备 1.8T 发动机，行驶里程 8 万千米，车主反映打开点火开关或起动发动机后小灯即亮起(此年款迈腾 B7L 无日间行车灯配置)，且近光灯不亮

故障初步诊断：

油表检查	环车检查
油量显示(用箭头标记) 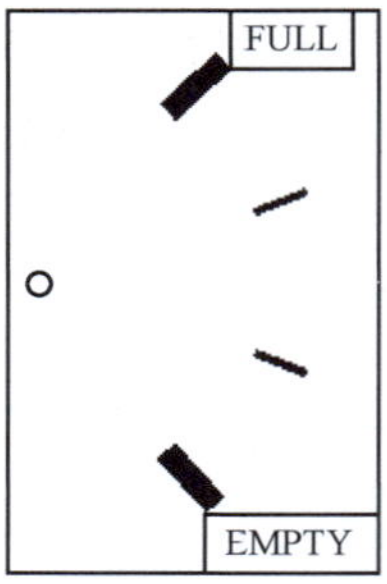	外观检查(损坏处用圆圈标出) 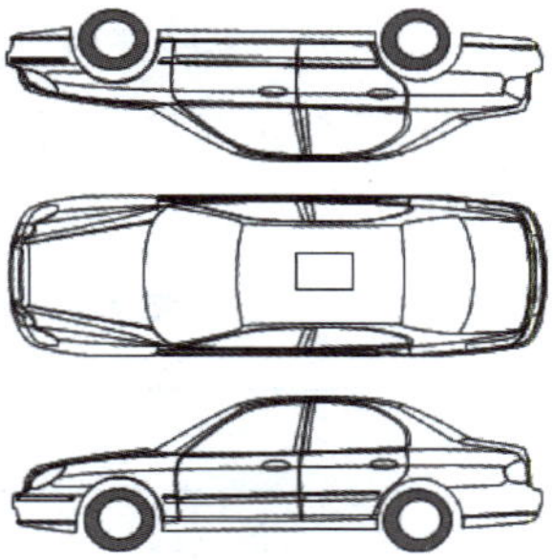

维修技师		客户签字	

三、验证故障现象

以小组为单位，通过试车来验证客户描述的故障现象，填写表2-10。

表2-10　故障现象验证

序号	人员	试车内容	结果	
1	AB	灯光是否进入应急保护模式	是	否
2	CD	小灯是否正常	是	否
3	CD	小灯挡前、后雾灯是否正常	是	否
4	EF	近光灯是否正常	是	否
5	EF	近光灯挡前、后雾灯是否正常	是	否
6	GH	远光灯是否正常	是	否
7	GH	拨动会车灯开关远光灯是否正常	是	否
8		其他	是	否
序号	故障码	检查内容记录及分析	性质	
1				
2				
最终结果：				

四、绘制故障树

根据迈腾 B7L 外部灯光工作原理，按照从简到繁的检查顺序，制订汽车近光灯故障诊断流程，如图 2-17 所示。

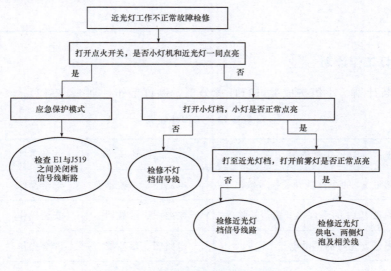

图 2-17　汽车近光灯故障诊断流程

五、制订诊断计划

通过查询维修手册电路图，分析造成外部灯光故障的原因，并列出诊断计划，填入表 2-11 中。

表 2-11　故障诊断计划

序号	可能原因	诊断方法	使用设备/工具
1	E1 开关故障	打开点火开关，操作 E1 至小灯挡，用万用表测量 T10j/3 的对地电压是否正常	电路图、示波器
2	E1 至 J519 之间线路故障	打开点火开关，操作 E1 至小灯挡，用万用表分别检测 T10j/3 至 T52a/19 之间的线路两端对地电压是否相等	电路图、示波器
3	J519 局部故障	打开点火开关，操作 E1 至近光灯挡，用万用表检测 T52a/11、T52c/52 对地电压是否相等	电路图、示波器
4	J519 与近光灯之间线路故障	打开点火开关，操作 E1 至近光灯挡，用万用表分别检测 T10q/6 至 T52a/11 及 T10/6 至 T52c/52 之间的线路两端对地电压是否相等	电路图、示波器
教师意见：			

六、制订工作计划

根据诊断计划，小组按成员进行任务分工，制订工作计划（表 2-12）。

表 2-12　工作计划表

步骤	工作内容	工具/辅具	注意事项	操作人
1	测量 E1 的小灯挡开关信号输出	电路图、示波器	安全操作	AB
2	测量 J519 的小灯挡开关信号输入	电路图、示波器	安全操作	CD
3	测量近光灯的供电电压	电路图、示波器	安全操作	EF
4	测量 J519 的输出电压	电路图、示波器	安全操作	GH

七、实施

按照计划进行任务实施并完成项目单填写(表 2-13)。

表 2-13 任务实施表

序号	检测项目	标准	实际	判断是否正常
一、测量 E1 的小灯挡开关信号输出				
1	打开点火开关,操作 E1 至小灯挡,测量 T10j/3 的对地电压	0.5 V→+B	悬空电压→+B	正常
二、测量 J519 的小灯开关信号输入				
1	打开点火开关,操作 E1 至小灯挡,测量 T52a/19 的对地电压	0.5 V→+B	0.5 V→0.5 V	异常
2	检查近光灯搭铁是否故障	近光灯与远光灯共用搭铁线路	远光灯正常	正常
三、测量近光灯的供电电压				
1	打开点火开关,操作近光灯开关,测量近光灯 M29 的 T10q/6 对地电压	0 V→+B	0 V→0 V	异常
2	打开点火开关,操作近光灯开关,测量近光灯 M31 的 T10/6 对地电压	0 V→+B	0 V→0 V	异常
四、测量 J519 的输出电压				
1	打开点火开关,打开近光灯开关,测量 J519 的 T52a/11 对地电压	0 V→+B	0 V→+B	正常
2	打开点火开关,打开近光灯开关,测量 J519 的 T52c/52 对地电压	0 V→+B	0 V→+B	正常
最终结果: (1)E1 开关(小灯挡)的 T10j/3—J519 的 T52a/19 之间线路断路 (2)左侧近光灯 M29 的 T10q/6—J519 的 T52a/11 之间线路断路 (3)右侧近光灯 M31 的 T10/6—J519 的 T52c/52 之间线路断路				
处理方法: 更换或修复相关线路				

八、检查与评估

填写检查单(表 2-14)。

表 2-14　检查单

项目二	车身电气系统故障检测与诊断		任务一	汽车外部灯光故障检修
检查学时		4 学时	第　　组	
检查目的及方式		教师全程监控小组的工作情况,如果检查结果等级为不合格,则小组需要整改,并拿出整改说明		
序号	考核内容	配分	评分标准(每项累计扣分不超过配分)	得分
1	正确使用工具、仪表	10	使用工具、仪表错误,每项扣 5 分	
2	故障现象判断	10	判断思路不明确扣 10 分	
3	故障诊断过程	30	检查方法错误、不会使用故障诊断仪扣 10 分	
			操作过程不规范扣 10 分	
			检查结果错误扣 10 分	
4	故障确认与排除及工单的填写	20	不能排除故障扣 20 分	
			一处故障未确认扣 10 分	
5	验证排除效果	10	不验证或方法错误扣 10 分	
6	遵守规程、安全生产、工具使用正确、现场卫生、防护措施	15	每违规一项扣 3 分,直至扣完	
7	因违反操作规程造成事故	5	因违规操作发生重大人身或设备事故,此题按 0 分计	

检查结果分级

(90 分及以上为优秀,80 分及以上为良好,70 分及以上为中等,60 分及以上为及格,低于 60 分为不及格)

检查评语		教师签字:

1. 小组工作评价单

项目二	车身电气系统故障检测与诊断		任务一	汽车外部灯光故障检修		
评价学时			4 学时			
班级：				第　　　组		
考核情境	考核内容及要求	分值 （100）	小组自评 （10%）	小组互评 （20%）	教师评分 （70%）	实际得分 （∑）
汇报展示 （20）	讲解知识点应用	5				
	讲解技能点运用	5				
	团队成员任务分配	5				
	工作过程描述	5				
质量评价 （40）	工作质量自检	10				
	工作质量互检	5				
	工作质量终检	25				
团队情感 （25）	社会主义核心价值观	5				
	创新性	5				
	参与率	5				
	合作性	5				
	劳动态度	5				
安全文明 （10）	工作过程中遵守规程、安全生产情况	5				
	工具正确使用和保养、放置规范	5				
工作效率 （5）	能够在要求的时间内完成，每超时 5 min 扣 1 分	5				

2. 小组成员素质评价单

项目二	车身电气系统故障检测与诊断		任务一	汽车外部灯光故障检修	
班级		第　　　组		成员姓名	
评分说明		每个小组成员评价分为自评和小组其他成员评价两部分，取平均值计算，作为该小组成员的任务评价个人分数。共设计 5 个评分项目，依据评分标准进行合理量化评分。小组成员自评分后，由其他小组成员进行不记名评分			
对象	评分项目	评分标准			评分
自评 (100分)	核心价值观(20分)	是否有违背社会主义核心价值观的思想及行动			
	工作态度(20分)	是否按时完成负责的工作内容、遵守纪律，是否积极主动参与小组工作，是否全过程参与，是否吃苦耐劳，是否具有工匠精神			
	交流沟通(20分)	是否能良好地表达自己的观点，是否能倾听他人的观点			
	团队合作(20分)	是否与小组成员合作完成任务，做到相互协作、互相帮助、听从指挥			
	创新意识(20分)	看问题是否能独立思考、提出独到见解，是否能利用创新思维解决遇到的问题			
成员1 (100分)	核心价值观(20分)	是否有违背社会主义核心价值观的思想及行动			
	工作态度(20分)	是否按时完成负责的工作内容、遵守纪律，是否积极主动参与小组工作，是否全过程参与，是否吃苦耐劳，是否具有工匠精神			
	交流沟通(20分)	是否能良好地表达自己的观点，是否能倾听他人的观点			
	团队合作(20分)	是否与小组成员合作完成任务，做到相互协作、互相帮助、听从指挥			
	创新意识(20分)	看问题是否能独立思考、提出独到见解，是否能利用创新思维解决遇到的问题			
成员2 (100分)	核心价值观(20分)	是否有违背社会主义核心价值观的思想及行动			
	工作态度(20分)	是否按时完成负责的工作内容、遵守纪律，是否积极主动参与小组工作，是否全过程参与，是否吃苦耐劳，是否具有工匠精神			
	交流沟通(20分)	是否能良好地表达自己的观点，是否能倾听他人的观点			
	团队合作(20分)	是否与小组成员合作完成任务，做到相互协作、互相帮助、听从指挥			
	创新意识(20分)	看问题是否能独立思考、提出独到见解，是否能利用创新思维解决遇到的问题			

对象	评分项目	评分标准	评分
成员 3 (100 分)	核心价值观(20 分)	是否有违背社会主义核心价值观的思想及行动	
	工作态度(20 分)	是否按时完成负责的工作内容、遵守纪律,是否积极主动参与小组工作,是否全过程参与,是否吃苦耐劳,是否具有工匠精神	
	交流沟通(20 分)	是否能良好地表达自己的观点,是否能倾听他人的观点	
	团队合作(20 分)	是否与小组成员合作完成任务,做到相互协作、互相帮助、听从指挥	
	创新意识(20 分)	看问题是否能独立思考、提出独到见解,是否能利用创新思维解决遇到的问题	
成员 4 (100 分)	核心价值观(20 分)	是否有违背社会主义核心价值观的思想及行动	
	工作态度(20 分)	是否按时完成负责的工作内容、遵守纪律,是否积极主动参与小组工作,是否全过程参与,是否吃苦耐劳,是否具有工匠精神	
	交流沟通(20 分)	是否能良好地表达自己的观点,是否能倾听他人的观点	
	团队合作(20 分)	是否与小组成员合作完成任务,做到相互协作、互相帮助、听从指挥	
	创新意识(20 分)	看问题是否能独立思考、提出独到见解,是否能利用创新思维解决遇到的问题	
成员 5 (100 分)	核心价值观(20 分)	是否有违背社会主义核心价值观的思想及行动	
	工作态度(20 分)	是否按时完成负责的工作内容、遵守纪律,是否积极主动参与小组工作,是否全过程参与,是否吃苦耐劳,是否具有工匠精神	
	交流沟通(20 分)	是否能良好地表达自己的观点,是否能倾听他人的观点	
	团队合作(20 分)	是否与小组成员合作完成任务,做到相互协作、互相帮助、听从指挥	
	创新意识(20 分)	看问题是否能独立思考、提出独到见解,是否能利用创新思维解决遇到的问题	
成员 6			
成员 7			
成员 8			
最终小组成员得分			

课 后 测 评

一、填空题

1. 变光开关可根据需要切换_____光和_____光。

2. 汽车照明灯包括_____、_____、_____、_____、_____和_____。

3. 灯光信号装置包括_____、_____、_____、_____、_____和_____等。

4. 打开转向灯，需要操作_____、_____两个开关。

二、选择题

1. 倒车灯的灯光颜色为（　　　）色。

    A. 红　　　　　　　　　　　　　B. 黄

    C. 白　　　　　　　　　　　　　D. 橙

2. （　　　）可能引起驾驶员车门打开后门控灯不亮。

    A. 车门开关短路接地

    B. 灯泡车门开关的导线短路接地

    C. 发动机 ECU 熔断器短路

    D. 车门开关有故障

3. 刹车灯开关位于（　　　）。

    A. 灯光开关处　　　　　　　　　B. 方向盘处

    C. 刹车踏板处　　　　　　　　　D. 车门扶手处

4. 控制转向灯闪光频率的是（　　　）。

    A. 转向灯开关　　　　　　　　　B. 点火开关

    C. 蓄电池　　　　　　　　　　　D. 闪光继电器

三、判断题

1. 更换卤素灯泡时，可以用手触摸灯泡部位。　　　　　　　　　　（　　　）

2. 危险警告灯由示宽灯兼任，在特殊情况下或发生故障时使用。　　（　　　）

3. 夜间与对方会车，距对方接近 150 m 时需切换成远光。　　　　　（　　　）

4. 制动信号灯是与汽车制动系统一起工作的，它通常由制动信号灯开关控制。

    （　　　）

5. 仪表远光指示灯的颜色为蓝色。　　　　　　　　　　　　　　　（　　　）

四、简答题

1. 简述汽车前照灯的调整方法。

2. 列举雾灯不亮的故障现象和排除方法（最少列举 4 条）。

任务二 电动车窗升降器故障检修

任务描述

张先生驾驶的一台2015年8月出厂的一汽大众迈腾B7L(图2-1)，装备1.8 T发动机，行驶里程8万 km。

故障现象：车主反映该车右后门电动车窗升降器主驾驶控制不灵敏，但单独控制灵敏，而且右后车门中控锁也不灵敏。

任务解析

本任务涉及 CAN 总线、各车门控制单元及车载电网控制单元等知识。通过本任务的实践学习，学生通过使用万用表、示波器、故障诊断仪等电工常用检测仪器对电动车窗故障进行检修，进一步加强对汽车电路图识读的能力，并对汽车 CAN 总线信息网络控制、电动车窗控制有进一步的了解。熟练使用维修手册，读懂电路图，对汽车车身电路进行检测，规范操作，按照由简入繁、从上到下的流程排除故障。

本任务所涉及的知识点及技能点，扫描二维码查看。

前导知识测试

在学习本任务之前，先对大家的知识及技能储备情况进行一个测试，以了解大家对汽车电气及舒适系统知识的掌握情况，是否具备了学习本任务应具备的能力。扫描二维码查看测试内容。

知识链接

一、电动车窗升降器控制

为了减少控制信号线路数量，大众迈腾 B7L 汽车车窗升降器控制开关采用分压方式，将通常的四根信号线(手动上升、自动上升、手动下降、自动下降)改为使用一根信号线输出，如图 2-18 所示。

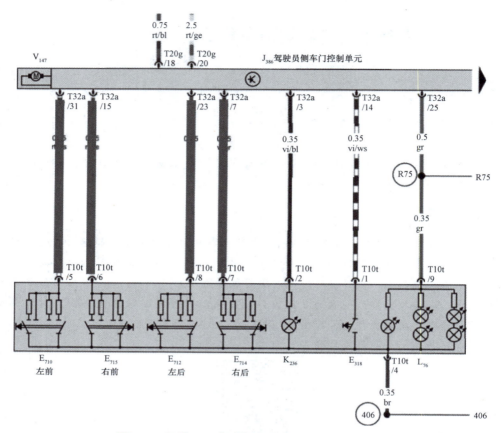

图 2-18　迈腾 B7L 电动车窗升降器控制开关电路图

　　迈腾 B7L 汽车电动车窗升降器控制开关内部装有不同的电阻，操作开关在不同的挡位（上升、自动上升、下降、自动下降）时，通过开关内部的分压电阻改变信号线输出电压，控制单元将这些输入的信号电压和控制单元内部预先存储的电动车窗升降器图谱动作数据（手动上升、自动上升、手动下降、自动下降）电压对比，如果和哪一个图谱动作数据电压对比成功，将控制电动车窗升降的相应动作（手动上升、自动上升、手动下降、自动下降）。

　　因此，在检测电动车窗升降器控制开关信号时，需要使用示波器进行测量，操作开关在不同的挡位（手动上升、自动上升、手动下降、自动下降），对不同挡位信号电压进行测量，才能判断控制开关的好坏。

1. 电动车窗升降器控制开关工作原理

　　电动车窗升降器控制开关，车门控制单元内部有一个 12 V 的方波信号，如图 2-19 所示，经过一个上拉电阻，再经 A 点到达电动车窗升降器控制开关的内部。

　　电动车窗升降器控制开关有 5 个位置，图 2-19 中所示的位置为未操作位置，其余位置分别为手动下降①、自动下降②、手动上升③、自动上升④。在进行车窗升降操控时，通过不同的开关电阻，E 点会产生不同的电位（A 点和 E 点电位相同），传送给控制单元 J386。通过示波器测出的波形如图 2-20 所示。通过这 5 个电压，实现控制开关 5 个位置的功能。

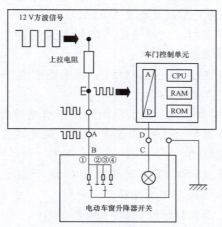

图 2-19　迈腾 B7L 电动车窗升降器控制开关工作原理

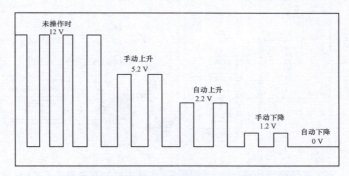

图 2-20　电动车窗升降器控制开关工作原理

2. 车窗升降器控制开关原理

车窗控制单元通过接收到的 E 点电压波形（图 2-20）判断电动车窗升降器操作模式，进行相应的动作。

二、汽车车载网络系统故障检修

(一)汽车总线的基本知识

汽车数据传输总线（CAN）即控制单元区域网络，CAN 总线又称 CAN－BUS、多路传输控制。多路控制是一条线路负责传输多种信号。

CAN 总线数据传输系统将传统的多线传输系统改变为双线（总线）传输系统。CAN 总线好比一条信息高速公路，传输大量的数据信息。这样一辆汽车无论有多少控制模块，也无论其信息容量有多大，每个控制模块都只需引出两条线连接在两个节点上，各控制单元间的所有信息都通过两根数据线进行交换，这两条双绞线导线称为数据总线。

(二)汽车总线的网络连接方式

目前，汽车总线主要由三组局域网组成，如图 2-21 所示。

（1）用于驱动系统的高速 CAN（又称动力 CAN），传输速率为 500 kbit/s，主要面向实时性要求较高的控制单元，如发动机、变速箱等。

（2）用于舒适系统的低速 CAN（又称车身 CAN），传输速率为 100 kbit/s，主要是针对车身控制的，如灯光、车门、空调等信号的采集及反馈。其特征是信号多但实时性要求低，因此实现成本要求低。

（3）信息娱乐 CAN，现在已发展成 MOST，传输速率为 20 Mbit/s，主要用于多媒体影音、导航、倒车雷达、车载电话等。

CAN 总线数据传输采用双绞线。双绞线由两根具有绝缘保护层的铜导线按一定密度互相绞在一起，这样可降低信号干扰的程度，每一根导线在传输中辐射的电波都会被另一根导线上发出的电波抵消。

CAN 总线各局域网通过网关将彼此连接与互通，进行交换数据，车载自诊断（OBD）接口通过网关与汽车各控制单元连接。

只有通过自诊断接口，借助自诊断仪器内的登录程序，才可激活 CAN 总线的自诊断程序，来实现自诊断功能，如图 2-22 所示。

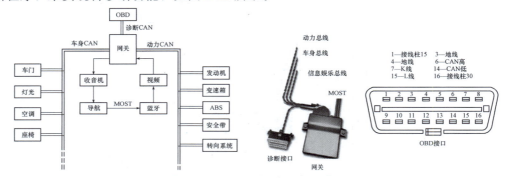

图 2-21　汽车总线网络构成　　　　图 2-22　汽车网关及 OBD 诊断接口

（三）CAN 总线特点

（1）动力 CAN、车身 CAN 颜色不同。

（2）动力 CAN 有内阻 60 Ω，车身 CAN 内阻无穷大。

（3）动力 CAN、车身 CAN 对地电压不同。

（4）信息传输速率不同，动力 CAN 的传输速率为 500 kbit/s，车身 CAN 的传输速率为 100 kbit/s，见表 2-15。

表 2-15　CAN 总线

形式	线路颜色	电压值/V	传输速率/kbit·s^{-1}	CAN—H 与 CAN—L 间阻值/Ω
动力 CAN	CAN—H 橙黑	2.6	500	60
	CAN—L 橙棕	2.4		
车身 CAN	CAN—H 橙绿	0.2	100	无穷大
	CAN—L 橙棕	4.8		

无论是动力 CAN 还是车身 CAN，CAN−H 线与 CAN−L 线电压之和为 5 V。

动力 CAN 局域网的 CAN−H 与 CAN−L 间有电阻，约为 60 Ω，是由局域网内某两个带有 120 Ω 内阻的模块（局域网内挂载的所有模块彼此都是并联关系）形成的电阻，目的是防止信号在高速传输过程中形成振荡反射；而车身 CAN 局域网的 CAN−H 与 CAN−L 间电阻为无穷大。

近些年，随着汽车电子装置的不断增多，车身 CAN 局域网的传输速率也升级为 500 kbit/s，如一汽大众迈腾 B8。

（5）CAN 总线信号波形为 CAN−H 与 CAN−L 波形一致，但极性相反，镜面对称，如图 2-23 所示。

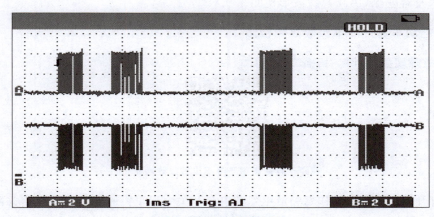

图 2-23　汽车总线波形

（6）汽车 LIN 是一种基于 CAN 总线的低成本串行总线，是一种辅助的总线网络，通常用于控制单元之间的通信，这些控制单元之间通过一条数据线进行数据的单线传输。在低速车身控制条件下，与 CAN 总线相比较，LIN 总线控制方案成本较低是最大的优势。如左右车门间、前后车门间、空调控制等都是采用 LIN 总线进行信号传输、控制的。

（四）CAN 总线的故障诊断

CAN 总线的故障原因如下。

（1）汽车电源系统引起的故障。汽车电源系统提供的工作电压应为 10.5～15.0 V。若电源系统提供的工作电压低于该值，则一些对工作电压敏感的电控 ECU 会出现短暂停止工作的情况，从而使整个汽车多路系统短暂出现无法通信。

（2）汽车多路信息传输系统的链路（或通信线路）故障。通信线路的短路、断路及线路物理性质引起的通信信号衰减或失真，都会引起多个电控单元无法工作或电控系统错误等，使多路信息传输系统无法工作。

（3）汽车多路信息传输系统的节点故障。节点是汽车多路信息传输系统中的电控模块，因此节点故障是指电控模块（ECM）的故障。

电控模块故障将使某一控制单元无法正常工作。

在 CAN 总线故障检修过程中，应首先查看具体的故障症状，根据故障症状和网络结构图初步分析有可能是哪些原因造成的，然后使用相关的诊断仪器进行诊断。由于 CAN 网络采用多和协议，每个控制模块的端口在正常的情况下都有标准电压，因此电压测量法可用于判断线路是否有对地或电源短路、相线间短路等问题。

为了确定 CAN－H 或 CAN－L 导线是否损坏或信号是否正常，可以测量其对地电压（平均电压）。测量点通常在 OBD 接口处（图 2-22）。检查步骤如下。

（1）故障诊断仪进入网关读取故障码。

（2）故障诊断仪输入通道号读取动力 CAN 或车身 CAN 相关数据流。

（3）CAN－H 及 CAN－L 线电压测量及电阻测量。

（4）示波器进行 CAN 总线波形检测。

三、电动车窗升降不灵敏故障检修

（一）故障现象（微课，扫描二维码）

视频：电动车窗升降不灵敏故障检修

（1）打开点火开关，操作驾驶员主驾驶组合开关中用于控制右后电动车窗升降器开关 E714 时（图 2-18），右后电动车窗升降电动机不工作，但单独操作右后门上的电动车窗升降器开关 E713 时，右后电动车窗升降电动机工作正常，如图 2-24 所示。

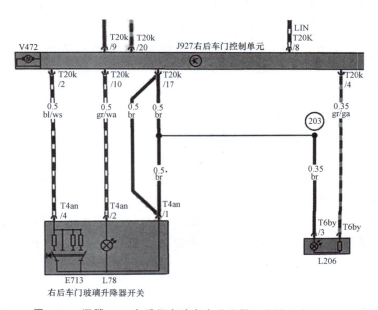

图 2-24　迈腾 B7L 右后门电动车窗升降器开关控制电路图

（2）操作驾驶员侧的车内中控锁联锁开关 E308 时，右后车门门锁不工作，其他车门门锁正常工作，如图 2-25 所示。

（3）无其他异常现象。

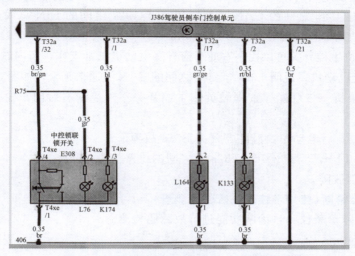

图 2-25　迈腾 B7L 中控锁联锁开关 E308 电路图

（二）初步分析故障原因

图 2-26 所示为车门控制电路示意图。从图 2-26 中可以看出，主控开关控制右后门电动车窗升降电动机工作时，J386 与 J387 之间的 CAN 线控制，信号再经 J387 与 J927 之间的 LIN 线进行传输，而车载电网控制单元 J519 与 J386、J387 之间是 CAN 线连接的。因此，主控开关 E714 故障、J386 控制单元故障、主控开关 E714 与 J386 之间线路故障、J386 与 J387 之间 CAN 线断路或短路故障、J387 与 J927 之间 LIN 线断路或短路故障，都可能造成主驾驶侧控制右后车窗升降器工作异常；而右后车门锁故障或右后门锁控制线路故障会造成中控锁开关控制右后车门锁不灵敏。

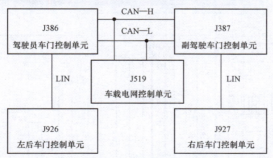

图 2-26　车门控制电路示意图

造成右后电动车窗升降器主驾驶控制不灵敏的原因：主控开关右后电动车窗控制开关 E714 故障、J386 驾驶员侧车门控制单元故障、E714 与 J386 之间线路故障、J386（驾驶员车门控制单元）与 J387（副驾驶车门控制单元）之间 CAN 线故障、J387（副驾驶车门控制单元）与 J927（右后车门控制单元）之间 LIN 线故障、右后车门中控锁故障。本车右后电动车窗开关单独控制灵敏，说明右后电动车窗升降电动机 V472 功能正常。

（1）打开点火开关后，尝试使用汽车故障诊断仪检测故障码并控制右后门电动车窗升降器，右后电动车窗升降电动机能正常工作，说明右后车门控制单元 J927 已经被正常唤醒，J519 与 J387 之间的 CAN 总线、J387 至 J927 之间的 LIN 总线通信正常，右后车窗升降电动机本身正常，如图 2-26 所示。

（2）驾驶员侧主控开关可以控制右前车窗升降电动机正常工作，车内联锁开关可以控制右前车门门锁电动机，说明 J386 与 J387 之间的 CAN 线通信正常，如图 2-25 所示。

故障原因分析——可能导致驾驶员侧主控开关不能控制右后门车窗升降的原因如下（图 2-17）。

1）驾驶员侧右后电动车窗升降器开关 E714 故障。

2）E714 的 T10t/7 至 J386 的 T32a/7 之间的线路故障。

3）J386 局部故障。

（三）检查及诊断（使用示波器进行信号测量）

（1）借助故障诊断仪和自诊断功能进行故障码检测。

地址码 42 中：

010002：本地数据总线无通信，未达到下限。

020602：B122C01：中控锁马达电气故障。

020702：B122E39：中控锁开关，后部不可靠信号。

（没有关于玻璃升降器的故障码。）

（2）测量 J386 的右后电动车窗升降开关输入信号：打开点火开关，操作驾驶员侧右后电动车窗升降开关，使用示波器测量 J386 的 T32a/7 端子对地波形。

从实测波形（表 2-16）可以看出，开关拨至不同挡位时，波形的幅值都没有变化，说明 J386 没有收到正确的开关信号。

表 2-16　J386 接收到的主控开关控制右后电动车窗升降器的信号检测

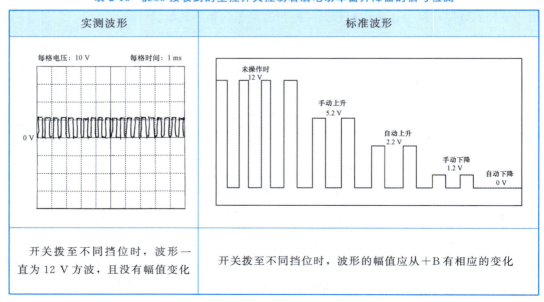

实测波形	标准波形
开关拨至不同挡位时，波形一直为 12 V 方波，且没有幅值变化	开关拨至不同挡位时，波形的幅值应从 +B 有相应的变化

可能导致驾驶员侧主控开关不能控制右后门电动车窗升降的原因如下（图 2-17）。

1）驾驶员侧右后电动车窗升降器开关 E714 故障。

2）E714 的 T10t/7 至 J386 的 T32a/7 之间的线路故障。

（3）测量驾驶员侧右后电动车窗升降开关 E714 的输出信号。

打开点火开关，操作驾驶员侧右后电动车窗升降开关，使用示波器测量 E714 的 T10t/7 端子对地波形。

从实测波形（表 2-17）可以看出，开关拨至不同挡位时，波形的幅值始终为 0，而 T32a/7 存在波形信号，说明 E714 的 T10t/7 至 J386 的 T32a/7 之间的线路存在断路。

表 2-17　开关 E714 控制右后电动车窗升降器信号检测

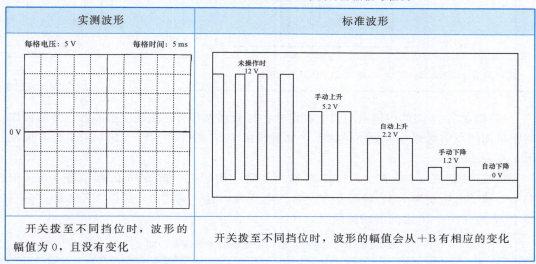

实测波形	标准波形
开关拨至不同挡位时，波形的幅值为 0，且没有变化	开关拨至不同挡位时，波形的幅值会从 +B 有相应的变化

修复线路后，驾驶员侧右后电动车窗升降开关可以控制右后车门电动车窗升降电动机正常工作，但操作驾驶员侧的车内联锁开关时，右后车门门锁电动机不工作，其他车门门锁正常工作，说明 J386 已经收到正确的开关信号；由上一步可知，J387 至 J927 之间的 LIN 线通信正常，J386 与 J387 之间的 CAN 线通信正常。

可能的故障原因如下。

1）J927 局部故障。

2）右后门锁电动机故障。

3）右后门锁电动机到 J927 之间的线路故障。

（4）测量右后门锁电动机的电源：打开点火开关，先连接示波器，然后操作驾驶员侧的车内联锁开关至闭锁状态，分别测量右后门锁电动机 VX24 的 T6v/1、T6v/2 的对地波形（也可以相对进行测量）。

从波形图（表 2-18）看出，门锁电动机工作时，没有形成 +B 的电压差。

可能的故障原因如下。

1）J927 局部故障。

2）右后门锁电动机到 J927 之间的线路故障。

表 2-18 右后门锁电动机电源检测

测量参数	实测波形	标准波形
T6v/1 和 T6v/2 对地波形	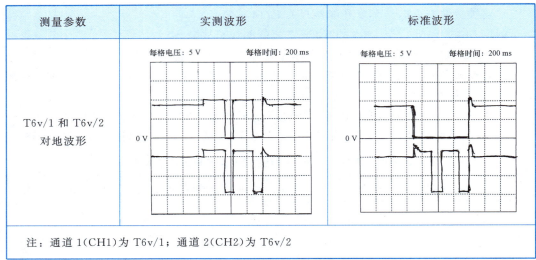	
注：通道 1(CH1)为 T6v/1；通道 2(CH2)为 T6v/2		

（5）测量 J927 端的门锁电动机电源信号：打开点火开关，先连接示波器，然后操作驾驶员侧的车内联锁开关至闭锁状态，分别测量 J927 的 T20k/16、T20k/14 的对地波形，见表 2-19。

从波形图（表 2-19）看出，J927 端输出正常，闭锁时 T20k/16 的幅值变为 0，但 T6v/1 端子电压变为＋B，两端存在＋B 的电压差，且一端为 0，所以 VX24 的 T6v/1 和 J927 的 T20k/16 之间的线路断路，如图 2-27 所示。

表 2-19 J927 端的右后门锁电动机电源信号检测

测量参数	实测波形	标准波形
T20k/16 和 T20k/14 对地波形	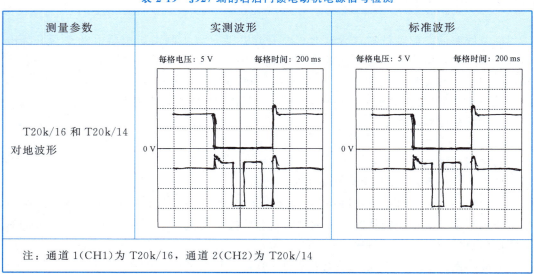	
注：通道 1(CH1)为 T20k/16，通道 2(CH2)为 T20k/14		

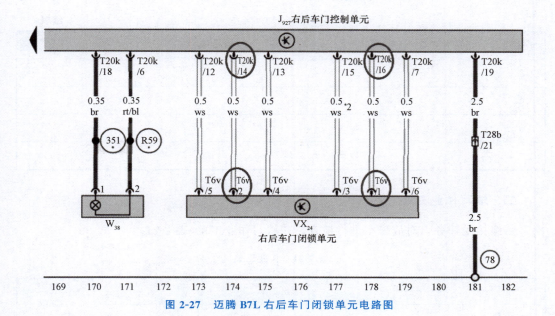

图 2-27　迈腾 B7L 右后车门闭锁单元电路图

（四）分析故障机理，提出维修建议

（1）E714 的 T10t/7 至 J386 的 T32a/7 之间的线路断路（图 2-18），导致 J386 无法收到 E714 的开关信号，所以操作 E714 时无法正常控制右后电动车窗升降电动机工作。

VX24 的 T6v/1 和 J927 的 T20k/16 之间的线路断路（图 2-27），导致 J927 无法为 VX24 提供电源，因此在操作驾驶员侧的车内上锁按钮时，右后车门门锁不工作。

（2）建议修复或更换相关线路。

（五）小结

（1）驾驶员侧右后电动车窗升降器开关 E714 的 T10t/7 至 J386 的 T32a/7 之间的线路断路（图 2-18）。

（2）右后车门门锁电动机 VX24 的 T6v/1 至 J927 的 T20k/16 之间的线路断路（图 2-27）。

任 务 实 施

一、分组

按照班级人数平均进行分组（建议每组 5～8 人），每组选出一名负责人，负责人对小组任务进行分配。组员按负责人要求完成相关任务内容，并将自己所在小组及个人任务内容填入表 2-20 中。

表 2-20　小组成员职责分工

序号	组员姓名	组员职责
1		
2		

续表

序号	组员姓名	组员职责
3		
4		
5		

二、填写作业工单

每组接受任务，对故障车进行检查，并填写作业工单（表2-21）。

表 2-21　作业工单

<table>
<tr><th colspan="4" align="center">作业工单</th></tr>
<tr><td align="center">车型</td><td></td><td align="center">年款</td><td></td></tr>
<tr><td align="center">VIN</td><td></td><td align="center">维修日期</td><td></td></tr>
<tr><td colspan="4">故障现象描述：
　　2015年大众迈腾B7L汽车，装备1.8T发动机，行驶里程8万km，车主反映该车右后电动车窗升降器主驾驶控制不灵敏，右后门电动车窗升降器单独控制灵敏，而且右后车门中控锁不灵敏</td></tr>
<tr><td colspan="4" height="200">故障初步诊断：</td></tr>
<tr><td colspan="2" align="center">油表检查</td><td colspan="2" align="center">环车检查</td></tr>
<tr><td colspan="2" align="center">油量显示（用箭头标记）

FULL

○

EMPTY</td><td colspan="2" align="center">外观检查（损坏处用圆圈标出）</td></tr>
<tr><td align="center">维修技师</td><td></td><td align="center">客户签字</td><td></td></tr>
</table>

三、验证故障现象

以小组为单位，通过试车来验证客户描述的故障现象，填写表 2-22。

表 2-22　故障现象验证

序号	人员	试车内容	结果	
1	AB	正确检查电瓶电量是否充足	是	否
2	CD	检查主控开关控制右后电动车窗升降器是否灵敏，主控开关控制其余车门电动车窗升降器是否灵敏	是	否
3	EF	检查右后车门单独控制电动车窗升降器工作是否正常，其余各车门单独控制电动车窗升降器是否正常	是	否
4	GH	检查中控锁联锁开关控制右后门锁是否灵敏，控制其余门锁是否灵敏	是	否
5	AB	检查左右电动后视镜功能是否正常	是	否
6		其他	是	否

序号	故障码	检查内容记录及分析	性质
1			
2			
3			
4			
5			
6			

最终结果：

四、绘制故障树

根据迈腾 B7L 电动车窗升降器及中控锁工作原理，按照从简到繁的检查顺序，制订电动车窗升降器故障诊断流程（图 2-28）。

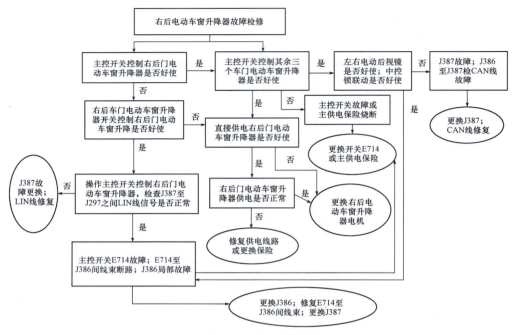

图 2-28　电动车窗升降器故障诊断流程

五、制订诊断计划

通过查询维修手册电路图，分析造成电动车窗升降器及中控锁故障的原因，并列出诊断计划，填入表 2-23 中。

表 2-23　故障诊断计划

序号	可能原因	诊断方法	使用设备/工具
1	E714 开关故障	打开点火开关，操作 E714 测量 T10t/7 的对地电压是否正常	电路图、示波器
2	E714 至 J386 之间线路故障	拔下 J386 线束插头，打开点火开关，操作 E714，检测 T32a/7 对地电压是否正常，T10t/7 至 J386 的线路两端对地电压应相等	电路图、示波器
3	J386 局部故障	打开点火开关，操作 E714，检测 T32a/7 对地电压是否正常	电路图、示波器
4	J386 与 J387 之间 CAN 线故障	打开点火开关，操作主控开关控制右前门电动车窗升降器、中控锁联锁控制右前门锁是否正常	
5	J387 与 J297 之间 LIN 路故障	拔下 J297 线束插头，打开点火开关，操作主控开关 E714 控制右后电动车窗升降器升降，检测 LIN 线 T20k/8 信号波形	电路图、示波器
教师意见：			

六、制订工作计划

根据诊断计划，小组按成员进行任务分工，制订工作计划(表 2-24)。

表 2-24　工作计划表

步骤	工作内容	工具/辅具	注意事项	操作人
1	测量 E714 主控开关信号输出	电路图、示波器	安全操作	AB
2	测量 J386 的右后门电动车窗升降开关输入信号	电路图、示波器	安全操作	CD
3	测量 J927 的 LIN 线输入信号	电路图、示波器	安全操作	EF
4	测量右后门锁电动机的电源信号	电路图、示波器	安全操作	GH
5	测量 J927 端的门锁电动机电源信号	电路图、示波器	安全操作	GH

七、实施

按照计划进行任务实施并完成项目单填写(表 2-25)。

表 2-25　任务实施表

序号	检测项目	标准	实际	判断是否正常
一、测量主驾驶控制右后门电动车窗升降器开关 E714 的信号输出				
1	打开点火开关，操作驾驶员侧右后门电动车窗升降开关 E714，测量 J386 的 T32a/7 端子对地波形	产生不同电压幅值的方波信号	12 V 方波→12 V 方波	异常
2	测量 E714 的 T10t/7 至 J386 的 T32a/7 之间的线路	12 V 方波	12 V 方波	线路正常
二、测量 J386 的右后门电动车窗升降开关输入信号				
1	打开点火开关，操作驾驶员侧右后门电动车窗升降开关，测量 J386 的 T32a/7 端子对地波形	产生不同电压幅值的方波信号	12 V 方波	异常
三、检测 J386 至 J387 之间 CAN 线传输是否正常				
1	打开点火开关，操作主控开关控制右前门电动车窗升降器；操作主驾驶中控锁联锁开关检查中控锁；检测电动左右后视镜是否灵敏	灵敏	灵敏	正常

续表

序号	检测项目	标准	实际	判断是否正常
四、检测 J927 右后车门控制单元 LIN 线输入信号				
1	拆开右后门内饰板，打开点火开关，操作主控开关控制右后门电动车窗升降器升降，测量从 J387 到 J927 的 LIN 线 T20k/8 信号波形	12 V 方波→产生不同电压幅值的方波信号	12 V 方波→12 V 方波	正常
五、测量右后门锁电动机的电源				
1	先连接示波器，然后操作驾驶员侧的车内联锁开关至闭锁状态，分别测量右后门锁电动机 VX24 的 T6v/1、T6v/2 的对地波形	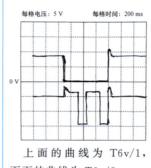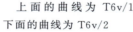上面的曲线为 T6v/1，下面的曲线为 T6v/2	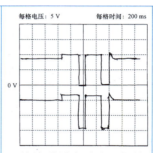从波形图中看出，门锁电动机工作时，没有形成 +B 的电压差	异常
六、测量 J927 端的门锁电动机电源信号				
1	打开点火开关，先连接示波器，然后操作驾驶员侧的车内联锁开关至闭锁状态，分别测量 J927 的 T20k/16、T20k/14 的对地波形	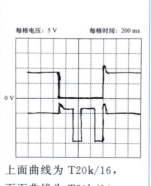上面曲线为 T20k/16，下面曲线为 T20k/14	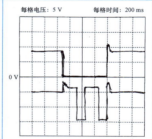J927 端输出正常，闭锁时 T20k/16 的幅值变为 0，但 T6v/1 端子电压变为 +B，两端存在 +B 的电压差	正常

最终结果：
(1)驾驶员侧右后门电动车窗升降器开关 E714 的 T10t/7 至 J386 的 T32a/7 之间的线路断路；
(2)右后车门门锁电动机 VX24 的 T6v/1 至 J927 的 T20k/16 之间的线路断路

处理方法：
建议修复或更换相关线路

八、检查与评估

填写检查单(表2-26)。

表 2-26　检查单

项目二	车身电气系统故障检测与诊断		任务二	电动车窗升降器故障检修	
检查学时		4 学时		第　　　组	
检查目的及方式		教师全程监控小组的工作情况,如果检查结果等级为不合格,则小组需要整改,并拿出整改说明			
序号	考核内容	配分	评分标准(每项累计扣分不超过配分)		得分
1	正确使用工具、仪表	10	使用工具、仪表错误,每项扣5分		
2	故障现象判断	10	判断思路不明确扣10分		
3	故障诊断过程	30	检查方法错误、不会使用故障诊断仪扣10分		
			操作过程不规范扣10分		
			检查结果错误扣10分		
4	故障确认与排除及工单填写	20	不能排除故障扣20分		
			一处故障未确认扣10分		
5	验证排除效果	10	不验证或方法错误扣10分		
6	遵守规程、安全生产、工具使用正确、现场卫生、防护措施	15	每违规一项扣3分,直至扣完		
7	因违反操作规程造成事故	5	因违规操作发生重大人身或设备事故,此题按0分计		
检查结果分级					
(90分及以上为优秀,80分及以上为良好,70分及以上为中等,60分及以上为及格,低于60分为不及格)					
检查评语			教师签字:		

任 务 评 价

1. 小组工作评价单

项目二	车身电气系统故障检测与诊断		任务二	电动车窗升降器故障检修		
评价学时			4 学时			
班级：				第　　　组		
考核情境	考核内容及要求	分值 (100)	小组自评 (10%)	小组互评 (20%)	教师评分 (70%)	实际得分 (∑)
汇报展示 (20)	讲解知识点应用	5				
	讲解技能点运用	5				
	团队成员任务分配	5				
	工作过程描述	5				
质量评价 (40)	工作质量自检	10				
	工作质量互检	5				
	工作质量终检	25				
团队情感 (25)	社会主义核心价值观	5				
	创新性	5				
	参与率	5				
	合作性	5				
	劳动态度	5				
安全文明 (10)	工作过程中遵守规程、安全生产情况	5				
	工具正确使用和保养、放置规范	5				
工作效率 (5)	能够在要求的时间内完成，每超时 5 min 扣 1 分	5				

2. 小组成员素质评价单

项目二	车身电气系统故障检测与诊断	任务二	电动车窗升降器故障检修
班级	第　　　组	成员姓名	
评分说明	每个小组成员评价分为自评和小组其他成员评价两部分，取平均值计算，作为该小组成员的任务评价个人分数。共设计 5 个评分项目，依据评分标准进行合理量化评分。小组成员自评分后，由其他小组成员进行不记名评分		

对象	评分项目	评分标准	评分
自评 (100分)	核心价值观(20分)	是否有违背社会主义核心价值观的思想及行动	
	工作态度(20分)	是否按时完成负责的工作内容、遵守纪律,是否积极主动参与小组工作,是否全过程参与,是否吃苦耐劳,是否具有工匠精神	
	交流沟通(20分)	是否能良好地表达自己的观点,是否能倾听他人的观点	
	团队合作(20分)	是否与小组成员合作完成任务,做到相互协作、互相帮助、听从指挥	
	创新意识(20分)	看问题是否能独立思考、提出独到见解,是否能利用创新思维解决遇到的问题	
成员1 (100分)	核心价值观(20分)	是否有违背社会主义核心价值观的思想及行动	
	工作态度(20分)	是否按时完成负责的工作内容、遵守纪律,是否积极主动参与小组工作,是否全过程参与,是否吃苦耐劳,是否具有工匠精神	
	交流沟通(20分)	是否能良好地表达自己的观点,是否能倾听他人的观点	
	团队合作(20分)	是否与小组成员合作完成任务,做到相互协作、互相帮助、听从指挥	
	创新意识(20分)	看问题是否能独立思考、提出独到见解,是否能利用创新思维解决遇到的问题	
成员2 (100分)	核心价值观(20分)	是否有违背社会主义核心价值观的思想及行动	
	工作态度(20分)	是否按时完成负责的工作内容、遵守纪律,是否积极主动参与小组工作,是否全过程参与,是否吃苦耐劳,是否具有工匠精神	
	交流沟通(20分)	是否能良好地表达自己的观点,是否能倾听他人的观点	
	团队合作(20分)	是否与小组成员合作完成任务,做到相互协作、互相帮助、听从指挥	
	创新意识(20分)	看问题是否能独立思考、提出独到见解,是否能利用创新思维解决遇到的问题	
成员3 (100分)	核心价值观(20分)	是否有违背社会主义核心价值观的思想及行动	
	工作态度(20分)	是否按时完成负责的工作内容、遵守纪律,是否积极主动参与小组工作,是否全过程参与,是否吃苦耐劳,是否具有工匠精神	
	交流沟通(20分)	是否能良好地表达自己的观点,是否能倾听他人的观点	
	团队合作(20分)	是否与小组成员合作完成任务,做到相互协作、互相帮助、听从指挥	
	创新意识(20分)	看问题是否能独立思考、提出独到见解,是否能利用创新思维解决遇到的问题	

项目二 车身电气系统故障检测与诊断

对象	评分项目	评分标准	评分
成员4 (100分)	核心价值观(20分)	是否有违背社会主义核心价值观的思想及行动	
	工作态度(20分)	是否按时完成负责的工作内容、遵守纪律，是否积极主动参与小组工作，是否全过程参与，是否吃苦耐劳，是否具有工匠精神	
	交流沟通(20分)	是否能良好地表达自己的观点，是否能倾听他人的观点	
	团队合作(20分)	是否与小组成员合作完成任务，做到相互协作、互相帮助、听从指挥	
	创新意识(20分)	看问题是否能独立思考、提出独到见解，是否能利用创新思维解决遇到的问题	
成员5 (100分)	核心价值观(20分)	是否有违背社会主义核心价值观的思想及行动	
	工作态度(20分)	是否按时完成负责的工作内容、遵守纪律，是否积极主动参与小组工作，是否全过程参与，是否吃苦耐劳，是否具有工匠精神	
	交流沟通(20分)	是否能良好地表达自己的观点，是否能倾听他人的观点	
	团队合作(20分)	是否与小组成员合作完成任务，做到相互协作、互相帮助、听从指挥	
	创新意识(20分)	看问题是否能独立思考、提出独到见解，是否能利用创新思维解决遇到的问题	
成员6			
成员7			
成员8			
最终小组成员得分			

课后测评

一、填空题

1. 电动车窗升降器的传动机构有_____式和_____式两种。

2. 电动后视镜主要由镜片、_____、_____、_____组成。

3. 双绕组串励式电动机有两个绕向相反的磁场绕组，一个为_____绕组，另一个为_____绕组。通电后产生相反方向的磁场，即可改变电动机的旋转方向。

4. 电动车窗电动机的热保护功能是为了防止电路_____，电路或电动机内装有热敏开关，用以控制电流。当车窗完全关闭或不能移动时，即使操纵开关没有断开，

热敏开关也会自动 _____。

5. 在行车过程中，如果乘客特别是小孩频繁地操作车窗，会造成电动车窗系统的损坏或者有_____，驾驶员可以通过操作主开关上的车窗_____使其他位置的电动车窗操作失效。

6. 前排电动车窗升降器配备有防夹功能。当车窗玻璃在关闭过程中受到阻力而卡住时，该关闭过程电动车窗升降器会 _____。

二、选择题

1. ( ) 的基本职能是调节职能。
   A. 职业道德　　　　　　　　　　B. 社会责任
   C. 社会意识　　　　　　　　　　D. 社会公德

2. 为了防止电动车窗电动机或电路过载，在电动机内部或电路上装有( )，当由于某种原因引起故障，电流过大时，该装置会自动断开电路，从而起到保护作用。
   A. 熔断器　　　　　　　　　　　B. 电容
   C. 继电器　　　　　　　　　　　D. 热敏开关

3. 电动车窗出现所有车窗都不能上升或下降故障时，引起该故障的原因可能是( )。
   A. 熔断器或搭铁线出现故障
   B. 驾驶人侧总开关上面的安全开关出现故障
   C. 开关原因或控制电路问题
   D. 电瓶电压过低引起

4. 当电动车窗出现( )故障时电动车窗虽然不能工作，但在操纵升降开关时，能听到继电器的响声和电动机的工作声。
   A. 电气　　　　　　　　　　　　B. 机械
   C. 机械和电气　　　　　　　　　D. 都不对

5. 汽车的电动车窗电动机一般为( )，它可以双向旋转，通过改变电动机的电流方向，使电动机得到不同的旋转方向来控制电动车窗的上升或下降。
   A. 交流型　　　　　　　　　　　B. 直流型
   C. 永磁型

6. 在检修电动门窗时应分清是电路故障还是机械故障。检修时，当听到门窗电动机有声响时，表明可能是( )。
   A. 机械故障　　　　　　　　　　B. 电路故障
   C. 电路或机械故障　　　　　　　D. 都不对

7. 在检修电动门窗时发现只有前排乘客侧车窗不能升降，那么其故障可能出现在( )。
   A. 总开关　　　　　　　　　　　B. 乘客侧车窗开关
   C. 后排乘客车窗开关　　　　　　D. 前排乘客侧电动机

8. 在检修电动车窗时发现驾驶侧车窗只能一个方向运动，正确的观点为( )。
   A. 引起该故障的原因主要是开关原因或控制电路问题

  B. 引起该故障的原因主要是开关、电动机或电路断路

  C. 应检查开关和控制线路是否正常

  D. 有驾驶员侧的总开关上的安全开关故障引起

三、判断题

1. 当驾驶员按下电动车窗主开关及相应的乘员车窗上升开关时，电动机通正向电流工作，使车窗上升。   （ ）

2. 按下电动车窗的窗锁开关，则各分开关依旧保持相应的控制作用。 （ ）

3. 电动车窗系统中，驾驶员能控制每个车窗的升降。   （ ）

4. 现代汽车的电动车窗电动机大多是永磁式电动机。   （ ）

5. 现代汽车的电动车窗电动机可以双向旋转，通过改变电动机的电流方向来控制车窗的上升和下降。   （ ）

四、简答题

1. 迈腾 B7L 汽车乘客侧电动车窗主驾驶主控开关控制良好，乘客侧单独控制上下异常，写出可能的故障原因（最少列举 2 条）。

2. 简述迈腾 B7L 汽车两个后车窗分开关都不起作用的原因（最少列举 2 条）。

⊙ 任务三 中控锁故障检修

任务描述

张先生驾驶一台 2015 年 8 月出厂的一汽大众迈腾 B7L（图 2-1），装备 1.8T 发动机，行驶里程 8 万 km。

故障现象：车主反映该车操作中控锁开关时左后中控锁工作异常。

任务解析

大众迈腾 B7L 汽车控制中控锁的有 CAN 线、LIN 线、开关、熔断器、继电器、防盗系统、车门控制单元、门锁电动机及线路，掌握中控锁逻辑控制关系，读懂中控锁控制电路图，熟练使用各种电工仪器设备进行故障检测，是本任务训练要达到的目标。

通过本任务的实践学习，学生进一步加强对汽车电路图识读的能力，对汽车中控锁控制有进一步的了解，熟练使用维修手册，对汽车车身电路进行检测，规范操作，按照由简入繁、从上到下的流程排除故障。

本任务所涉及的知识点及技能点，扫描二维码查看。

前导知识测试

在学习本任务之前，先对大家的知识及技能储备情况进行一个测试，以了解大家对汽车电气及舒适系统知识的掌握情况，是否具备了学习本任务应具备的能力。扫描二维码查看测试内容。

知识链接

一、迈腾 B7L 中控锁工作原理

中控锁是指通过主驾驶的门锁闭或开启能同时控制其他三个门的锁闭或开启，或通过一个开关能控制所有门的锁闭或开启。其作用是防止乘客在车辆行驶过程时误操作，把车门打开，导致事故发生。中控锁由门锁开关、门锁执行机构（电磁式、直流电动机式、永磁电动机式）和控制器构成。

汽车中控锁又称为中央锁，按一下，车门门锁全部锁上；拉一下，车门门锁全部开启。迈腾 B7L、大众 CC 等车型电动门锁的控制方式如下。

(1)遥控钥匙可以遥控门锁的开闭。

(2)左侧车门(钥匙锁孔)中控开关控制门锁开闭。

(3)驾驶员侧车门上的锁按钮控制门锁开闭。

(4)速度控制：当车速达到一定数值时，每扇门均会单独锁闭，防止乘客误操作车门把手致使车门被打开。

(5)气囊控制单元在车辆发生碰撞时开启所有车门锁。

正常情况下，门锁的控制可分为车内控制和车外控制两种方法。车内控制可通过车门上锁按钮来执行；车外控制可通过遥控器或车门锁孔中控开关来执行。

迈腾 B7L 车门有两种闭锁状态，即"安全锁止"状态和"锁止"状态。两者的区别是：在"安全锁止"状态下，从车内及车外均无法打开车门；在"锁止"状态下，车门无法从车外打开，但可以从车内打开。用户可通过观察车门上指示灯的点亮情况，判断门锁的闭锁状态，中央门锁的红色 LED 安全指示灯快速闪亮 2 s 左右，然后慢速闪亮，表示处于"安全锁止"状态；安全指示灯闪亮 2 s 后熄灭，30 s 后再次开始闪亮，表示处于"锁止"状态；安全指示灯持续点亮 30 s，表示中央门锁系统有故障，应尽快进行维修。在车外可以实现上述两种闭锁状态，即用遥控器或钥匙执行一次上锁，车门将处于"安全锁止"状态；如果连续进行两次上锁，车门则处于"锁止"状态。在车内通过"锁按钮"锁车，门锁只能处于"锁止"状态。

"锁止"状态自动落锁后，只要拉两下内拉手即可以将车门从内部打开，但是当儿童锁起动时，后面两个车门不能从内部打开。

二、迈腾 B7L 中控锁故障检修

(一)故障现象

(1)操作中控锁开关 E308 时，左后门锁工作异常，其余三个门锁工作正常(图 2-29、图 2-30)。

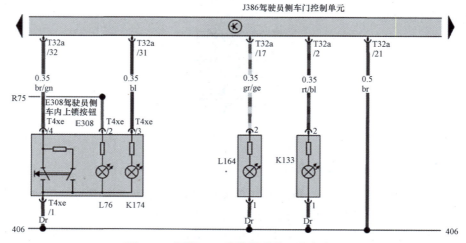

图 2-29　迈腾 B7L 中控锁联锁开关电路图

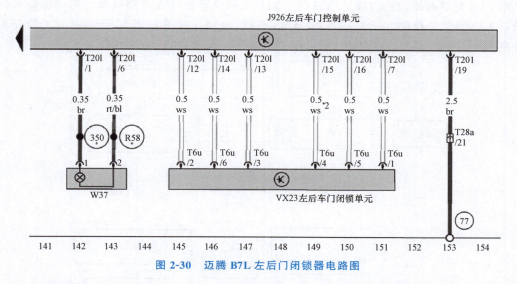

图 2-30 迈腾 B7L 左后门闭锁器电路图

（2）左后电动车窗升降器 V471 不受驾驶员主控开关 E712 控制，左后分开关 E711 控制左后电动车窗升降器正常工作（图 2-31）。

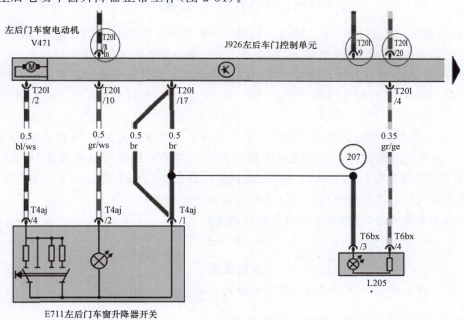

图 2-31 迈腾 B7L 左后门电动车窗升降器开关控制电路图

（二）初步分析故障原因

从车门控制单元控制信息示意图（图 2-32）得知，驾驶员中控锁开关控制左后门锁 VX23 时，由驾驶员侧车门控制单元 J386 与左后车门控制单元 J926 之间的 LIN 线控制，信号再由 J926 传输给 VX23，而车载电网控制单元 J519 与 J386、J387 之间是通过 CAN 线连接的。因此，中控锁开关 E308 故障、J386 控制单元局部故障、J386 与 J926

之间 LIN 线断路或短路故障、J926 与 VX23 之间线路断路或短路故障，都可能造成驾驶员中控锁开关控制左后门锁工作异常；左后电动车窗升降器不受驾驶员主控开关控制。

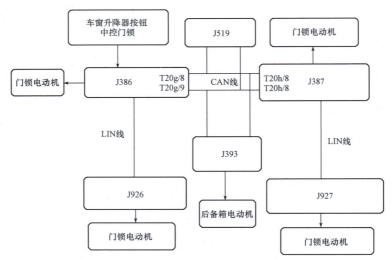

图 2-32　车门控制单元控制信息示意

（1）从图 2-29、图 2-30 可以看出，驾驶员中控锁开关操作时，只有左后门锁工作异常，由此可以排除中控锁开关 E308 故障及 E308 至 J386 间线路故障。

（2）从图 2-32 可以看出，若左后车门门锁和电动车窗升降器同时出现故障，即可集中到一点，J386（司机侧车门控制单元）与 J926（左后车门控制单元）之间 LIN 线出现了故障。

（3）左后分开关单独控制左后电动车窗升降器工作正常，说明 J926 控制单元处于工作状态，但存在局部故障，导致无法将接收到的主驾驶中控锁信号变成执行指令发送给左后门闭锁器 VX23（图 2-30）；或 J926 正常，执行指令也正常发出了，但 VX23 存在故障无法执行。这些故障可以通过诊断检测来进行判断。

（三）检查及诊断（使用示波器进行信号测量）

课程素养
　锻炼学生科学的分析问题、解决问题的能力。

（1）读取故障代码：连接故障诊断仪，打开点火开关。
地址码 42 中：
010002：本地数据总线无通信，未达到下限。
020602：B122C01：中控锁马达电气故障。
020702：B122E39：中控锁开关，后部不可靠信号。
（2）检查 J926 的供电、搭铁（图 2-31、图 2-33）：打开点火开关。

供电 T201/20：+B（正常）。

T201/9：+B（正常）。

搭铁 T201/19：0 V（正常）。

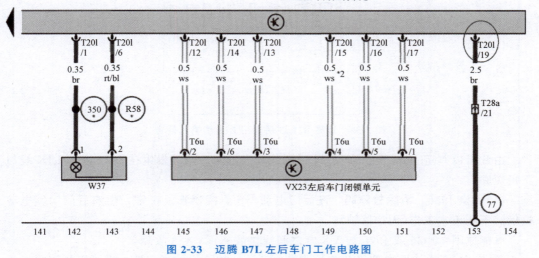

图 2-33　迈腾 B7L 左后车门工作电路图

（3）测量 J926 的 LIN 线（T201/8）信号波形：打开点火开关，操作中控门锁开关。不断开 J926 插头测量 T201/8，测得信号波形为+B 波形，如图 2-34 所示。

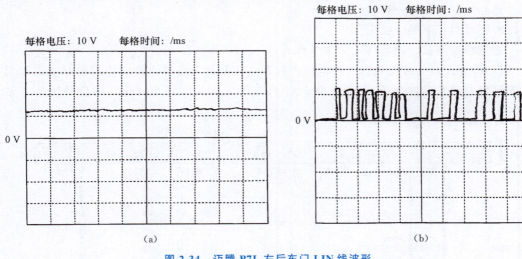

图 2-34　迈腾 B7L 左后车门 LIN 线波形

（a）实测波形；（b）标准波形

故障原因可能如下。

1）J386 与 J926 之间 LIN 对正短路。

2）J386 与 J926（测试点）之间 LIN 线断路（断路后，J926 会持续发出蓄电池电压）。

（4）打开点火开关，操作中控门锁开关。拔下 J926 的电气连接器，测量线束端 LIN 线对地波形，如波形正常，则如图 2-35 所示。

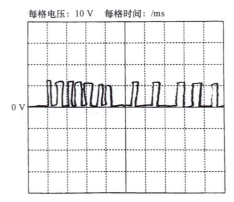

每格电压: 10 V   每格时间: /ms

0 V

图 2-35　迈腾 B7L 左后车门 LIN 线输入信号

由此可以判定 J926 至 J386 之间 LIN 线没有故障。故障发生在 J926 内部 LIN 线与正极短路。

(5)更换 J926，清除故障码，左后门电动车窗升降器恢复正常，但左后门门锁电动机依然不能正常工作(无法落锁)。

可能原因：J926 或 J926 与 VX23 之间线路故障；VX23 故障。

(6)在 J386 中读取中控锁开关的测量值，验证故障码的真实性，也可以使用执行元件诊断功能。

后车门锁止状态：

1)42—30：解锁→解锁(异常)。

2)正常时：解锁→锁止。

通过功能测试，说明 VX23 未工作。

(7)检查左后中控锁马达工作电压：打开点火开关，反复点动中控门锁开关，用示波器测量左后车门控制单元 J926 两个端子(T201/14、T201/16)之间的信号波形，如图 2-36 所示。

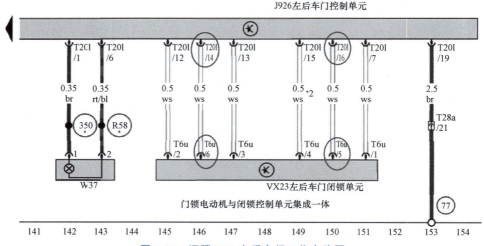

图 2-36　迈腾 B7L 左后车门工作电路图

正常情况下，应符合以下波形特点，如图 2-37 所示。

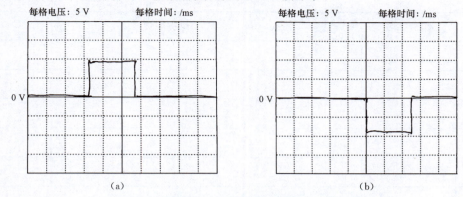

图 2-37　迈腾 B7L 左后车门中控锁工作电压检测
（a）解锁时波形正常；（b）落锁时波形正常

通过实测波形正常，说明左后门闭锁单元 VX23 工作正常。故障的可能原因如下。

1）J926 到 VX23 之间线路断路。

2）VX23 自身损坏，马达不能工作。

（8）再测量闭锁单元 VX23 端两个端子 T6u/5、T6u/6 之间的信号波形。经测量，实测波形与图 2-37 相符。说明 J926 到 VX23 之间线路正常，故障发生在 VX23 自身损坏，马达不能工作。

（9）用相同型号、性能完好的闭锁单元 VX23 替换可疑部件，左后门锁工作恢复正常。

（四）分析故障机理

（1）J926 内部 T201/8 对电源正极短路，导致 J926 无法传输正确的 LIN 线信号，所以操作司机侧中控锁及电动车窗升降器开关都无法控制左后门门锁及电动车窗升降。

（2）闭锁单元 VX23 是电动机与控制单元集于一体，闭锁单元 VX23 自身损坏，马达不能工作。

（五）结论

（1）左后车门控制单元 J926 内部 LIN 线端子 T201/8 对电源正极短路（图 2-30）。

（2）右后车门闭锁单元 VX23 自身损坏，马达不能工作（图 2-32）。

任 务 实 施

一、分组

按照班级人数平均进行分组（建议每组 5～8 人），每组选出一名负责人，负责人对小组任务进行分配。组员按负责人要求完成相关任务内容，并将自己所在小组及个人任务内容填入表 2-27 中。

表 2-27　小组成员职责分工

序号	组员姓名	组员职责
1		
2		
3		
4		
5		

二、填写作业工单

每组接受任务，对故障车进行检查，并填写作业工单，见表 2-28。

表 2-28　作业工单

作业工单			
车型		年款	
VIN		维修日期	

故障现象描述：

　　2015 年大众迈腾 B7L，装备 1.8T 发动机，行驶里程 8 万 km，车主反映该车操作中控锁开关时左后中控锁不灵敏

故障初步诊断：

油表检查	环车检查
油量显示（用箭头标记） 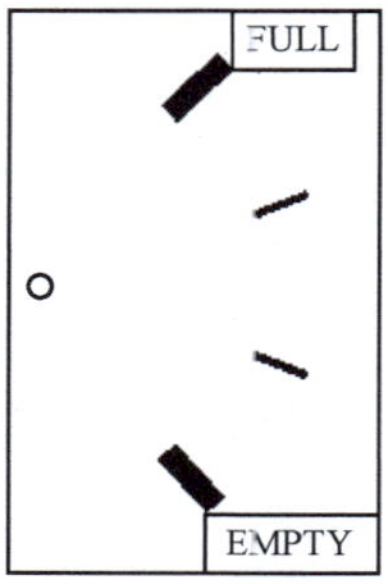	外观检查（损坏处用圆圈标出） 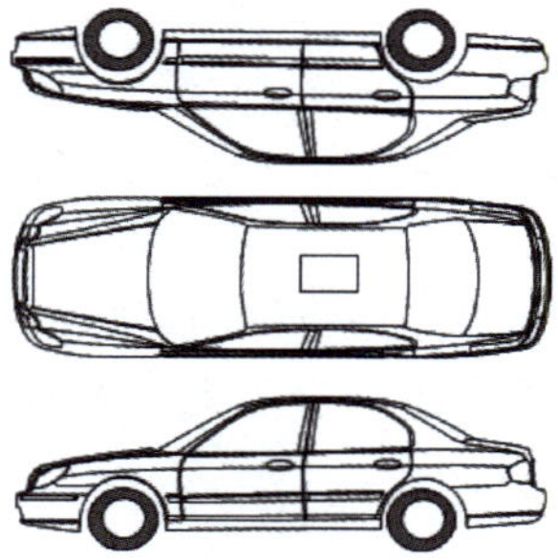

维修技师	客户签字

三、验证故障现象

以小组为单位，通过试车来验证客户描述的故障现象，填写表 2-29。

表 2-29　故障现象验证

序号	人员	试车内容	结果	
1	AB	正确检查电瓶电量是否充足	是	否
2	CD	检查中控锁联锁开关控制左后门门锁是否灵敏，控制其余门锁是否灵敏	是	否
3	EF	检查主控开关控制左后电动车窗升降器是否灵敏，主控开关控制其余车门电动车窗升降器是否灵敏	是	否
4	GH	检查左后门单独控制电动车窗升降正常时，其余各车门单独控制电动车窗升降器是否灵敏	是	否
5		其他		

序号	故障码	检查内容记录及分析	性质
1			
2			
3			
4			
5			
6			
7			
8			
9			

最终结果：

四、绘制故障树

根据迈腾 B7L 中控锁及电动车窗升降器工作原理，按照从简到繁的检查顺序，制订中控锁故障诊断流程（图 2-38）。

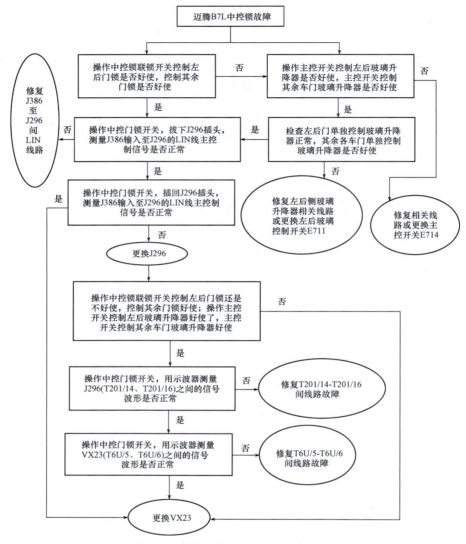

图 2-38　迈腾 B7L 中控锁故障诊断流程

五、制订诊断计划

通过查询维修手册电路图，分析影响中控锁及电动车窗升降器故障的原因，并列出诊断计划，填入表 2-30 中。

表 2-30　故障诊断计划

序号	可能原因	诊断方法	使用设备/工具
1	J386 至 J926 间 LIN 线故障	打开点火开关，操作中控门锁开关。不断开 J926 插头测量 T201/8 对地波形	电路图、示波器

序号	可能原因	诊断方法	使用设备/工具
2	J926 控制单元故障	打开点火开关，操作中控门锁开关。断开 J926 插头测量 T201/8 对地波形	电路图、示波器
3	J926 至 VX23 间线路断路	打开点火开关，反复点动中控门锁开关，用示波器测量左后车门控制单元 J926 两个端子（T201/14、T201/16）之间的信号波形	电路图、示波器
4	VX23 故障	反复操作中控门锁开关，测量闭锁单元 VX23 端两个端子 T6u/5、T6u/6 之间的信号波形	电路图、示波器

教师意见：

六、制订工作计划

根据诊断计划，小组按成员进行任务分工，制订工作计划（表 2-31）。

表 2-31　工作计划表

步骤	工作内容	工具/辅具	注意事项	操作人
1	操作中控门锁开关，拔下 J926 插头，测量 J386 输入给 J926 的 LIN 线主控制信号	电路图、示波器	安全操作	AB
2	操作中控门锁开关，插上 J926 插头，测量 J386 与 J926 的 LIN 线控制信号	电路图、示波器	安全操作	CD
3	操作中控门锁开关，用示波器测量 J926（T201/14、T201/16）之间的信号波形	电路图、示波器	安全操作	EF
4	更换 J926	常用工具	安全操作	EF
5	操作中控门锁开关，用示波器测量 VX23（T6u/5、T6u/6）之间的信号波形与 J926（T201/14、T201/16）之间的信号波形是否相符	电路图、示波器	安全操作	GH
6	更换 VX23	常用工具	安全操作	GH

七、实施

按照计划进行任务实施并完成项目单填写（表 2-32）。

表 2-32　任务实施表

序号	检测项目	标准	实际	判断是否正常
一、J386 至 J926 间 LIN 线检查				
1	拔下 J926 插头，打开点火开关，反复操作中控锁开关 E308，示波器测量 J926 线束插头 T201/8 对地波形——LIN 主信号	每格电压：10 V　每格时间：/ms 0 V	每格电压：10 V　每格时间：/ms 0 V	LIN 主信号，正常
2	连接 J926 插头，打开点火开关，反复操作中控锁开关 E308，示波器测量 J926 线束插头 T201/8 对地波形——LIN 主从信号	每格电压：10 V　每格时间：/ms 0 V	每格电压：10 V　每格时间：/ms 0 V	从单元 J926 内部 LIN 线对电源正极短路，异常
二、更换一个新的、型号一致、确认完好的 J926				
1	操作主驾电动车窗升降器控制左后车门电动车窗	灵敏	灵敏	正常
2	操作中控门锁开关控制全车锁，检查左后门锁是否灵敏	灵敏	不灵敏	异常
三、J926 至 VX23 间线路检查				
1	操作中控门锁开关，用示波器测量 J926（T201/14、T201/16）两端子之间的信号波形	每格电压：5 V　每格时间：/ms 0 V	每格电压：5 V　每格时间：/ms 0 V	T201/14 端子波形　正常
		每格电压：5 V　每格时间：/ms 0 V	每格电压：5 V　每格时间：/ms 0 V	T201/16 端子波形　正常

序号	检测项目	标准	实际	判断是否正常
四、VX23 供电电压检查				
1	操作中控门锁开关，用示波器测量 VX23（T6u/5、T6u/6）之间的信号波形	每格电压：5 V 每格时间：/ms 0 V ／ 每格电压：5 V 每格时间：/ms 0 V	T6u/5 端子波形	正常
		每格电压：5 V 每格时间：/ms 0 V ／ 每格电压：5 V 每格时间：/ms 0 V	T6u/6 端子波形	正常
五、更换一个新的型号一致确认完好的 VX23				
1	操作中控门锁开关控制全车锁，检查左后门锁是否灵敏	灵敏	灵敏	正常

最终结果：
(1)J926 内部 LIN 线对正极短路
(2)闭锁单元 VX23 自身损坏

处理方法：

课程素养

素养目标：培养学生工作严谨、认真敬业的工作作风和职业素养；培养学生吃苦耐劳、艰苦奋斗的优秀品格。

素养元素：在汽车电气系统故障诊断与维修过程中，一定要注意每个细节，体现职业教育和工匠精神。

融入方法：视频融入；案例融入；输入与渗透相结合；理论与实际相结合。

项目二 车身电气系统故障检测与诊断

八、检查与评估

填写检查单(表 2-33)。

表 2-33　检查单

项目二	车身电气系统故障检测与诊断		任务三	中控锁故障检修	
检查学时		4 学时		第　　　组	
检查目的及方式		教师全程监控小组的工作情况,如果检查结果等级为不合格,则小组需要整改,并拿出整改说明			
序号	考核内容	配分	评分标准(每项累计扣分不超过配分)		得分
1	正确使用工具、仪表	10	使用工具、仪表错误,每项扣 5 分		
2	故障现象判断	10	判断思路不明确扣 10 分		
3	故障诊断过程	30	检查方法错误、不会使用故障诊断仪扣 10 分		
			操作过程不规范扣 10 分		
			检查结果错误扣 10 分		
4	故障确认与排除及工单的填写	20	不能排除故障扣 20 分		
			一处故障未确认扣 10 分		
5	验证排除效果	10	不验证或方法错误扣 10 分		
6	遵守规程、安全生产、工具使用正确、现场卫生、防护措施	15	每违规一项扣 3 分,直至扣完		
7	因违反操作规程造成事故	5	因违规操作发生重大人身或设备事故,此题按 0 分计		
检查结果分级					
(90 分及以上为优秀,80 分及以上为良好,70 分及以上为中等,60 分及以上为及格,低于 60 分为不及格)					
检查评语				教师签字:	

任务评价

1. 小组工作评价单

项目二	车身电气系统故障检测与诊断		任务三	中控锁故障检修		
评价学时			4 学时			
班级：				第　　　组		
考核情境	考核内容及要求	分值 （100）	小组自评 （10%）	小组互评 （20%）	教师评分 （70%）	实际得分 （∑）
汇报展示 （20）	讲解知识点应用	5				
	讲解技能点运用	5				
	团队成员任务分配	5				
	工作过程描述	5				
质量评价 （40）	工作质量自检	10				
	工作质量互检	5				
	工作质量终检	25				
团队情感 （25）	社会主义核心价值观	5				
	创新性	5				
	参与率	5				
	合作性	5				
	劳动态度	5				
安全文明 （10）	工作过程中遵守规程、安全生产情况	5				
	工具正确使用和保养、放置规范	5				
工作效率 （5）	能够在要求的时间内完成，每超时 5 min 扣 1 分	5				

汽车检测与故障诊断
QICHE JIANCE YU GUZHANG ZHENDUAN

2. 小组成员素质评价单

项目二	车身电气系统故障检测与诊断		任务三	中控锁故障检修	
班级		第　　　组		成员姓名	
评分说明	每个小组成员评价分为自评和小组其他成员评价两部分，取平均值计算，作为该小组成员的任务评价个人分数。共设计 5 个评分项目，依据评分标准进行合理量化评分。小组成员自评分后，由其他小组成员进行不记名评分				
对象	评分项目	评分标准			评分
自评 (100分)	核心价值观(20分)	是否有违背社会主义核心价值观的思想及行动			
	工作态度(20分)	是否按时完成负责的工作内容、遵守纪律，是否积极主动参与小组工作，是否全过程参与，是否吃苦耐劳，是否具有工匠精神			
	交流沟通(20分)	是否能良好地表达自己的观点，是否能倾听他人的观点			
	团队合作(20分)	是否与小组成员合作完成任务，做到相互协作、互相帮助、听从指挥			
	创新意识(20分)	看问题是否能独立思考、提出独到见解，是否能利用创新思维解决遇到的问题			
成员1 (100分)	核心价值观(20分)	是否有违背社会主义核心价值观的思想及行动			
	工作态度(20分)	是否按时完成负责的工作内容、遵守纪律，是否积极主动参与小组工作，是否全过程参与，是否吃苦耐劳，是否具有工匠精神			
	交流沟通(20分)	是否能良好地表达自己的观点，是否能倾听他人的观点			
	团队合作(20分)	是否与小组成员合作完成任务，做到相互协作、互相帮助、听从指挥			
	创新意识(20分)	看问题是否能独立思考、提出独到见解，是否能利用创新思维解决遇到的问题			
成员2 (100分)	核心价值观(20分)	是否有违背社会主义核心价值观的思想及行动			
	工作态度(20分)	是否按时完成负责的工作内容、遵守纪律，是否积极主动参与小组工作，是否全过程参与，是否吃苦耐劳，是否具有工匠精神			
	交流沟通(20分)	是否能良好地表达自己的观点，是否能倾听他人的观点			
	团队合作(20分)	是否与小组成员合作完成任务，做到相互协作、互相帮助、听从指挥			
	创新意识(20分)	看问题是否能独立思考、提出独到见解，是否能利用创新思维解决遇到的问题			

对象	评分项目	评分标准	评分
成员 3 (100 分)	核心价值观(20 分)	是否有违背社会主义核心价值观的思想及行动	
	工作态度(20 分)	是否按时完成负责的工作内容、遵守纪律，是否积极主动参与小组工作，是否全过程参与，是否吃苦耐劳，是否具有工匠精神	
	交流沟通(20 分)	是否能良好地表达自己的观点，是否能倾听他人的观点	
	团队合作(20 分)	是否与小组成员合作完成任务，做到相互协作、互相帮助、听从指挥	
	创新意识(20 分)	看问题是否能独立思考、提出独到见解，是否能利用创新思维解决遇到的问题	
成员 4 (100 分)	核心价值观(20 分)	是否有违背社会主义核心价值观的思想及行动	
	工作态度(20 分)	是否按时完成负责的工作内容、遵守纪律，是否积极主动参与小组工作，是否全过程参与，是否吃苦耐劳，是否具有工匠精神	
	交流沟通(20 分)	是否能良好地表达自己的观点，是否能倾听他人的观点	
	团队合作(20 分)	是否与小组成员合作完成任务，做到相互协作、互相帮助、听从指挥	
	创新意识(20 分)	看问题是否能独立思考、提出独到见解，是否能利用创新思维解决遇到的问题	
成员 5 (100 分)	核心价值观(20 分)	是否有违背社会主义核心价值观的思想及行动	
	工作态度(20 分)	是否按时完成负责的工作内容、遵守纪律，是否积极主动参与小组工作，是否全过程参与，是否吃苦耐劳，是否具有工匠精神	
	交流沟通(20 分)	是否能良好地表达自己的观点，是否能倾听他人的观点	
	团队合作(20 分)	是否与小组成员合作完成任务，做到相互协作、互相帮助、听从指挥	
	创新意识(20 分)	看问题是否能独立思考、提出独到见解，是否能利用创新思维解决遇到的问题	
成员 6			
成员 7			
成员 8			
最终小组成员得分			

课 后 测 评

一、填空题

1. 常见的门锁控制器有_____、_____和_____三种类型。

2. 中央门锁系统主要由_____、_____和_____等组成。

3. CAN—H 线与 CAN—L 线电压值之和等于_____。

4. 动力 CAN 中 CAN—H 与 CAN—L 之间有电阻，阻值约为_____，而车身舒适 CAN 中 CAN—H 与 CAN—L 之间的电阻值为_____。

5. CAN 总线信号采用_____传输，LIN 总线信号采用_____传输。

二、选择题

1. ![按钮图标] 是（　　）按钮。

    A. 后视镜调整   B. 中控门锁总开关

    C. 行李厢开关   D. 电动车窗

2. 中控门锁系统中的门锁控制开关用于控制所有车门锁的开关，安装在（　　）。

    A. 驾驶员侧门的内侧扶手上

    B. 在每个车门上

    C. 门锁总成中

3. 门锁控制开关的作用是（　　）。

    A. 在任意一车门外侧实现开锁和锁门动作

    B. 在任意一车门内侧实现开锁和锁门动作

    C. 在驾驶员侧车门内侧实现开锁和锁门动作

三、判断题

1. 中控门锁总开关安装在驾驶员侧，总开关可以将全车所有车门锁住或打开。
                                                                 （　　）

2. 中控门锁分开关安装在各个车门上，可控制全车所有车门。   （　　）

3. 中央门锁能对车门及行李舱锁进行集中控制。   （　　）

4. 中控门锁系统的速度控制功能，即当车辆达到一定的行车速度时，各个车门能自动上锁。   （　　）

5. 门锁执行机构的形式有电磁铁式和直流电动机式两种。两者都是通过改变电流方向达到锁门或开锁动作的。   （　　）

6. 网关是车载网络总线系统的"翻译官"，它将数据传输速度不同的各局域网总线联系在一起，并通过车上的 OBD 接头与各控制模块进行联络，实现汽车故障诊断功能。   （　　）

四、简答题

简述中控门锁的作用。

任务四　空调制冷不正常故障检修

任务描述

张先生驾驶一台 2015 年 8 月出厂的一汽大众迈腾 B7L，装备 1.8T 发动机，行驶里程 8 万 km。

故障现象：该车空调不能正常制冷。

任务解析

迈腾 B7L 汽车采用手动空调，变排量压缩机。它能根据发动机转速、车内温度随时调节压缩机的吸排气量，使压缩机的制冷能量输出与车内热负荷恰到好处地配合，不仅能营造出更加舒适的车内环境，还能降低燃油油耗，减少噪声。

造成空调不能正常制冷的原因包括缺冷媒、压缩机故障、空调滤芯堵塞、蒸发箱脏污堵塞、鼓风机不转、空调模式翻板故障、散热器风扇故障导致散热性能不佳或空调系统电路故障等。学生通过使用空调系统检测工具及汽车专用仪器设备，锻炼其对空调系统故障的诊断和排查过程中的实践动手能力。通过本任务的实践学习，学生进一步加深对空调系统组成及工作原理知识的理解，熟练掌握检测工具的使用，以维修手册资料为依据，对空调系统进行检测，规范操作，按照由简入繁、从上到下的流程排除故障。

本任务所涉及的知识点及技能点，扫描二维码查看。

前导知识测试

在学习本任务之前，先对大家的知识及技能储备情况进行一个测试，以了解大家对空调系统知识的掌握情况，是否具备了学习本任务应具备的能力。扫描二维码查看测试内容。

知 识 链 接

一、汽车空调的正确使用操作方法

（1）如图 2-39 所示，空调控制面板共有 5 个开关（或 5 个操作步骤）：开关 1——内、外循环；开关 2——A/C 空调主开关；开关 3——风向调节；开关 4——温度调节；开关 5——风量调节。

冬天需开外循环，夏天需开内循环。

视频：汽车空调的正确
使用操作方法

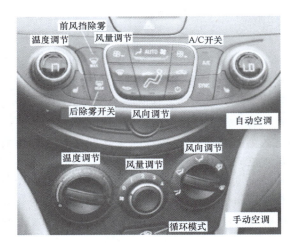

图 2-39　汽车空调的正确使用操作方法

A/C 空调主开关与风量调节开关是功能串联关系，必须在 A/C 主开关处于开启的前提下，打开风量调节开关空调制冷才能工作。

A/C 空调主开关→内外循环开关→风向调节模式选择开关→温度调节开关→风量调节开关。

（2）到达目的地前（或发动机熄火前）：夏天开空调，先将 A/C 主开关关闭，用自然风吹 2 min 左右，再将发动机熄火，用以消除蒸发箱内、风道内的水汽，防止风道内因潮湿滋生霉菌而产生异味。

（3）夏天突降大雨，前风挡玻璃内侧出现雾气，影响行车，正确的操作方法如下。

1）打开车窗使汽车内外温度迅速均衡。

2）空调面板有一个单独的开关——前风挡除雾开关，负责强制打开空调制冷及外循环，并确保最大风量对前风挡进行吹风，以消除雾气。

（4）空调使用注意事项。

1）空调滤芯需要经常清理、更换，保持清洁，以免产生异味及灰尘。

2）对于有特殊情况（如关节炎等）不适合使用空调的，空调制冷应该定期（一个月左右）工作运转 2～3 min，使空调制冷系统内部循环、润滑，延长空调系统的使用寿命。

二、汽车空调制冷系统

1. 汽车空调制冷系统的组成

汽车空调制冷系统主要由压缩机、冷凝器、储液干燥罐、膨胀阀（节流管）和蒸发器等组成，如图2-40所示。

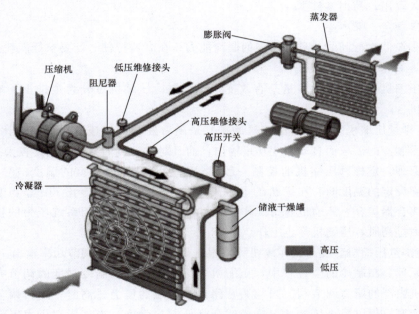

图2-40 汽车空调制冷系统组成

2. 汽车空调制冷系统工作原理

制冷剂以不同的状态在制冷系统密闭回路内循环流动，每个循环有压缩、放热、节流和吸热四个基本过程，如图2-41所示。

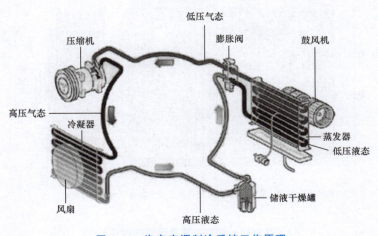

图2-41 汽车空调制冷系统工作原理

3. 制冷压缩机的作用与设计要求

(1)制冷压缩机的作用。将从蒸发器出来的低温低压的气态制冷剂压缩后，变成高温高压的气态制冷剂，再送到冷凝器中进行冷却。

(2)制冷压缩机的设计要求。

1)质量轻，体积小。

2)经久耐用，易损零件少。

3)工作稳定，噪声小。

4)汽车在低速行驶时，具有较强的制冷能力；在高速行驶时，要求低能耗。

4. 汽车制冷压缩机的类型

根据压缩机工作时工作容量是否改变，汽车制冷压缩机可分为定排量压缩机和变排量压缩机。

(1)定排量压缩机。定排量压缩机的排气量随着发动机转速的提高而成比例提高，它不能根据制冷的需求而自动改变功率输出，而且对发动机油耗的影响比较大。

工作原理：定排量压缩机的控制一般通过采集蒸发器出风口的温度信号来进行，当温度达到设定的温度时，压缩机的电磁离合器松开，压缩机停止工作。当温度升高后，电磁离合器接合，压缩机开始工作。定排量压缩机也受空调系统压力的控制，当管路内压力过高时，压缩机停止工作。

(2)变排量压缩机。变排量压缩机可以根据设定的温度自动调节功率输出。

工作原理：在制冷的全过程中，压缩机始终是工作的，制冷强度的调节完全依赖装在压缩机内部的压力调节阀。当空调管路内高压端的压力过高时，压力调节阀缩短压缩机内活塞行程以减小压缩比，这样就会降低制冷强度。当高压端压力下降到一定程度，低压端压力上升到一定程度时，压力调节阀增加活塞行程以提高制冷强度，如图 2-42 所示。

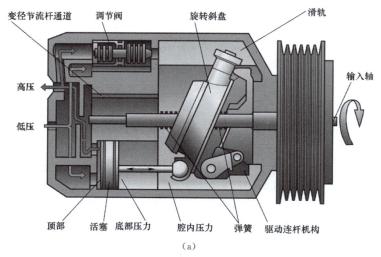

(a)

图 2-42　常见变排量压缩机形式

(a)内控式变排量压缩机

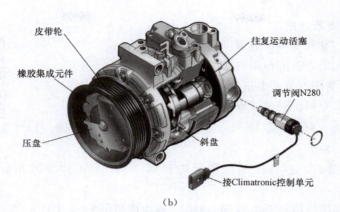

图 2-42 常见变排量压缩机形式(续)

(b)外控式变排量压缩机

内控式变排量压缩机排量的改变是依靠摇板箱压力的改变实现的。

外控式变排量压缩机通过外部电磁调节阀调节控制压缩机的排量，这样可以根据当时的冷负荷情况确定一个合适的吸气压力，不需要再热，从而达到节能的目的。

三、迈腾 B7L 空调系统故障检修

(一)故障现象

张先生驾驶一台 2015 年 8 月出厂的一汽大众迈腾 B7L，装备 1.8T 发动机，行驶里程 8 万 km。

故障现象：车主反映该车打开空调，不制冷。

(二)故障原因分析

迈腾 B7L 空调系统电路图如图 2-43 所示。

(1)空调开关 E30 故障。

(2)空调控制单元 J301 故障。

(3)空调压缩机机械故障。

(4)空调压缩机控制系统故障。

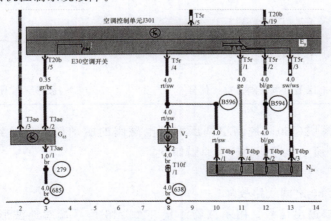

图 2-43 迈腾 B7L 空调系统电路图 1

(三)故障检查及诊断

(1)经检查，空调出风口的温度高于15 ℃。

(2)使用空调压力表进行压力检测。

初步分析：制冷剂量基本正常，空调压缩机未工作。

(3)利用汽车专用解码器读取故障码。

视频：空调压力表
进行压力检测

进入地址码08空调，故障码：90A915，空调压缩机断路/对正极短路。

根据故障码分析：空调压缩机调节电磁阀N280未工作导致压缩机未激活，如图2-44所示。

(4)测量空调压缩机调节电磁阀N280线圈电阻值[图2-42(b)]。关闭发动机，测量电磁阀N280的阻值，标准值为10~12 Ω，实测值为11 Ω，正常。

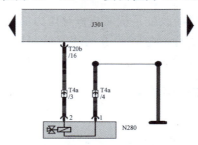

图2-44　迈腾B7L空调系统电路图2

(5)用示波器测量空调压缩机调节电磁阀的驱动信号及线路。断开电磁阀N280插头T4a，起动发动机，打开空调开关E30，鼓风机开启至2挡位。用示波器测量T4a/3信号端对地波形。标准应为占空比脉冲信号，见表2-34。

表2-34　压缩机电磁阀驱动信号检测

测量参数	标准波形(单位：V/s)	实测波形(单位：V/s)
T4a/3 对地波形	压缩机电磁阀占空比信号	波形无信号变化

说明：空调模块(J301)控制空调压缩机电磁阀的驱动信号没送到压缩机电磁阀N280，如图2-43所示。可能的故障原因如下。

1)J301故障。

2)J301至N280之间线路故障。

(6)测量J301输出信号。用示波器测量T20b/16信号端对地波形，起动发动机，打开空调开关E30，鼓风机开启至2挡位。标准应为占空比脉冲信号。

对比表 2-35，说明空调控制单元 J301 工作正常，故障是在 J301 与 N280 电磁阀插接器之间线路断路。

表 2-35　压缩机电磁阀驱动信号检测

测量参数	标准波形（单位：V/s）	实测波形（单位：V/s）
T20b/16 对地波形	压缩机电磁阀占空比信号	波形无信号变化

修复线路，插接回 N280 插头 T4a，起动发动机，打开空调开关 E30，鼓风机开启至 2 挡位。空调工作恢复正常，故障排除。

（7）维修建议：修复空调模块至压缩机电磁阀的导线。

（8）总结。空调模块根据制冷需求控制压缩机调节电磁阀，从而调节变排量压缩机的输出排量。无电磁阀的控制信号压缩机斜盘处于竖直状态，导致压缩机无功率输出。

任务实施

一、分组

按照班级人数平均进行分组（建议每组 5～8 人），每组选出一名负责人，负责人对小组任务进行分配。组员按负责人要求完成相关任务内容，并将自己所在小组及个人任务内容填入表 2-36 中。

表 2-36　小组成员职责分工

序号	组员姓名	组员职责
1		
2		
3		
4		
5		
6		
7		

二、填写作业工单

每组接受任务，对故障车进行检查，并填写作业工单，见表 2-37。

表 2-37　作业工单

作业工单			
车型		年款	
VIN		维修日期	
故障现象描述： 　　2015 年大众迈腾 B7L，装备 1.8 T 发动机，行驶里程 8 万 km，车主反映该车打开空调后不能制冷			
故障初步诊断： 初步分析：制冷剂量基本正常，空调压缩机未工作			
油表检查		环车检查	
油量显示（用箭头标记） 		外观检查（损坏处用圆圈标出） 	
维修技师		客户签字	

三、验证故障现象

以小组为单位，通过试车来验证客户描述的故障现象，填写表 2-38。

表 2-38　故障现象验证

序号	人员	试车内容	结果	
1	AB	起动发动机，打开空调，检查是否制冷	是	否
2	CD	鼓风机各挡工作是否正常	是	否
3	EF	发动机水温是否正常	是	否
4	GH	故障诊断仪检测空调系统是否有故障码	是	否
5	IJ	其他	是	否

序号	故障码	检查内容记录及分析	性质
1			
2			
最终结果：			

四、绘制故障树

根据迈腾 B7L 空调系统工作原理，按照从简到繁的检查顺序，制定空调制冷不正常故障诊断流程（图 2-45）。

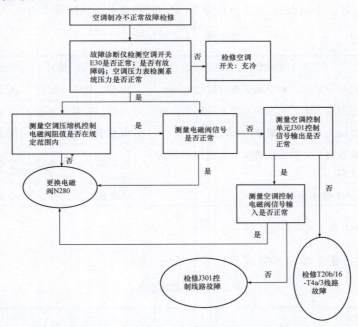

图 2-45　空调制冷不正常故障诊断流程

五、制订诊断计划

通过查询维修手册电路图，分析造成空调制冷不正常故障的原因，并列出诊断计划，填入表 2-39 中。

表 2-39　故障诊断计划

序号	可能原因	诊断方法	使用设备/工具
1	空调开关 E30 故障	操作空调开关 E30，用万用表测量通断情况；或使用故障诊断仪观察数据流，操作空调开关 E30，判断是否灵敏	电路图、万用表、故障诊断仪
2	空调控制单元 J301 故障	使用故障诊断仪检测故障码	电路图、故障诊断仪

续表

序号	可能原因	诊断方法	使用设备/工具
3	空调压缩机机械故障	接空调压力表，进行空调系统压力检测	电路图、空调压力表
4	空调压缩机控制系统故障	用示波器测量 T20b/16 信号端对地波形，起动发动机，打开空调开关 E30，鼓风机开启至 2 挡位	电路图、示波器
教师意见：			

六、制订工作计划

根据诊断计划，小组按成员进行任务分工，制订工作计划（表 2-40）。

表 2-40　工作计划表

步骤	工作内容	工具/辅具	注意事项	操作人
1	连接故障诊断仪，对空调系统提取故障码	电路图、故障诊断仪	安全操作	AB
2	连接空调压力表，对空调系统进行压力检测	电路图、空调压力表	安全操作	AB
3	关闭发动机，测量电磁阀 N280 的阻值	电路图、万用表	安全操作	CD
4	用示波器测量空调压缩机调节电磁阀的驱动信号及线路	电路图、示波器	安全操作	EF
5	测量 J301 输出信号	电路图、示波器	安全操作	GH

七、实施

按照计划进行任务实施并完成项目单填写（表 2-41）。

表 2-41　任务实施表

序号	检测项目	标准	实际	判断是否正常
一、连接故障诊断仪对空调系统提取故障码				
1	08 空调	无	90A915	空调压缩机断路/对正极短路
二、连接空调压力表，对空调系统进行压力检测				
1	空调系统工作压力检测	高压 10～15 bar，低压 1～3 bar	高压 5 bar，低压 5 bar	正常
三、测量电磁阀 N280 的阻值				
1	关闭发动机，用万用表测量电磁阀 N280 的阻值	10～12 Ω	11 Ω	正常

序号	检测项目	标准	实际	判断是否正常
四、测量空调压缩机调节电磁阀的驱动信号及线路			
1	用示波器测量空调压缩机调节电磁阀的驱动信号及线路	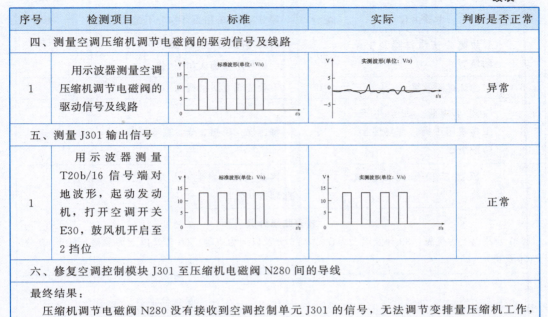		异常
五、测量 J301 输出信号			
1	用示波器测量 T20b/16 信号端对地波形，起动发动机，打开空调开关 E30，鼓风机开启至 2 挡位			正常
六、修复空调控制模块 J301 至压缩机电磁阀 N280 间的导线			
最终结果： 　　压缩机调节电磁阀 N280 没有接收到空调控制单元 J301 的信号，无法调节变排量压缩机工作，因此压缩机未正常工作，不制冷				
处理方法： 　　修复空调控制模块 J301 至压缩机电磁阀 N280 间的导线				

八、检查与评估

填写检查单（表 2-42）。

表 2-42　检查单

项目二	车身电气系统故障检测与诊断		任务四	空调制冷不正常故障检修
检查学时		4 学时	第　　　组	
检查目的及方式		教师全程监控小组的工作情况，如果检查结果等级为不合格，则小组需要整改，并拿出整改说明		
序号	考核内容	配分	评分标准（每项累计扣分不超过配分） || 得分
1	正确使用工具、仪表	10	使用工具、仪表错误，每项扣 5 分 ||
2	故障现象判断	10	判断思路不明确扣 10 分 ||
3	故障诊断过程	30	检查方法错误、不会使用故障诊断仪扣 10 分 ||
			操作过程不规范扣 10 分 ||
			检查结果错误扣 10 分 ||

续表

序号	考核内容	配分	评分标准（每项累计扣分不超过配分）	得分
4	故障确认与排除及工单的填写	20	不能排除故障扣 20 分	
			一处故障未确认扣 10 分	
5	验证排除效果	10	不验证或方法错误扣 10 分	
6	遵守规程、安全生产、工具使用正确、现场卫生、防护措施	15	每违规一项扣 3 分，直至扣完	
7	因违反操作规程造成事故	5	因违规操作发生重大人身或设备事故，此题按 0 分计	

检查结果分级
（90 分及以上为优秀，80 分及以上为良好，70 分及以上为中等，60 分及以上为及格，低于 60 分为不及格）

检查评语		教师签字：

任务评价

1. 小组工作评价单

项目二	车身电气系统故障检测与诊断		任务四	空调制冷不正常故障检修	
评价学时			4 学时		
班级：			第　　　组		
考核情境	考核内容及要求	分值（100）	小组自评（10%）	小组互评（20%）	教师评分（70%）	实际得分（Σ）
汇报展示（20）	讲解知识点应用	5				
	讲解技能点运用	5				
	团队成员任务分配	5				
	工作过程描述	5				
质量评价（40）	工作质量自检	10				
	工作质量互检	5				
	工作质量终检	25				

考核情境	考核内容及要求	分值 (100)	小组自评 (10%)	小组互评 (20%)	教师评价 (70%)	实际得分 (Σ)
团队情感 (25)	社会主义核心价值观	5				
	创新性	5				
	参与率	5				
	合作性	5				
	劳动态度	5				
安全文明 (10)	工作过程中遵守规程、安全生产情况	5				
	工具正确使用和保养、放置规范	5				
工作效率 (5)	能够在要求的时间内完成,每超时 5 min 扣 1 分	5				

2. 小组成员素质评价单

项目二	车身电气系统故障检测与诊断		任务四	空调制冷不正常故障检修
班级		第 组	成员姓名	
评分说明	每个小组成员评价分为自评和小组其他成员评价两部分,取平均值计算,作为该小组成员的任务评价个人分数。共设计 5 个评分项目,依据评分标准进行合理量化评分。小组成员自评分后,由其他小组成员进行不记名评分			

对象	评分项目	评分标准	评分
自评 (100 分)	核心价值观(20分)	是否有违背社会主义核心价值观的思想及行动	
	工作态度(20分)	是否按时完成负责的工作内容、遵守纪律,是否积极主动参与小组工作,是否全过程参与,是否吃苦耐劳,是否具有工匠精神	
	交流沟通(20分)	是否能良好地表达自己的观点,是否能倾听他人的观点	
	团队合作(20分)	是否与小组成员合作完成任务,做到相互协作、互相帮助、听从指挥	
	创新意识(20分)	看问题是否能独立思考、提出独到见解,是否能利用创新思维解决遇到的问题	

续表

对象	评分项目	评分标准	评分
成员 1 (100 分)	核心价值观(20 分)	是否有违背社会主义核心价值观的思想及行动	
	工作态度(20 分)	是否按时完成负责的工作内容、遵守纪律,是否积极主动参与小组工作,是否全过程参与,是否吃苦耐劳,是否具有工匠精神	
	交流沟通(20 分)	是否能良好地表达自己的观点,是否能倾听他人的观点	
	团队合作(20 分)	是否与小组成员合作完成任务,做到相互协作、互相帮助、听从指挥	
	创新意识(20 分)	看问题是否能独立思考、提出独到见解,是否能利用创新思维解决遇到的问题	
成员 2 (100 分)	核心价值观(20 分)	是否有违背社会主义核心价值观的思想及行动	
	工作态度(20 分)	是否按时完成负责的工作内容、遵守纪律,是否积极主动参与小组工作,是否全过程参与,是否吃苦耐劳,是否具有工匠精神	
	交流沟通(20 分)	是否能良好地表达自己的观点,是否能倾听他人的观点	
	团队合作(20 分)	是否与小组成员合作完成任务,做到相互协作、互相帮助、听从指挥	
	创新意识(20 分)	看问题是否能独立思考、提出独到见解,是否能利用创新思维解决遇到的问题	
成员 3 (100 分)	核心价值观(20 分)	是否有违背社会主义核心价值观的思想及行动	
	工作态度(20 分)	是否按时完成负责的工作内容、遵守纪律,是否积极主动参与小组工作,是否全过程参与,是否吃苦耐劳,是否具有工匠精神	
	交流沟通(20 分)	是否能良好地表达自己的观点,是否能倾听他人的观点	
	团队合作(20 分)	是否与小组成员合作完成任务,做到相互协作、互相帮助、听从指挥	
	创新意识(20 分)	看问题是否能独立思考、提出独到见解,是否能利用创新思维解决遇到的问题	
成员 4 (100 分)	核心价值观(20 分)	是否有违背社会主义核心价值观的思想及行动	
	工作态度(20 分)	是否按时完成负责的工作内容、遵守纪律,是否积极主动参与小组工作,是否全过程参与,是否吃苦耐劳,是否具有工匠精神	
	交流沟通(20 分)	是否能良好地表达自己的观点,是否能倾听他人的观点	
	团队合作(20 分)	是否与小组成员合作完成任务,做到相互协作、互相帮助、听从指挥	
	创新意识(20 分)	看问题是否能独立思考、提出独到见解,是否能利用创新思维解决遇到的问题	

对象	评分项目	评分标准	评分
成员5 （100分）	核心价值观（20分）	是否有违背社会主义核心价值观的思想及行动	
	工作态度（20分）	是否按时完成负责的工作内容、遵守纪律，是否积极主动参与小组工作，是否全程参与，是否吃苦耐劳，是否具有工匠精神	
	交流沟通（20分）	是否能良好地表达自己的观点，是否能倾听他人的观点	
	团队合作（20分）	是否与小组成员合作完成任务，做到相互协作、互相帮助、听从指挥	
	创新意识（20分）	看问题是否能独立思考、提出独到见解，是否能利用创新思维解决遇到的问题	
成员6			
成员7			
成员8			
最终小组成员得分			

课 后 测 评

一、选择题

1. 常用的汽车空调分类方式有（　　）。
   - A. 按照驱动方式
   - B. 按照功能
   - C. 按照温度可调节区域
   - D. 按照控制方式

2. 汽车空调按照驱动方式可分为（　　）。
   - A. 独立式空调
   - B. 非独立式空调
   - C. 手动空调
   - D. 自动空调

3. 汽车空调发展的第一阶段是（　　）。
   - A. 单一取暖
   - B. 单一冷气
   - C. 冷暖一体化
   - D. 自动控制

4. 汽车空调系统中的动力设备是（　　）。
   - A. 冷凝器
   - B. 蒸发器
   - C. 压缩机
   - D. 节流器

5. 汽车空调系统中将低温低压气体变成高温高压气体的是（　　）。
   - A. 冷凝器
   - B. 膨胀阀
   - C. 压缩机
   - D. 蒸发器

二、判断题

1. 通风装置把车外的新鲜空气吸进车内进行换气，并通风。（　　）

2. 汽车空调通过对车厢内空气的温度、湿度、风速和清洁度等进行调节，使驾乘人员感到舒适，减轻驾驶员的疲劳感，同时预防或去除风窗玻璃上的雾、霜和冰雪，保证驾驶员的视野，提高行车的安全性。（　　）

3. 制冷剂 R12 和 R134a 可以混用。（　　）

4. 制冷剂 R12 和 R134a 的冷冻油可以混用。（　　）

5. 变排量压缩机可根据空调系统的制冷负荷自动改变排量，使空调系统运行更加经济。（　　）

三、简答题

简述汽车空调的四大功用。

项 目 总 结

本项目对汽车电气系统几个典型故障进行了诊断与检测，包括汽车外部灯光故障检修、电动车窗升降器故障检修、中控锁故障检修、空调制冷不正常故障检修。

本项目在对汽车电气系统中典型故障进行诊断和排除过程中，着重对学生进行电路图的识读，万用表、示波器、故障诊断仪的使用训练，使学生达到熟练使用电气专用仪器设备的目的。学生综合运用汽车电气基本工作原理、汽车 CAN 网络技术对故障进行分析诊断，实训工作中养成团队分工协作、独立思考、环保意识和精益求精、一丝不苟的工匠精神，并能熟练使用维修手册读懂电路图，进行汽车电气电路检修。

项目三
汽车底盘系统故障检测与诊断

 **项目导入**

　　某车底盘出现异响，同时转向回正不良且制动距离变长，需要进行故障检修。汽车底盘系统包括传动系统、制动系统、转向系统和行驶系统，其技术状况直接关系到汽车行驶的安全性、操纵的稳定性、舒适性和通过性，并且还会影响到汽车的动力性及燃料经济性。在汽车底盘系统故障检测与诊断操作中，借助减振器弹簧拆装机、扒胎机、动平衡机、四轮定位仪等专用设备，对传动系统、制动系统、转向系统和行驶系统各总成或元件进行检测、诊断及故障排除，并对汽车底盘常见故障进行分析。

 学习目标

知识目标

(1)掌握手动变速器的工作原理。

(2)掌握离合器的结构与工作原理。

(3)掌握汽车转向、行驶及制动系统的结构与工作原理。

(4)掌握使用专用仪器设备对手动变速器、自动变速器、行驶系统、转向系统、制动系统进行维护保养操作的流程。

能力目标

(1)能够对离合器总成进行拆卸、安装和调整。

(2)能够对自动、手动变速器进行故障诊断及维护保养作业。

(3)能够熟练使用汽车底盘专用维修工具对汽车转向、行驶及制动系统总成进行拆装、调整及维护保养。

(4)能够根据故障现象，参考维修手册，对汽车底盘各系统故障制定维修方案并进行故障排除。

素质目标

(1)养成集体意识和团队合作精神。

(2)规范底盘检修专用使用工具、设备，遵守劳动安全、环保规章制度的意识。

(3)养成艰苦创业精神、创新意识。

(4)具备参考维修手册对故障进行分析、制订维修计划的能力。

项目实施

任务一　手动变速器离合器片打滑故障检修

任务描述

李先生的 2016 年 8 月出厂的一汽大众宝来（图 3-1），配备 1.6 L EA211 自然吸气发动机，MQ200 五速手动变速箱，现已行驶 8 万 km。

图 3-1　一汽大众宝来

故障现象：车主反映，低速挡起步时，放松离合器踏板后，汽车不能顺利起步；并且，汽车加速行驶时，车速不能随发动机转速的提高而提高，感到行驶无力，有时还能嗅到焦煳气味或发生冒烟等现象。

任务解析

造成手动变速器离合器故障的原因有很多，如离合器操纵机构切换不彻底、离合器片烧蚀、离合器片有油污、压盘表面不平或有烧蚀点、压盘膜片弹簧的压紧力不均或无力、飞轮不平或有烧蚀点、离合器踏板高度调整不当。在本任务中，学生学会利用工具及汽车专用仪器设备，以维修手册资料为依据，对离合器片打滑故障进行检修。加深学生对手动变速器结构及工作原理、离合器结构及工作原理的理解，重点是掌握离合器总成的故障诊断与维修、离合器踏板高度、自由行程的调整方法。在实训中规范操作，按照由简入繁、从上到下的流程排除故障。

本任务所涉及的知识点及技能点，扫描二维码查看。

前导知识测试

在学习本任务之前，先对大家的知识及技能储备情况进行一个测试，以了解大家对手动变速器、离合器的掌握情况，是否具备了学习本任务应具备的能力。扫描二维码查看测试内容。

知识链接

一、大众宝来 MQ200 五速手动变速箱的检查维修

（一）手动变速箱工作原理

手动变速箱的输入轴、中间轴、中间轴上的一挡至四挡齿轮是常转的，输出轴和同步器是通过齿牙硬连接的，一同转动，如图 3-2 所示。

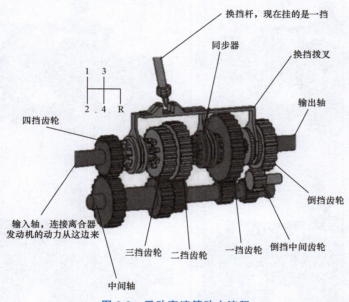

图 3-2　手动变速箱动力流程

（1）工作原理。通过操作换挡杆，使换挡轴及换挡拨叉做出相应动作。换挡拨叉的运动，将同步器和对应挡位的齿轮相啮合，从而实现对应挡位的动力输出，如图 3-3 所示。

手动变速器主要由操纵机构、传动机构、换挡装置、变速器壳体和盖组成。

（2）优点。加速、超车时响应较快（技术好的驾驶者）；传动效率高；结构简单，易维修。

（3）缺点。操作相对复杂（需离合器与换挡杆的完美配合），对驾驶技术要求较高（操作不当，易脱挡熄火）。

注：脱挡指的是挡位与转速不匹配（低挡高速或高挡低速）。

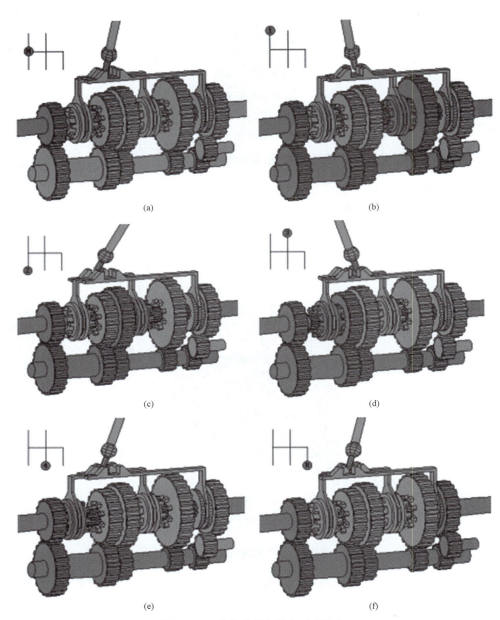

图 3-3 手动变速箱各挡位动力流程

（a）空挡；（b）一挡；（c）二挡；（d）三挡；（e）四挡；（f）倒挡

（二）大众宝来 MQ200 五速手动变速箱拆卸

1. 拆卸前的准备

（1）查验变速箱型号，向配件供应商了解该型号变速箱配件供应情况，在不能保证起码的易损件和必换件供应的情况下，不应立即拆卸解体。对于罕见的车种，这一点尤为重要。一般不采取先解体，找到损坏件后再找配件的做法。这样的做法往往会造成因配件困难，解体后密封圈、垫片等损坏而无法恢复的尴尬局面。

（2）放掉变速箱油，仔细检查放出的废油中是否有杂质。一般来说，杂质中含有深褐色或黑色粉末，说明离合器片磨损，如为亮白色金属粉末，说明油泵、单向离合器、齿轮机构磨损，这能进一步验证原来判断的准确性。

2. 从车上拆下变速箱

因受车身底板形状和位置的限制，直接从发动机后部拆下变速箱往往显得空间不够。最可靠的办法是连同发动机一同从车上拆下，但这种方法需要增加许多辅助工作，以适合发动机本身，也需要在解体检修时采用。

在单独检修发动机时，可松开发动机后支承，使发动机后部下坠，以腾出变速箱上部的空间，有利于拆卸。

把变速箱拉离发动机时，应沿轴向拉动，可伴以绕轴线的顺和反方向转动，但不得上下左右摆动，以免损坏变速箱输入轴与液力耦合器或变矩器连接部分的表面状况与配合。

3. 变速箱的解体与装合

（1）准备好工具及盛放各类零件的小盒，在干净、平整的操作台上进行解体。如果没有该车的维修手册，应准备好记录本和做记号的胶布条。

（2）拆卸应从前部油泵开始，由前至后、由外及里地逐步进行，并随时做好记录。

（3）自动变速器壳体大多用铝合金铸成，拆卸时，严禁使用撬棍和铁器直接敲打。

（4）拆卸液控阀体时，应小心仔细，上下阀体分离时要防止滚珠、卡环等掉落，如果有零件掉落，要准确记住正确位置。

（5）拆检单向离合器时，必须注意其正确的配装方向，装合时不能颠倒。

（6）零件拆卸后，应用汽油洗净，并用低压压缩空气吹干，不得使用易有纤维脱落的棉纱等擦拭阀类零件。

二、离合器故障的检查维修

视频：离合器故障的检查维修

（一）离合器的结构及工作原理

离合器的主动部分主要由飞轮和压盘组成。该部分直接与发动机输出端通过螺栓连接，飞轮固定于发动机曲轴后端，主动部分的转速与发动机输出端转速是相同的，也代表着手动挡离合器的输入端。离合器压盘上有摩擦片，是由耐磨的石棉和铜丝组成的，压盘上存在膜片弹簧，可以利用弹簧给压盘施加作用力，如图 3-4 所示。

车辆的动力由发动机输出至飞轮，飞轮与压盘刚性连接，压盘在弹簧的作用下，使压盘表面的摩擦片与离合器片紧密贴合，产生强大的摩擦力，离合器与变速器输入端刚性连接，因此，发动机的动力可以直接通过离合器传递至变速器输入端，如图 3-5 所示。

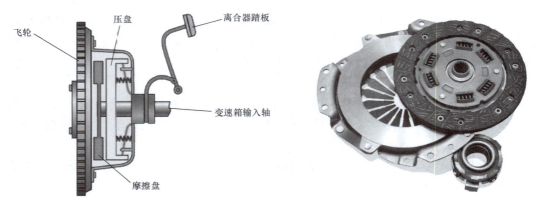

图 3-4　离合器的结构

踩下离合前，摩擦盘在压盘的作用力下，迫使摩擦盘与飞轮一起转动，传递动力。

踩下离合后，在分离器的作用下，压盘向右移动，摩擦盘与飞轮分离，中断动力传递。

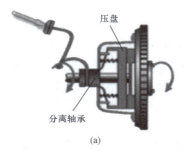

(a)

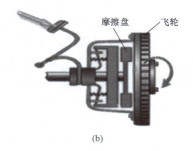

(b)

图 3-5　离合器工作原理

（a）踩下前；（b）踩下后

（二）离合器打滑故障现象

（1）离合器打滑是指在离合器接合时，离合器片在压盘与飞轮之间滑动，离合器打滑表现为汽车起步困难。

（2）汽车在行驶过程中车速不能随发动机转速的提高而提高，感到行驶无力。

（3）上坡满载行驶时感到动力不足，可闻到离合器摩擦片的焦煳味。

（三）离合器打滑故障原因分析

离合器打滑的根本原因是压盘不能牢固地压在从动盘摩擦片上，或摩擦片的摩擦系数过小，使离合器摩擦力矩严重不足，如图 3-6、图 3-7 所示。其具体原因如下。

（1）离合器操纵系统调整不当，应检查并按规定调整离合器踏板行程。

（2）从动盘摩擦片磨损严重，减弱了膜片弹簧的压紧力，使发动机应输出的转矩不能完全传递到变速器，汽车上坡、加速时离合器打滑，此时应更换离合器摩擦片。

（3）摩擦片上有油污，应清除摩擦片、压盘及飞轮上的油污，然后找出油污来源并排除故障。

（4）从动盘摩擦片烧损、硬化或铆钉外露，应更换摩擦片。

（5）膜片弹簧弹力不足、变形、损坏，应更换。

（6）压盘、飞轮、从动盘变形，应检修或更换。

（7）摩擦片严重磨损，离合器打滑，有时是操作不当引起的，离合器的膜片弹簧分离指总是与分离轴承零间隙接合，因此离合器踏板无自由行程，操作时要特别注意少用半脚离合器，以免离合器打滑、磨损。

图 3-6　离合器片及压盘检查

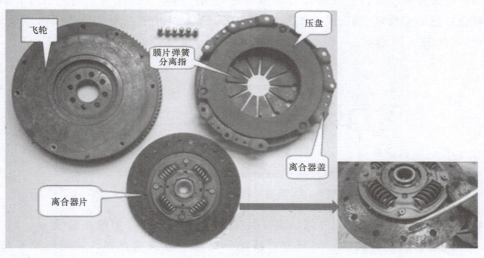

图 3-7　离合器总成磨损情况

（四）离合器打滑故障检测与排除

（1）起动发动机，踩下离合器踏板，将变速杆挂入低速挡位，拉紧手制动杆，适当加大油门，慢慢抬起离合器踏板，使离合器接合，若 3 s 后发动机才熄火，这是离合器开始打滑的预兆；若发动机继续运转不熄火，这是离合器已经打滑。

（2）判定为离合器打滑后，再检查离合器踏板自由行程是否过小。卸下离合器底盖，检查分离轴承和分离杠杆之间的间隙是否符合制造厂规定，如果自由行程正常，则应检查离合器盖与飞轮连接是否可靠，对于不符合要求的应进行调整和紧固。

（3）检查离合器储液罐液位是否正常，检查离合器回油是否正常，若不正常，则进行排气处理。对于外置式分泵，检查分泵活塞推杆伸出长度，若不正常，则进行维修。

（4）如果上述调试无效，则应拆下变速器和离合器总成，检查离合器总成。

1）检查压盘是否过度磨损、是否变形，压盘工作面的沟槽深度应不超过 0.5 mm，平面变形量应不超过 0.20 mm，如图 3-8 所示。

2)检查膜片弹簧内端是否平齐、是否过度磨损，如图3-9所示。磨损深度不超过0.5 mm，宽度极限值为5 mm；若不正常，则应进行更换。

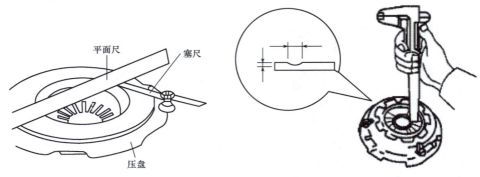

图3-8　检查压盘平面变形量　　　　　图3-9　检查膜片弹簧内端磨损深度和宽度

3)检查摩擦片状况，如摩擦片表面是否受到油污污染、摩擦片表面是否有轻微烧蚀或硬化；翘曲变形量(端面跳动量)应小于0.50～0.80 mm(在距离外边缘约2.5 mm处测量)，如图3-10所示。

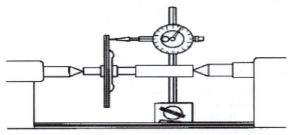

图3-10　摩擦片翘曲变形量的测量

4)摩擦片是否有个别铆钉外露，铆钉深度应大于0.3 mm，如图3-11所示。

5)分离轴承的检查。从轴向施力并转动分离轴承应灵活自如，轴向间隙不超过0.6 mm，如图3-12所示。

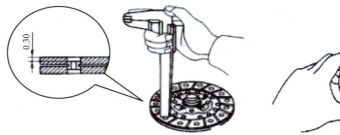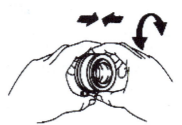

图3-11　摩擦片铆钉头深度的测量　　　　图3-12　分离轴承的检查

6)离合器的装配。

①摩擦片应保持清洁，各活动部位应涂少许润滑脂。

②多簧式离合器的弹簧应以自由长度分组，在周向均匀搭配，以使压力均匀。

③装配时应使用专用工具。为保证曲轴与离合器摩擦片同心，方便安装变速器，

离合器摩擦片安装时要用专用导向轴（可供选择）插入从动盘，并用曲轴后端定位导向轴承定位，如图 3-13 所示。

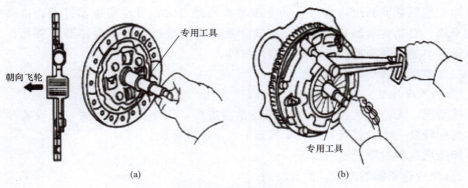

图 3-13　离合器的装配

7）技术要求与标准。离合器踏板高度及自由行程要按照标准要求进行调整，如图 3-14 所示。

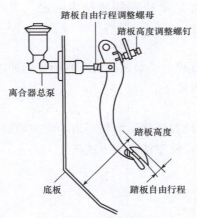

图 3-14　离合器踏板调整

离合器踏板规格数值见表 3-1。

表 3-1　离合器踏板规格数值

项目	标准/mm
踏板自由行程	6～12
踏板高度	168～178
踏板工作行程	30～40
油液	DOT3 或 DOT34 制动液

各车型由于结构不同，数据会有所不同，规格数据请依据维修手册。

三、自动变速器故障检查和维修

自动变速器常见的故障包括自动变速器换挡冲击大、自动变速器打滑、自动变速器不能升挡、自动变速器升挡缓慢、自动变速器无前进挡、自动变速器无倒挡、无发动机制动、不能强制降挡和自动变速器异响等。

(一)自动变速器常见故障解析

1. 汽车不能行驶

故障情况：无论将换挡杆置于倒挡还是前进挡，汽车都不能行驶，又或者冷车起动后汽车能行驶一小段路程，但热车状态下汽车不能行驶。

可能造成这种故障的原因如下。

(1)自动变速箱漏油严重，严重缺油。

(2)进油滤网堵塞。

(3)主油路严重泄漏。

(4)油泵损坏。

(5)换挡杆和手动阀摇臂之间的连杆或拉索松脱，手动阀保持在空挡或停车挡位置。

2. 起步或行驶冲击过大

故障情况：在起步时或行驶中，加速时汽车有明显的冲击感。

可能造成这种故障的原因如下。

(1)发动机怠速过高。

(2)节气门拉索或节气门位置传感器调整不当，使主油路油压过高。

(3)主油路调压阀有故障，使主油路油压过高。

(4)换挡执行元件打滑。

(5)油压电磁阀不工作。

(6)计算机有故障。

3. 入挡延迟，入挡熄火，入挡冲击

故障情况：测试入挡标准时起动发动机，怠速，踩住刹车，入挡，正常的情况是1.0～1.2 s的时间内有入挡的感觉，放开刹车踏板，在不踩油门踏板的情况下车辆会慢慢起步并逐步提升到10～20 km/h的车速，这是正常的入挡标准，如果入挡后超过2 s即定位入挡延迟，这种情况需要立即检修。

如果入挡有强烈的冲击感即定位入挡冲击，需要说明的是，任何自动变速箱入挡都有一定程度的冲击感，如果没有任何冲击感，反而说明内部有故障，但冲击感不能过大，而引发这个问题的原因很复杂，包括除变速箱外的很多方面。

入挡熄火的情况是指入挡时发动机会熄火，这种问题在冷车时比较明显，引发这个问题的原因有变速箱或其他车身系统存在故障。

4. 车辆跑不起

故障情况：车辆跑不起包括没有高速，即无论如何行驶，车辆速度都不能达到100 km/h，提速很慢，即油门踩得很重但车辆还是慢慢提速，动力反应迟钝，缺乏应

有的驾驶快感，此现象涵盖两个方面：一是引擎加速迟滞，即发动机转速提升缓慢；二是转速虽迅速上升，但车速增长缓慢。

这是一个非常复杂的问题，正常的测试标准是车辆起步，适当踩加速踏板，发动机转速平稳提升，车辆加速，一般转速在 2 500 r/min 左右，车速为 25～30 km/h，自动变速箱进入第一次换挡，发动机的转速在适当回落后逐步回升，同时车速明显加快，在车辆速度为 40 km/h 时二次换挡，变速箱在进入三挡后，车速会进一步加快，在 60 km/h 的速段上会进入变速箱的高挡位，整个过程发动机在升挡的过程会适当回落后再次提起，无空转、无打滑现象。

一般发动机排量为 2.0 L 左右的车辆在平稳行驶的情况下，发动机转速为 2 500～3 000 r/min 时，车速可以达到 100 km/h，如果需要进一步提升车速，则发动机转速需要同步增加。

如果发动机供油时出现迟滞、不顺畅的现象，通常表明发动机需要检修，反之如果发动机加速表现良好，则可能变速箱内部挡位设置不当、离合器烧毁或变矩器出现机械性故障等。

5. 发动机空转

故障情况：发动机空转一般发生在以下两种情况下。

（1）车辆在平稳行驶时突然出现发动机空转的现象，在车速慢下来后又恢复正常，这种情况一般说明变速箱在短的时间内突然从高挡位降为低挡位，问题有可能发生在控制系统或散热系统上，变速箱本身没有问题。

（2）在加速的过程中或者在换挡的过程中出现短暂的打滑空转现象，直观的感觉是后者没有前者那么严重，实际上恰恰相反，后者的问题多半发生在变速箱内的离合器等相关环节上，要对变速箱进行彻底的解体检修，时间、成本消耗都要比前者多。

6. 行驶中发动机转速高

行驶中发动机转速高包括平稳行驶中一直转速高和提速过程中转速高两种情况。

（1）平稳行驶中一直转速高。这种情况比较容易测试，例如，一部发动机排量为 2.0 L 的车辆平时在发动机转速为 2 600 r/min 时车速即可达到 100 km/h，如果经常需要 3 000 r/min 或更多方可达到 100 km/h，则说明有故障，一般这种故障是由于变速箱高速挡失效或变矩器内部锁止离合器失效引起的，需要立即检修变速箱。

（2）提速过程中转速过高。这个故障测试有点复杂，因为在提速过程中，发动机转速的上升同加速踏板有着密切的关联。例如，一台正常的帕萨特在小油门的情况下发动机转速一般提速到 2 500 r/min 即可把车辆加速起来，但在全油门的情况下发动机转速会提升到 5 500～6 000 r/min，如此巨大的反差是由变速箱的电子控制系统的模糊逻辑来控制的，因此这个标准需要一定的专业水准方可完成。

7. 变速器异常响声

故障情况：在维修行业异常响声通常被称为异响，汽车运行过程中，常见的问题是自动变速器内部出现异响。具体表现为：汽车行驶中自动变速器发出异响，而当车辆停车并挡入挡位后，异响随即消失。

一般来说，原因如下。

(1)油泵因磨损过甚或自动变速器油面高度过低、过高而产生异响。

(2)液力变矩器因锁止离合器、导轮单向超越离合器等损坏而产生异响。

(3)行星齿轮机构异响。

(4)换挡执行元件异响。

解决方法如下。

检查自动变速器油面高度，若太高或太低，则应调整至正确高度。

用举升器将汽车升起，起动发动机，在空挡、前进挡、倒挡等状态下检查自动变速器产生异响的部位和时刻。

若在任何挡位下自动变速器前部始终有连续的异响，通常为油泵或液力变矩器异响，对此，应拆检自动变速器，检查油泵有无磨损，液力变矩器内有无大量摩擦粉末，如果有异常，则应更换油泵或液力变矩器。

若自动变速器只有在行驶中才有异响，空挡时无异响，则为行星齿轮机构异响。对此，应分解自动变速器，检查行星齿轮机构各个零件有无磨损痕迹，齿轮有无断裂，单向超越离合器有无磨损、卡滞，轴承或止推垫片有无损坏，如果有异常，则应予以更换。

(二)自动变速器维护与保养

当前自动变速箱最佳换油周期：新车(6~8挡)，6万km或两年；旧车(5年之后或曾维修过变速箱)，4万km或每年一次；亚洲、美洲等(4~6挡)，2万~4万km或每年一次；只要维修过变速箱，建议一年保养一次。

1. 自动变速器油液位置检查

(1)使发动机和自动变速器油液预热至正常工作温度(ATF油温为70~80 ℃)。

(2)踩住制动踏板，将选挡手柄从"P"逐渐移动到"1"位，每个位置停留0.5 s，再将选挡手柄从"1"位逐渐移动回"P"位。

(3)完成上述步骤后，使发动机怠速运转，然后检查液位是否正常。油位不能过低，也不能过高。

注：根据车型的不同，检查油位的方法也有所不同，有些车型要求在发动机熄火状态下检查，有些则要求在发动机着火状态下检查。要依据维修手册要求进行检查。

2. 自动变速器油质检查

(1)油面高度检查后，抽出自动变速油液尺，观察油滴颜色(图3-15)。

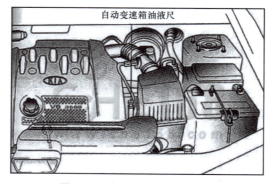

图 3-15　自动变速器油质检查

（2）油质易变质的原因（表3-2）。

表3-2　油质易变质的原因

油液状态	变质原因
深褐色或深红色	1. 没有及时更换变速器油； 2. 长期重载负荷运转，某些零件打滑或损坏引起变速器过热
油液中有金属	离合器、制动盘、单向离合器、轴承严重磨损
油尺上附有胶质油膏	变速器油温过高
油液有烧焦的味道	1. 油温过高，油面过低； 2. 油液冷却器或管路堵塞
油液从加油口溢出	油面过高或通气孔堵塞

3. 掌握自动变速箱油的更换周期

大部分自动变速箱换油周期一般为两年或4万～6万km（以车辆使用手册为准）。建议提前2 000～3 000 km换油。

4. 正确地更换变速箱油

较好的换油方法是动态换油，采用专用的变速箱换油设备，在变速箱运转的过程中，将旧油充分循环，排放干净后再加入新的变速箱油，从而使换油率高达90%以上，保证良好的换油效果。

　任　务　实　施

一、分组

按照班级人数平均进行分组（建议每组5～8人），每组选出一名负责人，负责人对小组任务进行分配。组员按负责人要求完成相关任务内容，并将自己所在小组及个人任务内容填入表3-3中。

表3-3　小组成员职责分工

序号	组员姓名	组员职责
1	AB	准备三件套
2	CD	验证离合器切换挡位工作是否正常　是□　否□
3	EF	准备工具、资料
4	GH	准备零部件、物料
5		

二、填写作业工单

每组接受任务，对故障车进行检查，并填写作业工单，见表 3-4。

表 3-4　作业工单

作业工单			
车型		年款	
VIN		维修日期	

故障现象描述：

一辆手动挡的大众宝来，2016 年 8 月出厂，配备 1.6L EA211 自然吸气发动机，MQ200 五速手动变速箱，行驶 8 万 km。

故障现象：低速挡起步时，放松离合器踏板后，汽车不能顺利起步；并且，汽车加速行驶时，车速不能随发动机转速的提高而提高，感到行驶无力，有时还能嗅到焦煳气味或发生冒烟等现象

故障初步诊断：

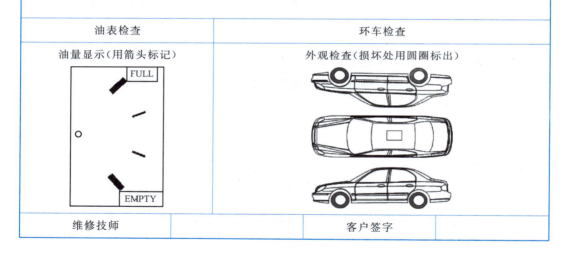

油表检查	环车检查
油量显示（用箭头标记）	外观检查（损坏处用圆圈标出）
维修技师	客户签字

三、验证故障现象

以小组为单位，通过试车来验证客户描述的故障现象，填写表 3-5。

表 3-5　故障现象验证

序号	小组成员	试车内容	结果	
1	AB	发动机工作是否正常	是	否
2	AB	发动机加速是否正常	是	否
3	AB	其他仪表灯是否正常（无故障码）	是	否
4	AB	其他仪表灯是否正常（有故障码）	是	否

序号	小组成员	试车内容	结果	
5	CDE	起动发动机，踩住刹车，踩下离合器挂挡，各挡位是否能正常入位	是	否
6	FGH	起动发动机，踩住刹车，踩下离合器挂入 1 挡，慢抬离合器直至离合器完全放开，发动机是否被憋熄火	是	否
7	AB	起动发动机，路试变速器各挡位检查接合是否平顺，是否有不易挂挡、易脱挡等情况	是	否
8	其他			

序号	故障码	检查内容记录及分析	性质
1			
2			
3			

最终结果：

四、绘制故障树

通过对配备手动变速器的车辆进行检查测试，教师运用课堂讨论法，带领学生按照从简到繁的检查顺序，制定手动变速器离合器片打滑故障诊断流程(图 3-16)。

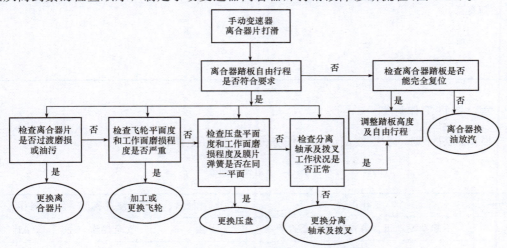

图 3-16　手动变速器离合器片打滑故障诊断流程

五、制订诊断计划

通过查询维修手册，分析造成手动变速器离合器片打滑故障的原因，并列出诊断计划，填入表 3-6 中。

表 3-6　故障诊断计划

序号	可能原因	诊断方法	使用设备/工具
1	离合器踏板自由行程过小	检查调整离合器踏板自由行程	直尺、开口扳手
2	离合器操纵机构故障	离合器放气	更换刹车油专用设备、开口扳手
3	离合器摩擦片有油污	外部检查或拆卸变速器，解体离合器总成进行检查	目视检查
4	离合器摩擦片磨损（过薄）	拆卸变速器，解体离合器总成进行检查	平面尺、游标卡尺、百分表、塞尺、通用工具
5	压盘工作面烧蚀不平	拆卸变速器，解体离合器总成进行检查	平面尺、游标卡尺、塞尺、通用工具
6	压盘膜片弹簧不在一个平面	拆卸变速器，解体离合器总成进行检查	平面尺、游标卡尺、塞尺、通用工具
7	飞轮工作面烧蚀不平	拆卸变速器，解体离合器总成进行检查	平面尺、游标卡尺、百分表、塞尺、通用工具
8	飞轮齿圈与轮盘脱离	外部检查或拆卸变速器，解体离合器总成进行检查	目视检查

教师意见：

六、制订工作计划

根据诊断计划，小组按成员进行任务分工，制订工作计划（表 3-7）。

表 3-7　工作计划表

步骤	工作内容	工具/辅具	注意事项	操作人
1	不起动发动机，各挡位挂挡是否顺畅	无	安全操作	AB
2	起动发动机，各挡位挂挡是否顺畅（离合器分离是否彻底）	无	安全操作	AB

步骤	工作内容	工具/辅具	注意事项	操作人
3	离合器踏板高度检查	直尺	安全操作	CD
4	离合器踏板自由行程检查	直尺	安全操作	CD
5	离合器操纵机构检查调整	通用工具扳手	安全操作	CD
6	离合器油位是否正常	无	安全操作	EF
7	更换离合器油，检查离合器工作是否正常	换油机	安全操作	EF
8	调整离合器踏板高度及自由行程	通用工具扳手	安全操作	GH
9	抬变速箱，拆检离合器总成	通用工具	依据维修手册操作流程	小组全体
10	检查飞轮、离合器压盘、离合器片、分离轴承	通用工具	依据维修手册操作流程	小组全体
11	调整组装并恢复	通用工具	安全操作	小组全体

七、实施

按照计划进行任务实施并完成项目单填写(表 3-8)。

表 3-8　任务实施表

步骤	工作内容	工具/辅具	注意事项	操作者
1	安装座椅套、地板垫、方向盘套、安装车辆挡块	无	不要弄脏车内	AB
2	在不起动发动机状态下检查变速箱挡位挂挡是否顺畅	无	按流程操作	AB
3	检查发动机油、水、电瓶电量是否正常	无	规范操作	AB
4	在起动发动机状态下检查变速箱各挡位挂挡是否顺畅(离合器是否分离彻底)	无	按流程操作	AB
5	用直尺测量检查离合器踏板高度	直尺	规范操作	CD
6	测量检查离合器踏板自由行程	直尺	规范操作	CD
7	检查调整离合器操纵机构	通用工具	规范操作	CD
8	检查离合器总泵油位	通用工具	规范操作，注意安全	EF

步骤	工作内容	工具/辅具	注意事项	操作者
9	调整离合器踏板高度及自由行程	直尺、常用工具	规范操作，注意安全	AB
10	抬变速箱，拆检离合器总成	常用工具	规范操作，注意安全	小组
11	检查飞轮、压盘、离合器片、分离轴承	无	规范操作	EF
12	故障分析：分析检查结果，确定故障原因，找出故障点	无	无	小组
13	确定维修方案：换件修理或调整恢复	无	经济性与可行性	小组
14	维修与调整：更换压盘、离合器片、分离轴承、拨叉等	常用工具	规范操作，安装正确	小组
15	按顺序正确装入压盘、离合器片、分离轴承、拨叉等，将变速箱装回	常用工具	规范操作，安装正确	小组
16	检查更换离合器油液至正常状态	常用工具	规范操作	EF
17	检查离合器踏板高度及自由行程，检查离合器切换挡位是否正常	直尺、常用工具	规范操作	GH
18	撤去三件套并打扫现场卫生	无	规范操作	GH
19	验证故障是否排除：试车确认故障是否排除	无	试车	小组

检测离合器踏板并填写表3-9。

表 3-9　离合器踏板高度检测

序号	检测项目	标准	实际	判断是否正常
1	离合器踏板高度			
2	离合器踏板自由行程			
最终结果：				
处理方法：				

检测调整离合器操纵机构及更换离合器油并填写表 3-10。

表 3-10　离合器油及操纵机构检测

序号	检测项目	标准	实际	判断是否正常
1	离合器操纵机构检查调整			
2	离合器总泵			
3	离合器分泵工作行程			
4	离合器放气换油			
最终结果：				
处理方法：				

检测离合器总成各元件并填写表 3-11。

表 3-11　离合器总成元件检测

步骤	检测项目	检测内容	检测结果	使用工具
1	压盘	平面变形量		平面尺、游标卡尺、塞尺
		工作面沟槽深度		平面尺、游标卡尺、塞尺
		膜片弹簧内端是否在一个平面		平面尺、游标卡尺、塞尺
		膜片弹簧内端磨损情况		平面尺、游标卡尺、塞尺
2	发动机飞轮	平面变形量		平面尺、游标卡尺、塞尺
		工作面沟槽深度		平面尺、游标卡尺、塞尺
3	离合器摩擦片	是否烧蚀或有油污		目测
		摩擦片翘曲量		百分表
		铆钉深度		游标卡尺
4	分离轴承的检查	工作是否平顺		转动测试

八、检查与评估

填写检查单(表 3-12)。

表 3-12　检查单

项目三	汽车底盘系统故障检测与诊断		任务一	手动变速器离合器片打滑故障检修
检查学时	4 学时		第　　　　组	
检查目的及方式	教师全程监控小组的工作情况，如果检查结果等级为不合格，则小组需要整改，并拿出整改说明			
序号	考核内容	配分	评分标准(每项累计扣分不超过配分)	得分
1	正确使用工具、仪表	10	使用工具、仪表错误，每项扣 5 分	
2	故障现象判断	10	判断思路不明确扣 10 分	
3	故障诊断过程	30	检查方法错误、不会使用故障诊断仪扣 10 分	
			操作过程不规范扣 10 分	
			检查结果错误扣 10 分	
4	故障确认与排除及工单的填写	20	不能排除故障扣 20 分	
			一处故障未确认扣 10 分	
5	验证排除效果	10	不验证或方法错误扣 10 分	
6	遵守规程、安全生产、工具使用正确、现场卫生、防护措施	15	每违规一项扣 3 分，直至扣完	
7	因违反操作规程造成事故	5	因违规操作发生重大人身或设备事故，此题按 0 分计	
检查结果分级				
(90 分及以上为优秀，80 分及以上为良好，70 分及以上为中等，60 分及以上为及格，低于 60 分为不及格)				
检查评语			教师签字：	

任 务 评 价

1. 小组工作评价单

项目三	汽车底盘系统故障检测与诊断		任务一	手动变速器离合器片打滑故障检修	
评价学时			4 学时		
班级：			第　　　　　组		
考核情境	考核内容及要求	分值 (100)	小组自评 (10%)	小组互评 (20%)	教师评分 (70%)	实际得分 (Σ)
汇报展示 （20）	讲解知识点应用	5				
	讲解技能点运用	5				
	团队成员任务分配	5				
	工作过程描述	5				
质量评价 （40）	工作质量自检	10				
	工作质量互检	5				
	工作质量终检	25				
团队情感 （25）	社会主义核心价值观	5				
	创新性	5				
	参与率	5				
	合作性	5				
	劳动态度	5				
安全文明 （10）	工作过程中遵守规程、安全生产情况	5				
	工具正确使用和保养、放置规范	5				
工作效率 （5）	能够在要求的时间内完成，每超时 5 min 扣 1 分	5				

2．小组成员素质评价单

项目三	汽车底盘系统故障检测与诊断		任务一	手动变速器离合器片 打滑故障检修	
班级		第　　　组		成员姓名	
评分说明	每个小组成员评价分为自评和小组其他成员评价两部分，取平均值计算，作为该小组成员的任务评价个人分数。共设计 5 个评分项目，依据评分标准进行合理量化评分。小组成员自评分后，由其他小组成员进行不记名评分				
对象	评分项目	评分标准			评分
自评 (100 分)	核心价值观(20分)	是否有违背社会主义核心价值观的思想及行动			
	工作态度(20 分)	是否按时完成负责的工作内容、遵守纪律，是否积极主动参与小组工作，是否全过程参与，是否吃苦耐劳，是否具有工匠精神			
	交流沟通(20 分)	是否能良好地表达自己的观点，是否能倾听他人的观点			
	团队合作(20 分)	是否与小组成员合作完成任务，做到相互协作、互相帮助、听从指挥			
	创新意识(20 分)	看问题是否能独立思考、提出独到见解，是否能利用创新思维解决遇到的问题			
成员 1 (100 分)	核心价值观(20分)	是否有违背社会主义核心价值观的思想及行动			
	工作态度(20 分)	是否按时完成负责的工作内容、遵守纪律，是否积极主动参与小组工作，是否全过程参与，是否吃苦耐劳，是否具有工匠精神			
	交流沟通(20 分)	是否能良好地表达自己的观点，是否能倾听他人的观点			
	团队合作(20 分)	是否与小组成员合作完成任务，做到相互协作、互相帮助、听从指挥			
	创新意识(20 分)	看问题是否能独立思考、提出独到见解，是否能利用创新思维解决遇到的问题			
成员 2 (100 分)	核心价值观(20分)	是否有违背社会主义核心价值观的思想及行动			
	工作态度(20 分)	是否按时完成负责的工作内容、遵守纪律，是否积极主动参与小组工作，是否全过程参与，是否吃苦耐劳，是否具有工匠精神			
	交流沟通(20 分)	是否能良好地表达自己的观点，是否能倾听他人的观点			
	团队合作(20 分)	是否与小组成员合作完成任务，做到相互协作、互相帮助、听从指挥			
	创新意识(20 分)	看问题是否能独立思考、提出独到见解，是否能利用创新思维解决遇到的问题			

对象	评分项目	评分标准	评分
成员3 (100分)	核心价值观(20分)	是否有违背社会主义核心价值观的思想及行动	
	工作态度(20分)	是否按时完成负责的工作内容、遵守纪律，是否积极主动参与小组工作，是否全过程参与，是否吃苦耐劳，是否具有工匠精神	
	交流沟通(20分)	是否能良好地表达自己的观点，是否能倾听他人的观点	
	团队合作(20分)	是否与小组成员合作完成任务，做到相互协作、互相帮助、听从指挥	
	创新意识(20分)	看问题是否能独立思考、提出独到见解，是否能利用创新思维解决遇到的问题	
成员4 (100分)	核心价值观(20分)	是否有违背社会主义核心价值观的思想及行动	
	工作态度(20分)	是否按时完成负责的工作内容、遵守纪律，是否积极主动参与小组工作，是否全过程参与，是否吃苦耐劳，是否具有工匠精神	
	交流沟通(20分)	是否能良好地表达自己的观点，是否能倾听他人的观点	
	团队合作(20分)	是否与小组成员合作完成任务，做到相互协作、互相帮助、听从指挥	
	创新意识(20分)	看问题是否能独立思考、提出独到见解，是否能利用创新思维解决遇到的问题	
成员5 (100分)	核心价值观(20分)	是否有违背社会主义核心价值观的思想及行动	
	工作态度(20分)	是否按时完成负责的工作内容、遵守纪律，是否积极主动参与小组工作，是否全过程参与，是否吃苦耐劳，是否具有工匠精神	
	交流沟通(20分)	是否能良好地表达自己的观点，是否能倾听他人的观点	
	团队合作(20分)	是否与小组成员合作完成任务，做到相互协作、互相帮助、听从指挥	
	创新意识(20分)	看问题是否能独立思考、提出独到见解，是否能利用创新思维解决遇到的问题	
成员6			
成员7			
成员8			
最终小组成员得分			

项目三 汽车底盘系统故障检测与诊断

课 后 测 评

一、填空题

手动变速器由壳体、＿＿＿＿＿＿和＿＿＿＿＿＿组成。

二、选择题

1. 离合器从动盘安装在（　　　）上。

   A. 发动机曲轴　　　　　　　　B. 变速器输入轴

   C. 变速器输出轴　　　　　　　D. 变速器中间轴

2. 离合器分离轴承与分离杠杆之间的间隙是为了（　　　）。

   A. 实现离合器踏板的自由行程

   B. 减轻从动盘磨损

   C. 防止热膨胀失效

   D. 从动部分转动惯量大

三、判断题

1. 与手动变速器相比，装用自动变速器的汽车燃油经济性好。　　　　　（　　）

2. 在离合器接合的情况下，汽车彻底切断发动机与传动系统的动力传递。（　　）

3. 分离杠杆内端高低不一致将导致离合器分离不彻底，并且在汽车起步时车身发生颤抖现象。　　　　　　　　　　　　　　　　　　　　　　　　　　（　　）

4. 挂倒车挡需先将车停稳后再挂入，否则容易打齿轮。　　　　　　　　（　　）

5. 驻车制动性能正常时，拉紧驻车制动器，松开离合器踏板，汽车很快熄火。

                                                     （　　）

四、简答题

1. 手动变速器互锁装置的作用是什么？

2. 手动变速器到挡锁装置的作用是什么？

任务二 颠簸路况车辆底盘异响故障检修

任务描述

李先生的 2016 年 8 月出厂的一汽大众宝来，配备 1.6 L EA211 自然吸气发动机、MQ200 五速手动变速箱，现已行驶 8 万 km。

故障现象：车主反映车辆行驶通过不平整路面时，右前侧有明显的敲击感且有异响。

任务解析

汽车底盘悬架球头老化松旷或减振器故障会造成车辆颠簸路况异响。本任务只对减振器总成故障造成的车辆异响进行检修。在任务进行中，学生应了解作为悬架系统重要组成部分的减振器总成，以及其组成及工作原理。利用专用工具及设备，以维修手册资料为依据，对减振器总成进行拆装、检修，规范操作，着重针对减振器漏油、减振器防尘罩老化破损、减振器防撞橡胶老化破损、减振器杆弯曲变形、减振器上顶胶老化破损、减振器平面轴承不平顺、减振器弹簧老化断裂、减振器安装松旷紧固不到位等情况进行检查。按照由简入繁、从上到下的流程排除汽车底盘悬架故障。

本任务所涉及的知识点及技能点，扫描二维码查看。

前导知识测试

在学习本任务之前，先对大家的知识及技能储备情况进行一个测试，以了解大家对手动变速器、离合器的掌握情况，是否具备了学习本任务应具备的能力。扫描二维码查看测试内容。

知 识 链 接

一、减振器的检查维修

视频：减振器的检查维修

（一）减振器的作用

减振器（图 3-17）起到使车架与车身的振动迅速衰减，改善汽车行驶的平顺性和舒适性的重要作用。其工作状况的好坏，将直接影响汽车行驶的平稳性和其他机件的寿命。

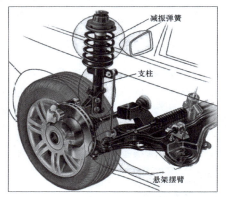

图 3-17　汽车减振器

（二）典型的独立悬架结构形式

1. 麦弗逊式独立悬架

麦弗逊式独立悬架由螺旋弹簧、减振器、A 形下摆臂组成，绝大部分车型中的麦弗逊式独立悬架还会加上横向稳定杆，如图 3-18 所示。

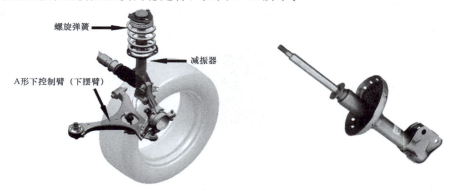

图 3-18　麦弗逊式独立悬架结构

麦弗逊式独立悬架的特点如下。

（1）结构紧凑，其减振器、减振弹簧和立销组合为一体，体积小、占用空间少，有利于前置发动机前驱动汽车的布置。

（2）在使用期内前轮定位变化较小，不需要调整主销的内倾角和后倾角。

（3）非簧载质量较轻，响应速度快。这有助于减小悬架受到的冲击载荷，有利于改善汽车的行驶平顺性。

但是由于其构造为直筒式，对左右方向的冲击缺乏阻挡力，抗制动点头作用较差，悬架刚度较弱，稳定性差，转弯侧倾明显。

麦弗逊式独立悬架承受轴向和径向力，工作状况恶劣，因此不耐用。

2. 双叉臂式独立悬架

双叉臂式独立悬架结构由上下两根不等长的 V 形或 A 形控制臂及支柱式液压减振器构成，通常上控制臂短于下控制臂，如图 3-19 所示。

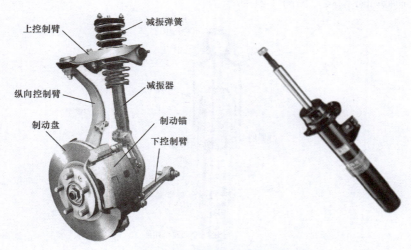

图 3-19　双叉臂式独立悬架结构

双叉臂式独立悬架的特点如下。

（1）双叉臂式独立悬架拥有上下两个叉臂，横向力由两个叉臂同时吸收，支柱只承载车身质量，因此横向刚度大。

（2）双叉臂式独立悬架的上下两个 A 形叉臂可以精确地定位前轮的各种参数，前轮转弯时，上、下两个叉臂能同时吸收轮胎所受的横向力，加上两叉臂的横向刚度较大，所以转弯的侧倾较小。

双叉臂式减振器只承受轴向力，因此相比麦弗逊式减振器更耐用。同等工作环境下，双叉臂式减振器活塞杆直径可以不用像麦弗逊式减振器那么粗壮。两种结构形式减振器比较如图 3-20 所示。

(a)　　　　　　　　　　　　　　(b)

图 3-20　两种结构形式减振器比较

（a）麦弗逊式减振器；（b）双叉臂式减振器

（三）减振器的结构

现在汽车中普遍使用双向减振器。双向作用筒式减振器一般有四个阀，即压缩阀、伸张阀、流通阀和补偿阀，如图 3-21 所示。

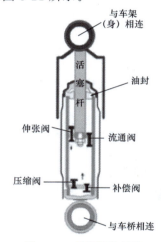

图 3-21　减振器的结构

流通阀和补偿阀是一般的单向阀，其弹簧很弱，当阀上的油压作用力与弹簧力同向时，阀处于关闭状态，完全不通液流；当油压作用力与弹簧力反向时，只要有很小的油压，阀便能开启。压缩阀和伸张阀是卸载阀，其弹簧较强，预紧力较大，只有当油压增高到一定程度时，阀才能开启，而当油压减低到一定程度时，阀即自行关闭。

（四）双向作用筒式减振器的工作原理

双向作用筒式减振器的工作原理如图 3-22 所示。

（1）压缩行程：车桥靠近车架，减振器受压缩，活塞下移，工作缸下腔容积减小，上腔容积增大。油液推开流通阀进入上腔，活塞杆占去上腔部分容积，导致下腔油液不能全部流入上腔，多余的油液从压缩阀进入储油缸筒。这些阀的流通面积不大，造成一定的阻尼力。

（2）伸张行程：车桥远离车架，减振器被拉长，活塞上移，使工作缸上腔容积减小，下腔容积增大，油液推开伸张阀流入下腔。油液流经这些阀时，产生了阻尼力。

压缩行程时弹性元件起主要作用，伸张行程时减振器起主要作用。

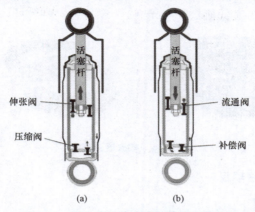

图 3-22　双向作用筒式减振器的工作原理

（a）伸张行程；（b）压缩行程

因此，在颠簸路面或过减速带时，应减速避免损坏 4 个阀和减振器油封。在极恶劣路况下的不当驾驶甚至还会造成减振器活塞杆弯曲，这些都会造成减振器过早损坏、性能下降甚至失效。

（五）对减振器的要求

（1）在悬架压缩行程（车桥与车架相互移近的行程）内，减振器的阻尼力应较小，以便充分利用弹性元件的弹性，缓和冲击。

（2）在悬架伸张行程（车桥与车架相对远离的行程）内，减振器的阻尼力应大，以求迅速减振。

（3）当车桥（或车轮）与车架的相对速度过大时，减振器应当能自动加大液流通道截面面积，使阻尼力始终保持在一定限度内，以避免承受过大的冲击载荷。

（六）双向作用筒式减振器总成检修

减振器总成由橡胶弹性元件、防护套、减振器、悬架轴承（前）、减振弹簧等组成，如图 3-23 所示。桑塔纳 2000 前减振器集成了转向摇臂、前轮轴承等。减振器和弹性元件（弹簧、橡胶等）并联安装，可减少车身震动，改善汽车的行驶平顺性。

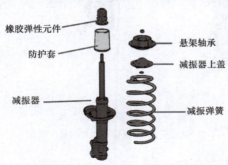

图 3-23　双向作用筒式减振器总成

减振器上座内装有弹性元件和推力轴承（图 3-24），由于麦弗逊柱式前悬架在转向时减振器支柱是一同旋转的，在减振器支柱与车身连接的地方需设计一个推力轴承。要求轴承和弹性元件不得有任何松旷与异响。

图 3-24 减振器上座

(七)减振器总成检修项目

(1)减振器是否漏油。

(2)外部防尘罩是否开裂、老化。

(3)防撞橡胶是否碎裂。

(4)减振器活塞杆是否弯曲。

(5)检查压力轴承是否顺滑。

(6)拉拔减振器应有双向阻尼，无卡滞。

(7)减振器活塞杆径向无间隙。

(8)弹簧表面无锈蚀、弹簧无断裂。

(9)左右两侧悬架弹簧自由长度影响等。

(10)减振器拆装工具。

减振器拆装将使用到的工具及设备如图 3-25 所示。

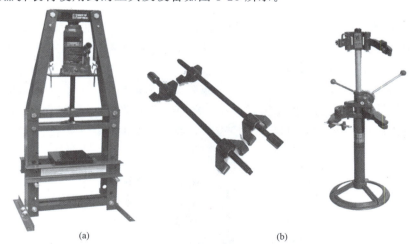

(a)   (b)

图 3-25 减振器拆装工具

(a)油压机；(b)减振器弹簧拆装工具

(八)总结

(1)独立悬架有麦弗逊式和双叉臂式两种典型减振器形式。

(2)减振器的拆装检修重点。

1）压力轴承性能。

2）减振器活塞杆是否弯曲变形。

3）检查减振器是否卡滞。

4）减振弹簧性能。

①减振弹簧表面状况，是否有裂纹、锈蚀等现象。

②测量左、右两侧悬架弹簧的自由长度是否相等。

二、悬架其他连接件的检查维修

（一）横向稳定杆

横向稳定杆的作用是防止车身在转弯时发生过大的横向侧倾，尽量使车身保持平衡，大多只限于前轮。当汽车转弯时，车身侧倾，两侧悬架跳动不一致，外侧悬架会压向稳定杆，稳定杆就会发生扭曲，杆身的弹力会阻止车轮抬起，从而使车身尽量保持平衡，起到横向稳定的作用。

横向稳定杆是用弹簧钢制成的扭杆弹簧，形状呈 U 形，横置在汽车的前端和后端。杆身的中部用橡胶衬套与车身或车架铰接相连，两端通过侧壁端部的橡胶垫或球头销与悬架导向臂连接。为改善汽车行驶平顺性，通常把悬架刚度设计得比较低，其结果是影响了汽车行驶稳定性。为此，在悬架系统中采用了横向稳定杆结构，用来提高悬架侧倾角刚度，减少车身倾角，如图 3-26 所示。

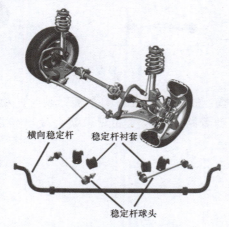

横向稳定杆　稳定杆衬套

稳定杆球头

图 3-26　汽车横向稳定杆

稳定杆（又称为平衡杆）主要由稳定杆杆体、稳定杆球头和稳定杆衬套组成。

（1）稳定杆杆体设计主要是为避免与悬架的导向杆系发生运动干涉，同时起到稳定悬架的作用。

（2）稳定杆衬套主要在横向稳定杆与车轮及车架的连接处，为了缓冲隔振和降低噪声。

稳定杆与汽车的连接情况：稳定杆与汽车一共有 4 个连接点，两端由稳定杆球头分别与汽车减振器相连，中间由稳定杆衬套与车身相连。

（3）要求稳定杆被衬套紧紧地包裹着，否则汽车在通过不平路面时，会导致稳定杆在衬套内座孔内上下运动，从而产生"咯噔、咯噔"的噪声。

（4）随着汽车的使用，稳定杆球头会松旷并出现间隙，汽车在通过不平路面时，产生"咯噔、咯噔"的噪声。

（5）稳定杆衬套及稳定杆球头检测方法：在检测汽车底盘时，应用手晃动稳定杆，感觉稳定杆和衬套之间，以及稳定杆球头是否存在间隙，如果旷量较大，应及时更换解决。

（二）导向装置

汽车底盘连杆的作用是增强车身的刚性，防止车体变形，四轮移位，连杆主要安装在前桥（后桥）与车架底盘前方（后方）的连接部位，如图 3-27 所示。

汽车底盘胶套的作用如下。

（1）可以全面提升汽车驾乘的平稳性，从而增强驾驶的平顺感，让驾驶人员在开车时更加安全。

（2）能够有效减弱车身震动，而且能吸收悬挂系统的一些噪声。

（3）能够解决弹簧的疲软问题，将车身提高 0.2～0.3 cm。

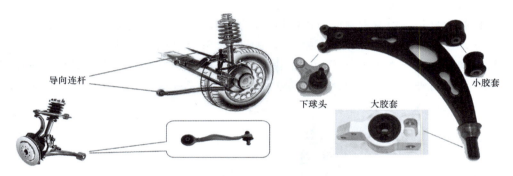

导向连杆　下球头　大胶套　小胶套

图 3-27　导向装置

连杆球头及胶套的检查：胶套坏了会影响车辆行驶时的稳定性，影响车辆的缓冲功能。车辆在行驶过程中随着路面的改变底盘悬架会发出异常噪声，如不及时更换，严重时会影响行车安全。

任务实施

一、分组

按照班级人数平均进行分组（建议每组 5～8 人），每组选出一名负责人，负责人对小组任务进行分配，组员按负责人要求完成相关任务内容，并将自己所在小组及个人任务内容填入表 3-13 中。

表 3-13　小组成员职责分工

序号	组员姓名	组员职责

序号	组员姓名	组员职责

二、填写作业工单

每组接受任务，对故障车进行检查，并填写作业工单，见表 3-14。

表 3-14　作业工单

作业工单			
车型		年款	
VIN		维修日期	
故障现象描述： 一辆手动挡的大众宝来，车主反映车辆行驶通过不平整路面时，右前侧有明显的敲击感且有异响			
故障初步诊断：			
油表检查		环车检查	
油量显示（用箭头标记） FULL ○ EMPTY		外观检查（损坏处用圆圈标出） 	
维修技师		客户签字	

三、验证故障现象

以小组为单位，通过试车来验证客户描述的故障现象，填写表 3-15。

表 3-15　故障现象验证

序号	人员	试车内容	结果	
1	AB	发动机工作是否正常	是	否
2	AB	其他仪表灯是否正常（无故障码）	是	否
3	CD	观察车身外观，车身左右前后应平整无倾斜	是	否
4	EF	模拟故障路况试车验证故障现象是否存在	是	否
5	GH	升车检查底盘悬架是否松旷有间隙	是	否
6	AB	问诊客户及试车验证底盘异响是否真实存在	是	否
7		其他		

序号	故障码	检查内容记录及分析	性质
1			
2			
3			

最终结果：

四、绘制故障树

利用维修手册，教师运用课堂讨论法，带领学生按照从简到繁的检查顺序，通过拆检减振器总成，制订颠簸路况车辆底盘异响故障检查诊断流程（图 3-28）。

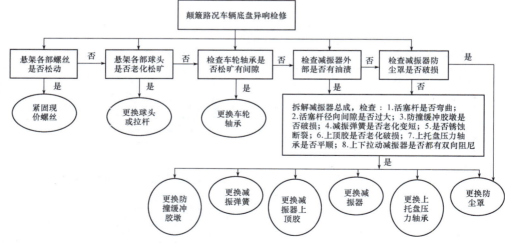

图 3-28　颠簸路况车辆底盘异响故障诊断流程

五、制订诊断计划

通过查询维修手册，了解底盘结构，分析造成颠簸路况车辆底盘异响的原因，并列出诊断计划，填入表 3-16 中。

表 3-16　故障诊断计划

序号	可能原因	诊断方法	使用设备/工具
1	悬架螺钉松旷	升车检查紧固底盘螺钉	扭力扳手
2	悬架球头松旷	升车检查底盘	撬棍、扭力扳手
3	稳定杆或稳定杆胶套老化松旷	升车检查底盘	撬棍、扭力扳手
4	轮毂轴承松旷	升车检查	撬棍、扭力扳手
5	减振器总成故障失效	拆卸变速器，解体离合器总成进行检查	目视检查
教师意见：			

六、制订工作计划

根据诊断计划，小组按成员进行任务分工，制订工作计划（表 3-17）。

表 3-17　工作计划表

步骤	工作内容	工具/辅具	注意事项	操作人
1	升车检查悬架螺钉是否松旷并紧固	通用工具	安全操作	AB
2	检查悬架球头是否松旷有间隙	通用工具	安全操作	CD
3	扳动车轮检查轮毂轴承是否松旷	无	安全操作	CD
4	检查稳定杆或稳定杆胶套是否老化松旷	无	安全操作	EF
5	车辆四角按压车身检查减振器性能	无	安全操作	EF
6	拆解减振器总成	通用工具	安全操作	GH
7	检修减振器总成各元件	通用工具	安全操作	GH
8	恢复安装	通用工具	安全操作	小组全体

七、实施

按照计划进行任务实施并完成项目单填写(表 3-18)。

表 3-18　任务实施表

步骤	工作内容	工具/辅具	注意事项	操作者
1	安装座椅套、地板垫、方向盘套	无	不要弄脏车内	AB
2	以可靠方式举升车辆,检查悬架是否松旷、减振器是否漏油	无	按流程操作	CD
3	松开轮胎螺栓,正确举升车辆	无	按流程操作	EF
4	拆卸轮胎螺栓,取下轮胎	轮胎扳手	规范操作	EF
5	取下固定在减振器上的制动油管,并用十字旋具拆卸 ABS 线束	无	规范操作	GH
6	拆卸减振器与车轮轴承壳的连接螺栓及顶部连接螺栓	通用工具	规范操作	GH
7	妥善吊起制动盘等,从车上拆下减振器总成	通用工具	规范操作,注意安全	AB
8	将减振器安装在专用工具上,并锁紧。使用专用工具拆解减振器总成	常用工具	规范操作,注意安全	AB
9	故障分析:分析检查结果,确定故障原因,找出故障点	无	无	小组
10	确定维修方案:换件修理或调整恢复	无	经济性与可行性	小组
11	维修与调整:更换右侧前后减振器、前轮减振器压力轴承、防尘罩等	常用工具	规范操作,安装正确	小组
12	按顺序装入弹簧上托盘、轴承及自锁螺母,并使用专用工具锁死,然后安装悬架轴承橡胶套(注意安装附件时头部远离减振器正上方,以免发生意外),组装减振器总成	常用工具	规范操作,安装正确	AB
13	按照正确顺序将减振器装回车身,紧固螺栓			CD
14	安装轮胎并紧固螺栓至 110 N·m			EF
15	撤去三件套并打扫现场卫生			GH
16	验证故障是否排除:试车确认故障是否排除	无	试车	小组

升车，外部检测底盘悬架螺栓是否松动及球头是否老化松旷，并填写表 3-19。

表 3-19　检测底盘悬架

序号	检测项目	标准	实际	判断是否正常
1	检测悬架各部螺栓是否松动			
2	检测悬架支撑臂球头是否老化松旷			
3	检测车轮轴承是否松旷有间隙			
4	检测减振器外部是否有油渍			
5	检测减振器防尘罩是否破损			
6	其他			
最终结果：				
处理方法：				

拆卸减振器总成，检测各元件状况并填写表 3-20。

表 3-20　拆检减振器总成各元件

序号	检测项目	标准	实际	判断是否正常
1	减振器弹簧是否老化变短、是否锈蚀断裂			
2	减振器上顶胶是否老化破损			
3	减振器防尘罩是否破损			
4	减振器防撞缓冲橡胶是否破损			

续表

序号	检测项目	标准	实际	判断是否正常
5	减振器上托盘压力轴承是否平顺			
6	减振器是否漏油			
7	减振器活塞杆是否弯曲			
8	上下拉动减振器是否都有双向阻尼力			
9	减振器活塞杆径向间隙是否过大			
10	其他			
最终结果:				
处理方法:				

课程素养

素养目标：培养学生工作严谨、认真敬业的工作作风，树立节能环保及安全意识。

素养元素：行驶系统、悬架系统的检查与更换，体现节能环保和安全驾驶；汽车减振器检修过程要体现严谨的工作作风和职业责任感。

融入方法：视频融入；案例融入；灌输与渗透相结合；理论与实际相结合；正面教育与纪律约束相结合。

八、检查与评估

填写检查单(表3-21)。

表 3-21　检查单

项目三	汽车底盘系统故障检测与诊断	任务二	颠簸路况车辆底盘异响故障检修
检查学时	4 学时		第　　组
检查目的及方式	教师全程监控小组的工作情况,如果检查结果等级为不合格,则小组需要整改,并拿出整改说明		

序号	考核内容	配分	评分标准(每项累计扣分不超过配分)	得分
1	正确使用工具、仪表	10	使用工具、仪表错误,每项扣 5 分	
2	故障现象判断	10	判断思路不明确扣 10 分	
3	故障诊断过程	30	检查方法错误、不会使用故障诊断仪扣 10 分	
			操作过程不规范扣 10 分	
			检查结果错误扣 10 分	
4	故障确认与排除及工单的填写	20	不能排除故障扣 20 分	
			一处故障未确认扣 10 分	
5	验证排除效果	10	不验证或方法错误扣 10 分	
6	遵守规程、安全生产、工具使用正确、现场卫生、防护措施	15	每违规一项扣 3 分,直至扣完	
7	因违反操作规程造成事故	5	因违规操作发生重大人身或设备事故,此题按 0 分计	

检查结果分级

(90 分及以上为优秀,80 分及以上为良好,70 分及以上为中等,60 分及以上为及格,低于 60 分为不及格)

检查评语		教师签字:	

任 务 评 价

1. 小组工作评价单

项目三	汽车底盘系统故障检测与诊断		任务二	颠簸路况车辆底盘异响故障检修		
评价学时			4 学时			
班级：				第　　　　组		
考核情境	考核内容及要求	分值（100）	小组自评（10%）	小组互评（20%）	教师评分（70%）	实际得分（Σ）
汇报展示（20）	讲解知识点应用	5				
	讲解技能点运用	5				
	团队成员任务分配	5				
	工作过程描述	5				
质量评价（40）	工作质量自检	10				
	工作质量互检	5				
	工作质量终检	25				
团队情感（25）	社会主义核心价值观	5				
	创新性	5				
	参与率	5				
	合作性	5				
	劳动态度	5				
安全文明（10）	工作过程中遵守规程、安全生产情况	5				
	工具正确使用和保养、放置规范	5				
工作效率（5）	能够在要求的时间内完成，每超时 5 min 扣 1 分	5				

2. 小组成员素质评价单

项目三	汽车底盘系统故障检测与诊断	任务二	颠簸路况车辆底盘异响检修

班级		第　　　组	成员姓名	

评分说明	每个小组成员评价分为自评和小组其他成员评价两部分，取平均值计算，作为该小组成员的任务评价个人分数。共设计 5 个评分项目，依据评分标准进行合理量化评分。小组成员自评分后，由其他小组成员进行不记名评分

对象	评分项目	评分标准	评分
自评 (100 分)	核心价值观(20 分)	是否有违背社会主义核心价值观的思想及行动	
	工作态度(20 分)	是否按时完成负责的工作内容、遵守纪律，是否积极主动参与小组工作，是否全过程参与，是否吃苦耐劳，是否具有工匠精神	
	交流沟通(20 分)	是否能良好地表达自己的观点，是否能倾听他人的观点	
	团队合作(20 分)	是否与小组成员合作完成任务，做到相互协作、互相帮助、听从指挥	
	创新意识(20 分)	看问题是否能独立思考、提出独到见解，是否能利用创新思维解决遇到的问题	
成员 1 (100 分)	核心价值观(20 分)	是否有违背社会主义核心价值观的思想及行动	
	工作态度(20 分)	是否按时完成负责的工作内容、遵守纪律，是否积极主动参与小组工作，是否全过程参与，是否吃苦耐劳，是否具有工匠精神	
	交流沟通(20 分)	是否能良好地表达自己的观点，是否能倾听他人的观点	
	团队合作(20 分)	是否与小组成员合作完成任务，做到相互协作、互相帮助、听从指挥	
	创新意识(20 分)	看问题是否能独立思考、提出独到见解，是否能利用创新思维解决遇到的问题	
成员 2 (100 分)	核心价值观(20 分)	是否有违背社会主义核心价值观的思想及行动	
	工作态度(20 分)	是否按时完成负责的工作内容、遵守纪律，是否积极主动参与小组工作，是否全过程参与，是否吃苦耐劳，是否具有工匠精神	
	交流沟通(20 分)	是否能良好地表达自己的观点，是否能倾听他人的观点	
	团队合作(20 分)	是否与小组成员合作完成任务，做到相互协作、互相帮助、听从指挥	
	创新意识(20 分)	看问题是否能独立思考、提出独到见解，是否能利用创新思维解决遇到的问题	

续表

对象	评分项目	评分标准	评分
成员3 (100分)	核心价值观(20分)	是否有违背社会主义核心价值观的思想及行动	
	工作态度(20分)	是否按时完成负责的工作内容、遵守纪律，是否积极主动参与小组工作，是否全过程参与，是否吃苦耐劳，是否具有工匠精神	
	交流沟通(20分)	是否能良好地表达自己的观点，是否能倾听他人的观点	
	团队合作(20分)	是否与小组成员合作完成任务，做到相互协作、互相帮助、听从指挥	
	创新意识(20分)	看问题是否能独立思考、提出独到见解，是否能利用创新思维解决遇到的问题	
成员4 (100分)	核心价值观(20分)	是否有违背社会主义核心价值观的思想及行动	
	工作态度(20分)	是否按时完成负责的工作内容、遵守纪律，是否积极主动参与小组工作，是否全过程参与，是否吃苦耐劳，是否具有工匠精神	
	交流沟通(20分)	是否能良好地表达自己的观点，是否能倾听他人的观点	
	团队合作(20分)	是否与小组成员合作完成任务，做到相互协作、互相帮助、听从指挥	
	创新意识(20分)	看问题是否能独立思考、提出独到见解，是否能利用创新思维解决遇到的问题	
成员5 (100分)	核心价值观(20分)	是否有违背社会主义核心价值观的思想及行动	
	工作态度(20分)	是否按时完成负责的工作内容、遵守纪律，是否积极主动参与小组工作，是否全过程参与，是否吃苦耐劳，是否具有工匠精神	
	交流沟通(20分)	是否能良好地表达自己的观点，是否能倾听他人的观点	
	团队合作(20分)	是否与小组成员合作完成任务，做到相互协作、互相帮助、听从指挥	
	创新意识(20分)	看问题是否能独立思考、提出独到见解，是否能利用创新思维解决遇到的问题	
成员6			
成员7			
成员8			
最终小组成员得分			

任务三　方向盘回正无力故障检修

任务描述

李先生的 2016 年 8 月出厂的一汽大众宝来汽车(图 3-1)，配备 1.6L EA211 自然吸气发动机，MQ200 五速手动变速箱，现已行驶 8 万 km。

故障现象：车主反映车辆在行驶中，方向盘稍有不正(向左偏)；向右转向后方向盘不能自动回正，向左转向回正正常(据客户介绍，该车去年冬天由于路滑，曾有一次右前轮磕碰过路肩，当时由于碰撞不严重就没有对右前轮进行检查维修)。

任务解析

主销后倾角、主销内倾角偏差，前悬架上下支臂球头卡滞、方向机齿条弯曲卡滞等原因会造成车辆四轮定位失准，都会造成车辆转向后回正不好。

在任务进行中，学生将使用专用设备——四轮定位仪等，以维修手册资料为依据，对行驶系统、转向系统进行检查，测量轴距是否有偏差，升车检查转向机齿条是否弯曲卡滞、前悬架上下支臂球头是否卡滞，最后通过更换底盘悬架配件、钣金校正及四轮定位调整等解决方向盘回正无力故障。

本任务重点是要学生掌握主销后倾角、主销内倾角对四轮定位的影响，当轴距、主销后倾角、主销内倾角偏差超出四轮定位可调整范围时，可通过更换配件、钣金校正手段，达到使四轮定位数值调整至规定范围，最终解决方向盘回正无力故障的目的。

本任务所涉及的知识点及技能点，扫描二维码查看。

前导知识测试

在学习本任务之前，先对大家的知识及技能储备情况进行一个测试，以了解大家对汽车悬架、轮胎的使用与保养常识的掌握情况，是否具备了学习本任务应具备的能力。扫描二维码查看测试内容。

汽车行驶系统四轮定位参数，主销后倾角及主销内倾角是保证方向盘自动回正的必要条件，当车辆前轮由于事故造成轴距变化时就会使主销后倾角及主销内倾角发生偏差；转向系统转向机左右转动有卡滞、悬架支臂球头卡滞等，都将影响方向盘转向回正。

一、转向机机械系统检查

液压助力齿轮齿条式方向机，升车并拆卸方向机拉杆防尘罩，转动方向盘，观察齿条与转向机壳体是否同心，若不同心，则为齿条弯曲。齿轮齿条式方向机中，若一侧齿条弯曲，将导致油封漏油、齿条表面镀铬层偏磨及一侧转向阻力增大使得方向盘操作感到沉重。齿轮齿条式方向机若发生齿条弯曲，则需更换方向机。

若检查发现方向机齿条未弯曲，接着检查转向拉杆外球头防尘罩是否破损、外球头关节是否松旷、间隙是否变大。

发动机熄火，将车举升离开地面，转动方向盘至左右极限，检查是否存在向左、向右转向力度不一致的情况。若存在，断开两侧转向拉杆外球头，再次转动方向盘至左右极限位置，判断是不是方向机机械故障引起的左右转向力度不一致。若是方向机本身机械故障导致的转向沉重，可以通过调整方向机齿轮啮合间隙或检修方向机解决。

二、悬架检查

（1）检查悬架球头是否自如。断开两侧转向拉杆外球头，左右扳动车轮，观察转向轮左右转动是否自如，以此判断悬架上下支臂球头是否存在卡滞情况，如图 3-29 所示。

图 3-29　转向拉杆外球头

（2）检查悬架拉杆球头是否松旷及间隙变大，如图 3-30 所示。

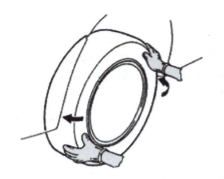
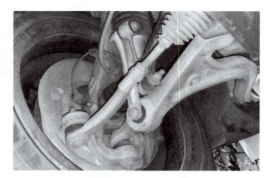

图 3-30　悬架检查

（3）检查轴距是否一致（图 3-31）。正常情况下，车辆左右轴距应相等（允许差值小于 5 mm），若差值超过一定值，则说明某侧车轮悬架由于受力发生了变形。轴距变长或变短必然影响四轮定位数值，尤其是主销内倾角及主销后倾角，应通过四轮定位检查来判断是否可以通过调整恢复出厂设置。若变形过大，已超出四轮定位可调整范围，则应通过更换配件或钣金校正的方法校正轴距及悬架变形。

图 3-31　检查轴距是否一致

三、四轮定位检查

（1）主销后倾角。在汽车纵向平面内，主销轴线上端略向后倾斜，主销轴线与垂线之间的夹角称为主销后倾角，如图 3-32 所示。

主销后倾角的作用：保证车轮向前滚动，汽车直线行驶稳定，并使汽车转向后，前轮能自动回到正前位置。

主销后倾角一般不超过 3°，不宜过大，否则在转向时将使方向盘沉重或回正过猛而打手。

（2）主销内倾角。汽车转向节主销轴线（或独立悬架的上摆臂球销与下摆臂球销中心的连接线）与铅垂线在垂直于车辆纵向对称平面的平面上的投影锐角称为主销内倾角，如图 3-33 所示。

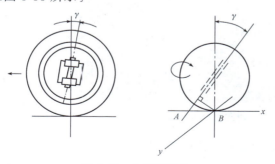

图 3-32　主销后倾角　　　　　　图 3-33　主销内倾角

主销内倾角的作用：可以在车轮转向时产生一个使车轮和方向盘回到正直位置的力矩，可以使车轮自动回正。

主销内倾角也不宜过大，一般不大于 8°，否则使转向变得沉重，而且加速了轮胎的磨损。

（3）按标准流程对车辆进行四轮定位检查调整，在排除轴距偏差影响前提下，着重检查主销后倾角及主销内倾角是否在厂家规定范围内，再检查试车验证故障是否解决。

四、转向沉重故障检修

（一）测量转向力矩

检查助力转向沉重故障时，使用弹簧秤准确地测量转向力矩数值。起动发动机，使其怠速运转。将方向盘从一个止点转到另一个止点，来回转动几次，以便将油液加热。然后让发动机怠速运转，汽车停在清洁、干燥的路面上，如图 3-34 所示的拉弹簧秤，并读出轮胎开始旋转时的数据。与维修手册数据进行比较，判断转向力矩是否在规定范围内。

标准：初始转向负荷小于或等于 29 N（3.0 kgf）。

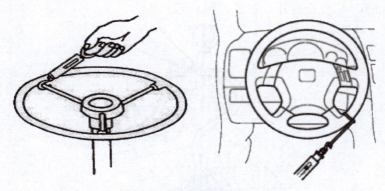

图 3-34　测量转向力矩

（二）转向助力系统油压检查

（1）检查动力转向液的液位是否正常。

（2）如图 3-35 所示，将油泵出口软管（A）从油泵出口处断开，小心不要使动力转向液溅到车架和其他零件上。将方向机油压检测仪 P/S 接头适配器（泵）安装在油泵的出口（B）上。

（3）将 P/S 接头适配器（软管）连接到 P/S 压力表上，再将油泵出口软管（A）连接到 P/S 接头适配器（软管）上。

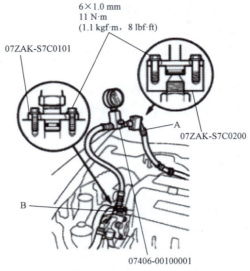

图 3-35　连接油压检测仪

A—油泵出口软管；B—油泵出口

（4）将 P/S 压力表安装到 P/S 接头适配器（泵）上。

（5）将截止阀（A）完全打开，如图 3-36 所示。

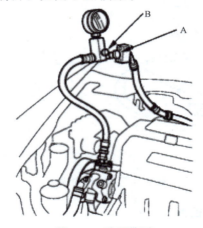

图 3-36　油压检测

A—截止阀；B—压力控制阀

（6）将压力控制阀（B）完全打开。

（7）起动发动机，让其怠速运转。

（8）将方向盘从一个止点转到另一个止点，来回转动几次，使油液加热到工作温度 70 ℃。

（9）在发动机怠速运转时，测量稳定状态下的油压。如果油泵状态良好，则压力应不大于 1 500 kPa（15 kgf/cm²，214 psi）。如果压力过大，则检查出口软管或方向机转向控制阀阀体装置。

先将发动机转速升高到 3 000 r/min，然后测量油压。如果油泵状态良好，则压力至少应为 1 500 kPa(15 kgf/cm²，214 psi)。如果压力太高，应维修或更换油泵。

(10)降低发动机转速，让其怠速运转。先关闭截止阀，然后逐渐关闭压力控制阀，直到压力表的指针稳定为止，读取压力值。

注意：截止阀的关闭时间不要超过 5 s，否则，油泵会因过热而损坏。

(11)立即将压力控制阀完全打开。如果油泵状态良好，则压力表读数应至少为 7 160～7 850 kPa(73～80 kgf/cm²，1 040～1 140 psi)。若读数偏低，说明对全助力而言，油泵输出压力太低。应维修或更换油泵。

(三)前悬架球头检查

断开两侧转向拉杆外球头，左右扳动车轮，查看转向轮左右转动是否自如，判断悬架上下支臂球头是否存在阻滞情况。

(四)齿轮齿条式液压助力方向机检修

如图 3-37 所示为齿轮齿条式液压助力方向机分解图。

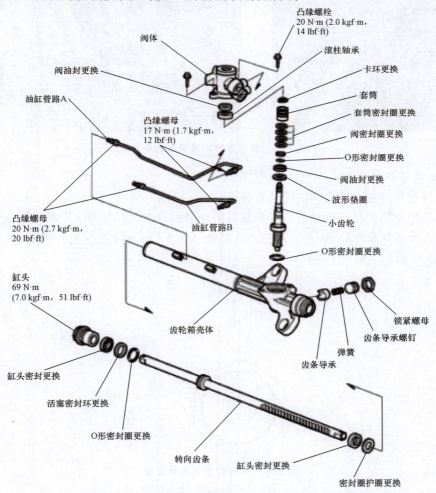

图 3-37　齿轮齿条式液压助力方向机分解图

项目三　汽车底盘系统故障检测与诊断

1. 检查齿条是否弯曲

升车并拆卸方向机拉杆防尘罩，转动方向盘，观察齿条与转向机壳体是否同心，若不同心，则为齿条弯曲。齿轮齿条式方向机中，若一侧齿条弯曲，将导致油封漏油、齿条表面镀铬层偏磨、一侧转向阻力增大，使得方向盘操作感到沉重。齿轮齿条式方向机若发生齿条弯曲，则需更换方向机(图 3-38)。

发动机熄火，转动方向盘至左右极限，检查是否存在向左、向右转向力度不一致的情况。若存在，断开两侧转向拉杆外球头，再次转动方向盘至左右极限位置，判断是不是方向机机械故障引起的左右转向力度不一致。若是方向机本身机械故障导致的转向沉重，可以通过调整方向机齿条导承预紧度或检修方向机解决。

图 3-38　检查方向机齿条是否弯曲

2. 齿条导承的调整

(1)将车轮固定在笔直向前的位置。

(2)使用专用工具，放松齿条导承螺钉的锁紧螺母 B，拆除齿条导承螺钉 A。

(3)将齿条导承螺钉 A 锁紧到 25 N·m(2.5 kgf·m，18 lbf·ft)力矩，然后旋松，如图 3-39 所示。

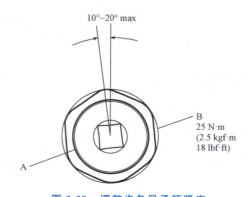

图 3-39　调整齿条导承预紧度

A—齿条导承螺钉；B—锁紧螺母

（4）重新将齿条导承螺钉锁紧到 3.9 N·m（0.4 kgf·m，4 lbf·ft）的力矩，然后返回至规定角度。规定返回角度：10°～20°最大。

（5）使用扳手固定齿条导承螺钉，然后拧紧锁紧螺母。

3. 转向拉杆外球头检查

若未发现方向机齿条弯曲，接着检查转向拉杆外球头防尘罩是否破损、外球头关节是否松旷、卡滞或间隙是否变大。

(五)齿轮齿条式方向机液压转向控制阀工作原理

通过图 3-40 来分析转向时是如何实现助力的。

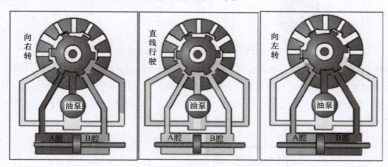

图 3-40　转向控制阀工作原理

汽车右转弯时，转动方向盘使转向轴顺时针转动，并带动阀芯同步转动。而此时受到阻力作用，动力缸活塞和转向齿条处于静止状态，因此转向齿轮暂时不能随转向轴向右转动，这样扭杆受转矩作用，前、后端产生扭转变形，转向阀芯和阀体之间转过一个角度，关闭了一侧油道。动力缸左腔（A 腔）进入高压油，右腔（B 腔）泄压，动力缸产生向右转向助力。齿条在液压力作用下向右运动的同时，转向齿轮本身也开始与转向轴同向转动。只要方向盘继续转动，扭杆的扭转变形便一直保持不变，转向控制阀所处的右转向位置不变。一旦方向盘停止转动，动力缸暂时还继续工作，导致转向轮继续转动，使扭杆的扭转变形减小，转向助力减小。当转向助力刚好与车轮的回正力矩相平衡时，齿条齿轮停止运动。此时，转向阀即停驻在某一位置不动，转向轮转角保持不变。

转向过程中，若方向盘转动的速度快，阀体与阀芯的相对角位移量也大，动力缸两腔压力差增大，转向助力也随之增大，车轮偏转的速度也快；转向后回正时，若驾驶员放松方向盘，阀芯回到中间位置，失去助力作用，此时，车轮在回正力矩的作用下回位。

(六)液压转向助力泵检修

液压转向助力泵分解图如图 3-41 所示。

（1）拆解液压转向助力泵，检查所有密封胶圈 O 形圈是否老化，若老化，则将其更换。

（2）检查压力控制阀是否磨损、有无毛刺及阀凹槽边缘的其他损坏。

（3）检查油泵体压力控制阀的内孔是否刮伤或磨损。

（4）把压力控制阀滑装回油泵壳体内，然后检查阀的进出是否平滑（图 3-42）。如果正常，更换油泵总成。

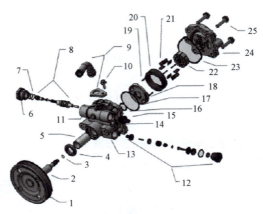

图 3-41　液压转向助力泵分解图

1—皮带轮；2—驱动轴；3—卡簧；4—油封；5—轴承；6—阀堵；7—弹簧；8—压力控制阀组件；
9—进油管组件；10—螺栓；11—形圈；12—压力开关组件；13—泵体；14—钢球；15—保护堵；
16、17—O 形圈；18—压力极；19—销子；20—定子；21—叶片；22—转子；23—密封圈；
24—泵盖；25—螺栓

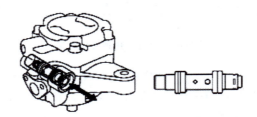

图 3-42　检查液压转向助力泵压力控制阀工作是否平滑

（七）四轮定位检查

在排除轴距无偏差及悬架无松旷、无间隙前提下，按标准流程对车辆进行四轮定位检查调整，重点检查主销后倾角及主销内倾角是否在厂家规定范围内，各参数值尽量调整至左右一致。再检查试车验证故障是否解决。

任 务 实 施

一、分组

按照班级人数平均进行分组（建议每组 5～8 人），每组选出一名负责人，负责人对小组任务进行分配。组员按负责人要求完成相关任务内容，并将自己所在小组及个人任务内容填入表 3-22 中。

表 3-22　小组成员职责分工

序号	组员姓名	组员职责

序号	组员姓名	组员职责

二、填写作业工单

每组接受任务，对故障车进行检查，并填写作业工单，见表 3-23。

表 3-23　作业工单

作业工单			
车型		年款	
VIN		维修日期	
故障现象描述： 一辆 2016 年的手动挡大众宝来，向右转向后方向盘不能自动回正，向左转向回正正常			
故障初步诊断：			
油表检查		环车检查	
油量显示（用箭头标记）		外观检查（损坏处用圆圈标出）	
维修技师		客户签字	

三、验证故障现象

以小组为单位，通过试车来验证客户描述的故障现象，填写表 3-24。

表 3-24　故障现象验证

序号	人员	试车内容	结果	
1	AB	发动机工作是否正常	是	否
2	AB	其他仪表灯是否正常（无故障码）	是	否
3	CD	目测检查左右轴距是否有明显偏差	是	否
4	CD	目测检查车身前后左右是否倾斜	是	否
5	EF	问诊故障并路试车验证故障现象是否存在	是	否
6	EF	检查转向是否一侧沉重而另一侧正常	是	否
7	GH	检查转向是否忽沉忽松	是	否
8	GH	检查方向机是否机械卡滞	是	否
9		其他		

序号	故障码	检查内容记录及分析	性质
1			
2			
3			

最终结果：

四、绘制故障树

通过检查轴距、底盘悬架，制订悬架轴距修复方案，再做四轮定位检查调整，制订方向盘回正无力故障诊断流程（图 3-43）。

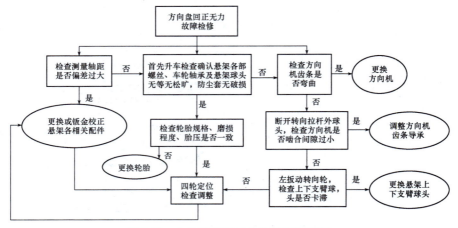

图 3-43　方向盘回正无力故障诊断流程

五、制订诊断计划

通过查询维修手册，检查左右轴距偏差值、方向机机械检查、底盘悬架球头节、四轮定位检查调整，判定造成车辆转向回正不好的原因，并列出诊断计划，填入表3-25中。

表 3-25　故障诊断计划

序号	可能原因	诊断方法	使用设备/工具
1	轴距有偏差	目测	尺
2	方向机齿条弯曲、卡滞	升车断开转向拉杆球头，进行检查	
3	方向机啮合间隙过小	检查	
4	悬架上下支臂球头卡滞	升车检查	
5	定位值角度有偏差	四轮定位检查调整	四轮定位仪
教师意见：			

六、制订工作计划

根据诊断计划，小组按成员进行任务分工，制订工作计划（表3-26）。

表 3-26　工作计划表

步骤	工作内容	工具/辅具	注意事项	操作人
1	目视环检车辆轴距是否有偏差	无	无	AB
2	举升车辆，断开转向拉杆外球头，转动方向机检查齿条是否卡滞	无	无	CD
3	左右转动车轮，检查上下支臂球头是否卡滞	无	安全操作	EF
4	检查调整方向机啮合间隙	无	安全操作	GH
5	检查底盘悬架有无间隙、松旷	无	安全操作	GH
6	检查轮胎，调整胎压	胎压表	安全操作	AB
7	四轮定位检查调整	四轮定位仪	安全操作	全体
8	记录	无	安全操作	EF

七、实施

按照计划进行任务实施并完成项目单填写（表 3-27）。

表 3-27　任务实施表

步骤	工作内容	工具/辅具	注意事项	操作者
1	安装座椅套、地板垫、方向盘套	无	不要弄脏车内	AB
2	测量轴距：左右相差不能超过 5 mm	中心距测量尺	认真仔细，并记录结果	AB
3	更换影响轴距的悬架变形元件	常用工具	规范操作	AB
4	直观检查：升车，对车辆方向机（齿条是否弯曲、方向机机械啮合间隙是否过小、转向拉杆外球头状况）进行检查	无	认真仔细，并记录结果	CDE
5	升车，对车辆轴承、悬挂上下支臂球头等进行检查、修理、更换	无	认真仔细，并记录结果	FGH
6	四轮定位准备：安装四轮定位仪，包括传感器、转角盘、制动锁、方向盘锁	无	安装正确，小心磕碰	AB
7	四轮定位：开启四轮定位仪，对车辆定位检查，记录相关参数	无	按操作提示步骤进行	小组
8	故障分析：分析检查结果与实测定位参数，确定故障原因，找出故障点	无	无	小组
9	确定维修方案：换件修理或调整恢复	无	经济性与可行性	小组
10	维修与调整：维修损坏零件，通过调整，恢复不正确的定位参数	维修工具	勿刮伤车辆	FGH
11	验证故障是否排除：挪动一下车辆后再次四轮定位，直观检查底盘零件与检测定位参数，确认故障是否排除	无	不试车	小组

八、检查与评估

填写检查单(表3-28)。

表 3-28　检查单

项目三	汽车底盘系统故障检测与诊断		任务三	方向盘回正无力故障检修	
检查学时		4 学时		第　　　组	
检查目的及方式		教师全程监控小组的工作情况,如果检查结果等级为不合格,则小组需要整改,并拿出整改说明			
序号	考核内容	配分	评分标准(每项累计扣分不超过配分)		得分
1	正确使用工具、仪表	10	使用工具、仪表错误,每项扣5分		
2	故障现象判断	10	判断思路不明确扣10分		
3	故障诊断过程	30	检查方法错误、不会使用故障诊断仪扣10分		
			操作过程不规范扣10分		
			检查结果错误扣10分		
4	故障确认与排除及工单的填写	20	不能排除故障扣20分		
			一处故障未确认扣10分		
5	验证排除效果	10	不验证或方法错误扣10分		
6	遵守规程、安全生产、工具使用正确、现场卫生、防护措施	15	每违规一项扣3分,直至扣完		
7	因违反操作规程造成事故	5	因违规操作发生重大人身或设备事故,此题按0分计		
检查结果分级					
(90分及以上为优秀,80分及以上为良好,70分及以上为中等,60分及以上为及格,低于60分为不及格)					
检查评语				教师签字:	

任 务 评 价

1. 小组工作评价单

项目三	汽车底盘系统故障检测与诊断		任务三	方向盘回正无力故障检修		
评价学时			4 学时			
班级：				第　　　组		
考核情境	考核内容及要求	分值（100）	小组自评（10%）	小组互评（20%）	教师评分（70%）	实际得分（Σ）
汇报展示（20）	讲解知识点应用	5				
	讲解技能点运用	5				
	团队成员任务分配	5				
	工作过程描述	5				
质量评价（40）	工作质量自检	10				
	工作质量互检	5				
	工作质量终检	25				
团队情感（25）	社会主义核心价值观	5				
	创新性	5				
	参与率	5				
	合作性	5				
	劳动态度	5				
安全文明（10）	工作过程中遵守规程、安全生产情况	5				
	工具正确使用和保养、放置规范	5				
工作效率（5）	能够在要求的时间内完成，每超时 5 min 扣 1 分	5				

2. 小组成员素质评价单

项目三	汽车底盘系统故障检测与诊断		任务三	方向盘回正无力故障检修
班级		第　　组	成员姓名	

| 评分说明 | 每个小组成员评价分为自评和小组其他成员评价两部分，取平均值计算，作为该小组成员的任务评价个人分数。共设计 5 个评分项目，依据评分标准进行合理量化评分。小组成员自评分后，由其他小组成员进行不记名评分 | | | |

对象	评分项目	评分标准	评分
自评 (100分)	核心价值观(20分)	是否有违背社会主义核心价值观的思想及行动	
	工作态度(20分)	是否按时完成负责的工作内容、遵守纪律，是否积极主动参与小组工作，是否全过程参与，是否吃苦耐劳，是否具有工匠精神	
	交流沟通(20分)	是否能良好地表达自己的观点，是否能倾听他人的观点	
	团队合作(20分)	是否与小组成员合作完成任务，做到相互协作、互相帮助、听从指挥	
	创新意识(20分)	看问题是否能独立思考、提出独到见解，是否能利用创新思维解决遇到的问题	
成员1 (100分)	核心价值观(20分)	是否有违背社会主义核心价值观的思想及行动	
	工作态度(20分)	是否按时完成负责的工作内容、遵守纪律，是否积极主动参与小组工作，是否全过程参与，是否吃苦耐劳，是否具有工匠精神	
	交流沟通(20分)	是否能良好地表达自己的观点，是否能倾听他人的观点	
	团队合作(20分)	是否与小组成员合作完成任务，做到相互协作、互相帮助、听从指挥	
	创新意识(20分)	看问题是否能独立思考、提出独到见解，是否能利用创新思维解决遇到的问题	
成员2 (100分)	核心价值观(20分)	是否有违背社会主义核心价值观的思想及行动	
	工作态度(20分)	是否按时完成负责的工作内容、遵守纪律，是否积极主动参与小组工作，是否全过程参与，是否吃苦耐劳，是否具有工匠精神	
	交流沟通(20分)	是否能良好地表达自己的观点，是否能倾听他人的观点	
	团队合作(20分)	是否与小组成员合作完成任务，做到相互协作、互相帮助、听从指挥	
	创新意识(20分)	看问题是否能独立思考、提出独到见解，是否能利用创新思维解决遇到的问题	

对象	评分项目	评分标准	评分
成员 3 (100 分)	核心价值观(20 分)	是否有违背社会主义核心价值观的思想及行动	
	工作态度(20 分)	是否按时完成负责的工作内容、遵守纪律，是否积极主动参与小组工作，是否全过程参与，是否吃苦耐劳，是否具有工匠精神	
	交流沟通(20 分)	是否能良好地表达自己的观点，是否能倾听他人的观点	
	团队合作(20 分)	是否与小组成员合作完成任务，做到相互协作、互相帮助、听从指挥	
	创新意识(20 分)	看问题是否能独立思考、提出独到见解，是否能利用创新思维解决遇到的问题	
成员 4 (100 分)	核心价值观(20 分)	是否有违背社会主义核心价值观的思想及行动	
	工作态度(20 分)	是否按时完成负责的工作内容、遵守纪律，是否积极主动参与小组工作，是否全过程参与，是否吃苦耐劳，是否具有工匠精神	
	交流沟通(20 分)	是否能良好地表达自己的观点，是否能倾听他人的观点	
	团队合作(20 分)	是否与小组成员合作完成任务，做到相互协作、互相帮助、听从指挥	
	创新意识(20 分)	看问题是否能独立思考、提出独到见解，是否能利用创新思维解决遇到的问题	
成员 5 (100 分)	核心价值观(20 分)	是否有违背社会主义核心价值观的思想及行动	
	工作态度(20 分)	是否按时完成负责的工作内容、遵守纪律，是否积极主动参与小组工作，是否全过程参与，是否吃苦耐劳，是否具有工匠精神	
	交流沟通(20 分)	是否能良好地表达自己的观点，是否能倾听他人的观点	
	团队合作(20 分)	是否与小组成员合作完成任务，做到相互协作、互相帮助、听从指挥	
	创新意识(20 分)	看问题是否能独立思考、提出独到见解，是否能利用创新思维解决遇到的问题	
成员 6			
成员 7			
成员 8			
最终小组成员得分			

课后测评

一、填空题

1. 四轮定位包含_____、_____、_____、_____四个主要参数。

2. 后倾角一般不超过 3°，不宜过大，否则在转向时将使_____或_____。

3. 主销内倾角也不宜过大，一般不大于 8°，否则使转向变得_____，而且_____。

4. 正常情况下，车辆左右轴距应_____（允许差值小于_____），若差值超过一定值，则说明某侧车轮悬架由于受力发生了变形。

二、选择题

1. 前轮前束由（   ）。
   A. 调整转向节臂来保证 　　　　　　B. 调整拉杆来保证
   C. 调整转向节来保证 　　　　　　　D. 拔下方向盘重新调整

2. 调整四轮定位时，应满足的条件之一是（   ）。
   A. 司机座位坐一名乘客 　　　　　　B. 轮胎气压正常
   C. 发动机温度正常 　　　　　　　　D. 以上全不对

3. 引起车轮动不平衡的因素有（   ）。
   A. 轮辋变形 　　　　　　　　　　　B. 轮胎磨损不均
   C. 轮胎气压不足 　　　　　　　　　D. 轮胎螺栓质量不等

4. 四轮定位仪不可检测（   ）。
   A. 前轮前束 　　　　　　　　　　　B. 方向盘自由间隙
   C. 车轮外倾角 　　　　　　　　　　D. 主销内倾角

5. （   ）时就需要做四轮定位。
   A. 直行时需要紧握方向盘，否则直线行驶时车子会发生跑偏
   B. 轮胎出现异常磨损，如轮胎出现单侧磨损或羽状磨损
   C. 更换新的轮胎、悬挂或转向有关配件
   D. 碰撞事故维修

三、判断题

1. 更换轮胎后可不经过平衡调试直接使用。　　　　　　　　　　（　　　）

2. 汽车四轮定位失准会影响高速行驶稳定性。　　　　　　　　　（　　　）

四、简答题

1. 简述轮胎换位。

2. 轮胎动不平衡的故障特点是什么？

3. 齿轮齿条式方向机齿条弯曲故障现象是什么？如何检查确定？

4. 轴距偏差过大会对车辆有何影响？

5. 何时需要做四轮定位？

6. 方向盘为何要有自由行程？

任务四　车辆高速行驶制动时车身抖动故障检修

任务描述

李先生的 2013 年 12 月出厂的广汽本田雅阁（图 3-44），配备 2.4 L 发动机、自动挡变速箱，行驶里程 10 万 km。

图 3-44　广汽本田雅阁

故障现象：车主反映车辆在高速行驶时，当车速超过 80 km/h，踩刹车制动时方向盘会剧烈抖动、刹车踏板会感觉到震动，同时车身也一起抖动。车速越高，震动越严重，感觉非常不安全，也不舒适。

任务解析

学生通过已学过的汽车制动系统制动器结构及工作原理知识内容，使用专用仪器——磁力表座、百分表、游标卡尺、外径千分尺等，以维修手册资料为依据，对盘式制动器制动盘端面跳动量、制动蹄片工作状况、前悬连接件胶块是否老化松旷、轮毂轴头是否变形等进行检修及检查。最终解决高速行驶制动时车身抖动故障。

任务中学生将对制动系统、行驶系统进行检查，规范操作，按照由简入繁、从上到下的流程排除故障。

本任务所涉及的知识点及技能点，扫描二维码查看。

前导知识测试

在学习本任务之前，先对大家的知识及技能储备情况进行一个测试，以了解大家对汽车悬架、轮胎的使用与保养常识的掌握情况，是否具备了学习本任务应具备的能力。扫描二维码查看测试内容。

一、汽车制动系统检修

视频：汽车制动系统检修

1. 制动系统的功用

根据需要停车，使车辆处于稳定状态，以保证行车安全。

2. 车轮制动器的类型

车轮制动器分为盘式制动器和鼓式制动器，如图 3-45 所示。

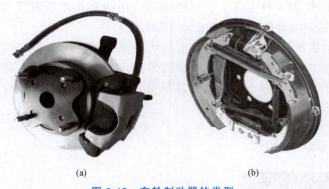

(a)   (b)

图 3-45　车轮制动器的类型

（a）盘式制动器；（b）鼓式制动器

（1）盘式制动器的结构如图 3-46 所示。

制动钳　　　支架

放气螺栓　　　　　制动片　　　　制动盘

图 3-46　盘式制动器的结构

（2）盘式制动钳的结构如图 3-47 所示。

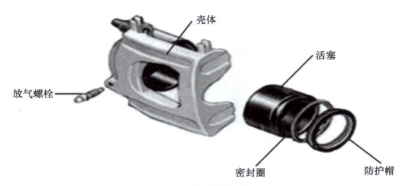

壳体

活塞

放气螺栓

密封圈

防护帽

图 3-47　制动钳的结构

（3）盘式制动器工作原理。制动时，油液被压入液压缸中，活塞在液压作用下将两制动块压紧制动盏，产生摩擦力矩而制动。此时，液压缸槽中的矩形橡胶密封圈的刃边在活塞摩擦力的作用下产生微量的弹性变形，使活塞在液压缸压力下降后能够微量位移回位，达到自调间隙的效果，如图 3-48 所示。

（4）盘式制动器特点（图 3-49）。盘式制动器散热快，质量轻，构造简单，调整方便，特别是高负载时耐高温性能好，制动效果稳定，而且不怕泥水侵袭。有些盘式制动器的制动盘上还开了许多小孔，加速通风散热，提高制动效率，这样的盘式制动器又称通风盘式制动器。

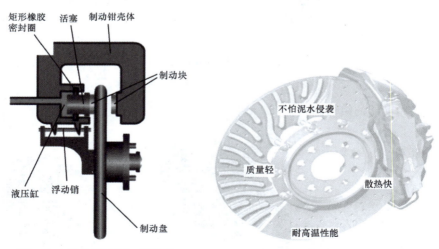

矩形橡胶密封圈　活塞　制动钳壳体

制动块

液压缸　浮动销

制动盘

不怕泥水侵袭

质量轻

散热快

耐高温性能

图 3-48　盘式制动器工作原理　　　图 3-49　盘式制动器特点

（5）鼓式制动器结构。典型的鼓式制动器主要由制动底板、制动鼓、制动蹄、制动分泵、复位弹簧、定位销等零部件组成，如图 3-50 所示。

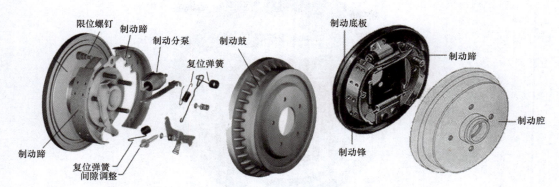

图 3-50　鼓式制动器结构

制动底板安装在车轴的固定位置上，它是固定不动的，上面装有制动蹄、制动分泵、复位弹簧、定位销，承受制动时的旋转扭力。每个制动鼓有一对制动蹄，制动蹄上有摩擦衬片。制动鼓安装在轮毂上，是随车轮一起旋转的部件，它是由铸铁做成的，形状似圆鼓。当制动时，轮缸活塞推动制动蹄压迫制动鼓，制动鼓受到摩擦减速，迫使车轮停止转动。

（6）制动轮缸：制动轮缸又称制动分泵，其功能是接受来自制动主缸的制动力，通过制动液传递给其内部的活塞，使活塞推动制动蹄，从而实现摩擦制动，如图 3-51所示。

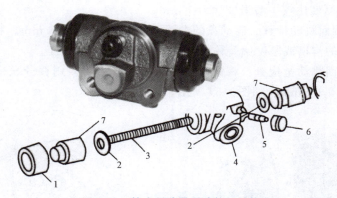

图 3-51　鼓式制动器制动轮缸结构

1、6—防尘罩；2—皮圈；3—弹簧；4—制动器轮缸外壳；5—放气阀；7—活塞

制动轮缸（制动分泵）检查：轮缸皮碗无漏油、管头无渗漏、活塞应伸缩自如无卡滞。

（7）鼓式制动器特点（图 3-52）。由于结构问题，鼓式制动器在制动过程中散热性能差和排水性能差，容易导致制动效率下降，在近 30 年中，鼓式制动器在轿车领域已逐步让位给盘式制动器。但是由于成本较低，目前鼓式制动器仍然在一些经济类轿车中使用，主要用于制动负荷较小的后轮和驻车制动。

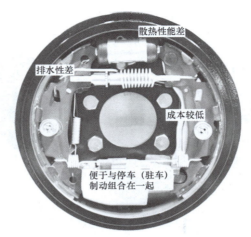

散热性能差

排水性差

成本较低

便于与停车（驻车）
制动组合在一起

图 3-52　鼓式制动器特点

鼓式制动器除成本比较低外，还有一个好处，就是便于与驻车（停车）制动组合在一起，凡是后轮采用鼓式制动器的轿车，其驻车制动器也组合在后轮制动器上。

3. 盘式制动器故障检修

(1)制动盘厚度检查(图 3-53)。制动盘磨损变薄至极限尺寸时应换新。本田雅阁前轮制动盘新件厚度为 23 mm，极限尺寸为 21 mm。

1)摩擦表面是否有裂纹、变形、磨损、沟槽（极限为 0.50 mm）。

2)盘的厚度检查：用千分尺测量距制动盘边缘 10.00 mm 处 8 个点的厚度（角度间隔 45°），与标准厚度比较，磨损极限为 2 mm。

(2)制动盘端面跳动检查。制动盘的端面跳动量不大于 0.05 mm。制动盘有较大的翘曲变形、较深的沟槽或厚度偏差较大时，应对制动盘切削加工。

制动盘的端面跳动量检查：将制动盘固定在轮毂上，并用百分表检查其端面圆跳动量，应不大于 0.05 mm，如图 3-54 所示。

图 3-53　制动盘检测

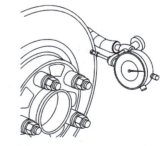

图 3-54　制动盘端面跳动量检测

刹车盘端面跳动量超过 0.05 mm，车辆在高速踩刹车时，刹车片与刹车盘接触有松有紧，刹车力也就时大时小，刹车踏板会有轻微跳动，这种跳动也会通过相关转向系统传递到方向盘，造成方向盘左右抖动和车身震动，一般在轻踩刹车时明显。

若测量刹车盘平面偏摆量超过 0.05 mm，需拆下刹车盘进一步确认是不是由于轮毂轴头端面变形所致，如图 3-55 所示。

轮胎安装在轮辋上，轮辋变形时轮胎也会随之变形，造成表面不平及车轮动平衡失准，在车辆行驶过程中，驾乘人员会感到震动。

图 3-55　使用百分表检查轮毂轴头的端面跳动量

（3）制动片检修。钳盘式制动器的制动片采用金属底板与含一定密度金属粉末的合成树脂材料黏结而成，为一次性使用件。制动片磨损至极限或有不均匀磨损时应更换。

在许多车辆上制动片采用了报警装置，当制动片磨损至一定程度时，报警簧片与旋转的制动盘接触，就会发出尖啸声。报警簧片与制动盘的接触不会对制动盘造成损伤，但是如再继续使用，制动片磨损过度至制动块金属背板露出，就会损伤制动盘。因此，当报警簧片发出尖啸声时，应及时更换制动片。

为保证同轴的左右轮制动力平衡，制动块应同时更换。

1）摩擦表面是否出现过度光滑发亮、烧蚀或被污染物污染，如图 3-56 所示。

2）厚度检查：用游标卡尺测量摩擦衬片的厚度，取三个点或四个点，使用极限为 1.6 mm，如图 3-57 所示。

3）检查磨损是否均匀：最大不均匀磨损量为 1.0 mm。

图 3-56　制动片表面检查　　　　　图 3-57　制动片厚度测量

（4）钳盘式制动器的检修。现在大多采用浮动钳盘式制动器。检查卡钳是否浮动自如，对浮动销进行保养，注润滑脂。

若浮动销卡滞，将造成卡钳不能自由浮动，使同一轮左右两制动片磨损不一致。

4. 鼓式制动器故障检修

(1)检查制动鼓内径及圆跳动：首先检查制动鼓内孔有无烧损、刮痕和凹陷，若不能修磨，应更换新件；检查制动鼓内孔尺寸及圆度误差时，用卡尺检查内孔尺寸，制动鼓圆面跳动量极限为 0.2 mm，锥度极限为 0.05 mm，如图 3-58 所示。

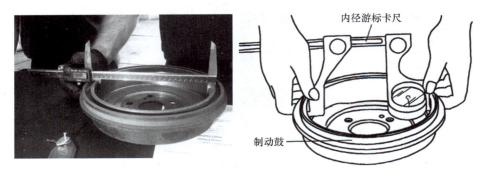

图 3-58　制动鼓内孔尺寸及圆跳动检查

(2)制动鼓的检修：制动鼓的常见损伤主要是工作表面的磨损、变形和裂纹。

(3)制动鼓内圆工作表面对旋转轴线的径向全跳误差不得大于 0.10 mm。

(4)检查制动片厚度：目测制动片表面应无硬化、破裂、不均匀磨损、烧蚀和油污等现象。用游标卡尺或直尺测量制动蹄的厚度，厚度应符合出厂使用规定，且铆钉与摩擦衬片的表面深度不小于 1 mm，如图 3-59 所示。

图 3-59　制动片厚度检查

二、刹车制动不灵故障检修

(一)汽车液压制动系统工作原理

1. 制动系统的功用

根据需要停车，使车辆停处于稳定状态，以保证行车安全。

2. 制动系统的分类

制动系统按功能不同可分为以下三种。

(1)行车制动装置。使行驶中的汽车按照驾驶员的要求进行适时减速和停车。

（2）驻车制动装置。主要用于停车后防止车辆滑溜。

（3）应急制动装置。主要用独立的管路控制车轮制动器，一般作为备用系统。

3. 液压制动控制系统基本结构

液压制动控制系统主要由制动踏板、刹车真空助力器、制动主缸、油管、制动钳和制动轮缸等组成，如图 3-60 所示。其功能是以制动液为传力介质，将驾驶员踩下制动踏板的力传递给车轮制动器，从而实现车轮制动。

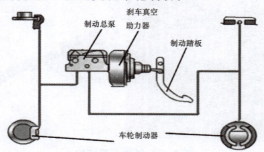

图 3-60　液压制动控制系统组成

4. 对制动系统的要求

（1）制动效能良好：具有迅速减速直至停车的能力。

（2）操纵轻便：操纵制动系统所需的力不应过大。

（3）制动稳定性好：制动时，前后车轮制动力分配合理，左右车轮上的制动力矩基本相等，使车辆在制动过程中不跑偏、不甩尾。

（4）制动平顺性好：制动力矩能迅速而平稳地增加，也能迅速而平稳地解除。

（5）散热性好：连续制动时，摩擦片因高温造成摩擦系数下降得要小；水湿后恢复要快。

（6）对挂车的制动系统，还要求挂车的制动作用要略早于主车；挂车自行脱挂时能自动进行应急制动。

5. 制动系统工作原理

驾驶员需要汽车减速时，脚踩下制动踏板，通过推杆和制动主缸活塞，主缸油液在一定压力下流入轮缸或制动钳，并通过两轮缸活塞推动制动摩擦片压紧在旋转的制动盘上。不转的制动片对旋转制动盘产生摩擦力矩，从而产生制动力，如图 3-61 所示。

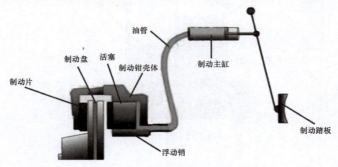

图 3-61　制动系统工作原理

6. 制动总泵（主缸）

（1）作用。制动总泵的作用是将制动踏板机械能转换成液压能，双管路液压制动传动装置中的制动总泵一般采用串联双腔或并联双腔制动总泵。

（2）结构。制动总泵通常是由缸体、活塞、活塞回位弹簧、复式阀（油液控制阀）、皮碗、皮圈等部分组成，如图 3-62 所示。

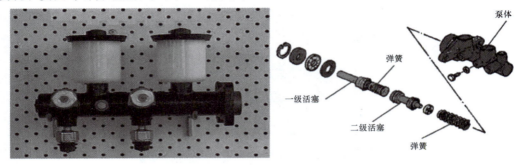

图 3-62　制动总泵结构

制动总泵缸体分为储液室、工作缸室，活塞从缸体的后端装进缸内，将缸体分为前、后两室，皮碗前的前工作缸通向储液室的小孔为回油孔，皮圈前、活塞顶部之后的后工作缸通向储液室的大孔为进液孔（补偿孔）。

（3）工作原理。当踩下制动踏板时，推杆向前推动总泵活塞，在皮碗遮蔽回油孔后，活塞前室油液压力增高，复式阀门中间的出油阀被压开，油液经过管路流向各制动车轮分泵缸。油液推动分泵活塞，克服制动蹄复位弹簧的拉力而推开制动蹄。蹄片压紧制动鼓，产生制动作用；当驾驶者踩下制动踏板并保持不动时，总泵前工作室及分泵缸内油压不再增加，出油阀在弹簧的作用下关闭，回油阀也是关闭的，复式阀门处于双关闭状态，总泵缸不再向车轮分泵缸供油，分泵缸内的油液也不能回流，整个管路处于等压，制动系统维持一定的制动强度；放松制动踏板时，在踏板复位弹簧和活塞复位弹簧的作用下，总泵活塞向后退，总泵缸前工作室油压降低，分泵缸内高压油液压开复式阀门口外的回油阀流回总泵前室。随着制动液的流回，制动蹄在其复位弹簧的拉力下合拢，制动状态解除，如图 3-63 所示。

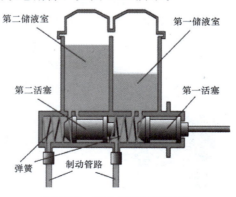

图 3-63　制动总泵工作原理

(4)制动主缸工作性能检查。发动机闭火，反复踩几次制动踏板，然后踩住制动踏板，检查踏板是否缓慢下降。正常情况下踏板高度应该不变，若踏板缓慢下降，则说明制动主缸内部活塞泄压，应检修。

7. 刹车真空助力器

(1)工作原理。刹车真空助力器有一个直径较大的腔体，内部有一个中部装有推杆的膜片(或活塞)，将腔体隔成两部分，一部分与大气相通，另一部分通过管道与发动机进气管相连。它是利用发动机工作时吸入空气这一原理，造成刹车真空助力器的一侧真空，相对于另一侧正常空气压力的压力差，利用这种压力差来加强制动推力，帮助驾驶员制动，如图 3-64 所示。

(2)工作性能检查。

1)发动机熄火，反复踩几次制动踏板，然后踩下制动踏板(不完全踩到底)，起动发动机，如果制动踏板有轻微下降，表明刹车真空助力器起作用。

2)起动发动机，反复踩制动踏板，驾驶室内应无刹车真空助力器漏气声音。

上述试验中任一项试验结果不符合要求，应检查真空管、阀及刹车真空助力器等损坏情况。两项试验结果全部符合要求，说明刹车真空助力器性能良好。

(3)刹车助力器真空管单向阀检查。刹车真空助力器单向阀安装在真空管内，如果单向阀失效，驾驶员会感到制动踏板发硬，有踩不到底的感觉，且伴随制动性能明显下降。检查单向阀时，按阀体上的箭头方向吹压缩空气应能通过；反向则不通过。也可用嘴吸法检验其单向通过性。单向阀密封不良时，应更换真空管总成。

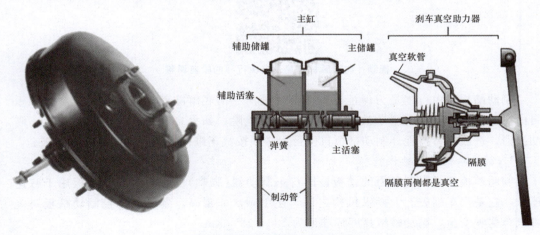

图 3-64　刹车真空助力器工作原理

8. 双回路液压制动系统

利用相互独立的双腔液压制动主缸，通过两套独立管路，分别控制两桥或三轮的车轮制动器。其特点是若其中一套管路发生故障而失效，另一套管路仍能继续起制动作用，从而提高了汽车制动的可靠性和行车安全性，如图 3-65 所示。

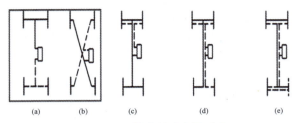

图 3-65　双管路制动布置形式

(a)—轴对—轴(II)型；(b)双交叉型；(c)—轴半对半轴(HI)型；

(d)半轴—轮对半轴—轮(LL)型；(e)双半轴对双半轴(HH)型

其中，图 3-65(b)所示的双交叉型是现在普遍采用的双管路液压制动布置形式。

(二)车轮制动器检修(微课，扫描二维码)

视频：车轮制动器检修

(三)制动踏板高度及自由行程的检查调整(微课，扫描二维码)

视频：制动踏板高度及自由行程的检查调整

制动踏板自由行程是为保证不发生制动拖滞、彻底解除制动而设置的。制动踏板自由行程过大，会减弱制动效果而给行车带来危险；如果自由行程过小，会使汽车制动拖滞，造成功率损耗，制动踏板自由行程必须按汽车维护周期，定期检查和调整。

1. 制动踏板高度的检查

制动踏板就是限制动力的踏板，即行车制动器(脚刹)的踏板，制动踏板用于减速停车，它是汽车驾驶五大操纵机构之一，使用频次非常高，驾驶人掌控制动踏板决定着汽车驾驶安全。制动踏板高度标准值为 186～191 mm。

制动踏板高度的检查调整：起动发动机，用约 490 N 的力踩下制动踏板，测量制动踏板和地板的间隙，该间隙标准数值为 100 mm 或以上。

调整制动踏板高度，如图 3-66 所示，拧松推杆的锁紧螺母，充分松开制动灯开关，用钳子拧动操作杆以调整制动踏板的高度(在锁紧螺母已拧松的情况下进行)。在转动制动灯开关直至它碰到踏板(在制动踏板开始移动之前立即停止转动)后，再把制动灯开关向后转回 1/2 圈并用。装上制动灯开关，直至柱塞被完全压住，然后将开关往回拧 3/4 圈，使螺纹端与衬垫之间产生一个间隙，再拧紧锁紧螺母，接上制动灯开关插头，并松开制动踏板后确认制动灯熄灭。注意必须确认在未踩下刹车踏板的情况下制动灯应不点亮。

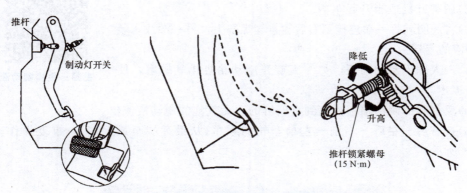

图 3-66　制动踏板高度的检查调整

2. 制动踏板自由行程的检查

在发动机停机时踩制动踏板 2～3 次，用以去除制动助力器内的残余真空度，然后再压下制动踏板，直到感觉到阻力明显（推动刹车真空助力器气阀）为止，此时踏板的行程即自由行程，其标准值为 15～20 mm。

制动踏板的自由行程的检查调整如图 3-67 所示。

制动踏板自由行程的调整。

（1）在制动踏板处于释放位置时，用钢尺测量制动踏板端面至驾驶室底板的高度 H_2。

（2）用手压下制动踏板至略感有阻力的位置，用钢尺测量制动踏板端面至驾驶室底板的高度 H_1。

（3）两次测量高度差即该车制动踏板自由行程。液压制动的踏板自由行程一般为 15～20 mm，在调整时应按厂家规定的数值进行调整。

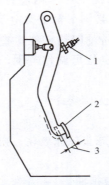

图 3-67　制动踏板自由行程的检查调整

1—制动灯开关；2—踏板；3—自由行程

若制动踏板自由行程不符合规定要求，则应进行调整。

（四）液压制动管路排气（更换制动液）

（1）制动总泵储液壶里加注清洁的制动液到合适的液面。

（2）用举升机适当升起车辆。

（3）将透明软管一端连接到右后轮排气螺塞上，另一端放入装有制动液的容器。

视频：更换制动液

（4）一人踩下制动踏板，另一人旋开制动轮缸排气螺塞，使制动液流出。

（5）反复踩下制动踏板，直到有新鲜的、无气泡的制动液流出。

（6）按右后－左后－右前－左前车轮的顺序（从最远端至最近端），重复操作，如图 3-68 所示。

图 3-68   更换制动液

三、制动跑偏故障检修

（一）汽车悬架检修

（1）检查轴距是否一致。正常情况下，车辆左右轴距应相等（允许差值小于 5 mm 之内），若差值超过一定值，则说明某侧车轮悬架由于受力发生了变形。轴距变长或变短，必然影响四轮定位数值，则应通过四轮定位检查来判断是否可以通过调整恢复出厂设置。若变形过大，已超出四轮定位可调整范围，则应通过更换配件或钣金校正的方法将轴距及悬架变形校正过来。

（2）检查车身高度应一致，车身无倾斜。

（3）检查悬架连接件是否松旷。

（4）升车检查悬架连接件螺钉及球头应无老化、松旷。

（二）车轮制动器性能检查

检查四轮制动器是否工作不良或拖滞。

（三）制动管路检修

检查制动管路是否堵塞。

（1）四轮定位前的必要检查。

1）症状询问与试车。

2）检查轴距及车身高度是否倾斜。

3）升车检查底盘悬架是否松旷。

4）检查轮胎并将胎压调整一致。

5）先调整后轮，再调整前轮。

（2）何时需要做四轮定位。对于事故车、车辆跑偏、方向盘不正、回正不好、舵量发沉、吃胎等故障，都需要对车辆进行四轮定位检查调整。如果无法进行数据调整，就需要通过钣金校正或更换悬架配件的方法解决。

四、驻车制动不良故障检修

（一）汽车驻车制动器的结构组成

1. 驻车制动器的功用

驻车制动器通常是指机动车辆安装的手动刹车，在车辆停稳后用于稳定车辆，避免车辆在斜坡路面停车时由于溜车造成事故，便于上坡起步。在行车中遇到紧急情况时，可同时使用行车制动系统和驻车制动系统，使汽车紧急制动。

有部分自动挡车型在驾驶员左脚外侧设计了功能与手刹相同的脚刹，另有车型加装了电子驻车制动系统。

2. 驻车制动器的类型

驻车制动装置有中央驻车制动器和车轮制动式驻车制动器两种类型。

车轮制动式驻车制动器与行车制动系统共用一套制动器总成，只是传动机构相互独立，如图 3-69 所示。

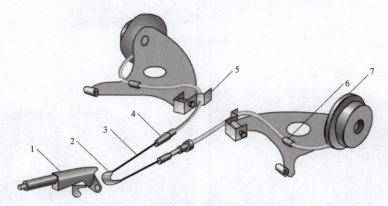

图 3-69　车轮制动式驻车制动器结构

1—操纵杆；2—平衡杠杆；3—拉线；4—拉线调整接头；
5—拉线支架；6—拉线固定夹；7—制动器

中央驻车制动器安装在变速器或分动器之后，通过对传动轴进行制动达到对后轮制动的目的，如图 3-70 所示。中央驻车制动器多见于中大型货车、客车。

图 3-70　中央驻车制动器结构

3. 手刹操纵方式

驻车制动俗称"手刹"，但近年来越来越多的驻车制动不再用手来完成，以下是各种驻车制动形式。

（1）传统式驻车制动如图 3-71 所示。

图 3-71　传统式驻车制动手柄

（2）脚控式驻车制动如图 3-72 所示。

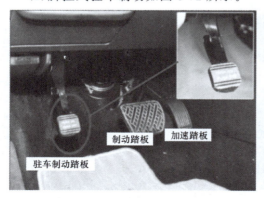

图 3-72　脚控式驻车制动

（3）电子驻车制动如图 3-73 所示。

（4）手柄式驻车制动如图 3-74 所示。

图 3-73　电子驻车制动

图 3-74　手柄式驻车制动

（二）驻车制动器的类型

驻车制动器按结构形式不同分为鼓式驻车制动器和盘式驻车制动器。

（1）鼓式驻车制动器。鼓式驻车制动器的基本结构与行车制动系统中的鼓式制动器相同，如图 3-75 所示。

（2）盘式驻车制动器。钳盘式驻车制动器相比鼓式驻车制动器结构更复杂，采用螺杆螺母原理，如图 3-76 所示。

图 3-75　鼓式驻车制动器

图 3-76　盘式驻车制动器

（三）驻车制动系统的检查与调整

1. 驻车制动系统的检查

（1）拉动"手制动"手柄至拉紧，一般以 5～7 齿为宜。

（2）在空载状态下，车辆在坡度为 20% 、轮胎与路面间的附着系数 ≥0.7 的坡道上，正、反两个方向保持固定不动的时间应 ≥5 min。

（3）拉紧驻车制动器，空车平地用二挡应不能起步。

（4）放松驻车制动操纵杆，变速箱处于空挡，支起一只驱动轮，制动鼓应能用手转动且无摩擦声。

2. 驻车制动系统的调整

驻车制动系统的调整分为制动器调整和操纵机构调整两部分。

首先应对制动器进行调整，需保证行车制动片与制动盘或制动鼓间隙达到最佳间隙；再对驻车制动系统的操纵机构进行调整。调整后的驻车制动系统，当驻车制动解除时，必须保证制动蹄片与制动盘或制动鼓之间不发生刮擦，如图 3-77 所示。

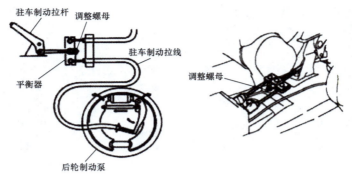

图 3-77   车轮制动式驻车制动系统

操纵机构调整如图 3-78 所示。松开锁紧螺母，调整拉线上的调整螺母，调整拉杆长度直至拉动驻车制动手柄时只有 5～7 齿的行程，操纵杆明显感觉费劲，而且汽车能按技术要求停住为止。

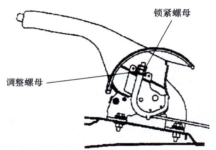

图 3-78   驻车制动拉线长度的调整

3. 电子手刹

(1)电子手刹的结构和普通手刹没有任何本质上的区别，简单来说，它只是在原有机械手刹的基础上把原有手刹操作杆变成了一个集成的操作开关，添加了一个小小的控制模块和一个执行电动机而已。

(2)电子手刹是采用电子控制方式，实现停车制动的一种新装置。在车辆后轮左右制动卡钳上分别安装一个电动机组件，由专门的计算机进行控制。

(3)电子手刹更换制动片教程。

1)首先需要把汽车故障诊断仪接好，然后进行更换驻车制动的程序操作，缩回电动机。

2)更换新的驻车制动片后再初始化。

3)然后试车，能在 30°的坡上停稳即可，此时更换程序结束。

任务实施

一、分组

按照班级人数平均进行分组(建议每组 5～8 人)，每组选出一名负责人，负责人对小组任务进行分配。组员按负责人要求完成相关任务内容，并将自己所在小组及个人任务内容填入表 3-29 中。

表 3-29　小组成员职责分工

序号	组员姓名	组员职责

二、填写作业工单

每组接受任务，对故障车进行检查，并填写作业工单，见表 3-30。

表 3-30　作业工单

作业工单			
车型		年款	
VIN		维修日期	

故障现象描述：

　　一辆 2013 年的广汽本田雅阁 2.4 L 自动挡轿车，当车速超过 80 km/h 时，踩驻车制动时方向盘会剧烈抖动、制动踏板会感觉到震动，同时车身也一起抖动。车速越高，震动越严重，感觉非常不安全，也不舒适

故障初步诊断：

油表检查	环车检查
油量显示（用箭头标记）	外观检查（损坏处用圆圈标出）
维修技师	客户签字

项目三　汽车底盘系统故障检测与诊断

255

三、验证故障现象

以小组为单位，通过试车来验证客户描述的故障现象，填写表 3-31。

表 3-31　故障现象验证

序号	人员	试车内容	结果	
1	AB	发动机工作是否正常	是	否
2	AB	其他仪表灯是否正常（无故障码）	是	否
3	CD	检查轮胎螺钉是否松动	是	否
4	CD	升车检查前悬架是否松旷	是	否
5	EF	问诊故障并路试车验证故障现象是否存在	是	否
6	GH	检查轮毂轴头平面端跳动是否超限	是	否
7	GH	检查制动盘平面端跳动是否超限	是	否
8	AB	检查卡钳浮动销是否自如	是	否
9		其他		
序号	故障码	检查内容记录及分析	性质	
1				
2				
3				
4				
5				
6				
7				
8				
最终结果：				

四、绘制故障树

通过检查前悬架、钳盘式制动器，教师运用课堂讨论法，带领学生按照从简到繁的检查顺序，制订车辆高速行驶制动时车身抖动故障检修工作流程（图 3-79）。

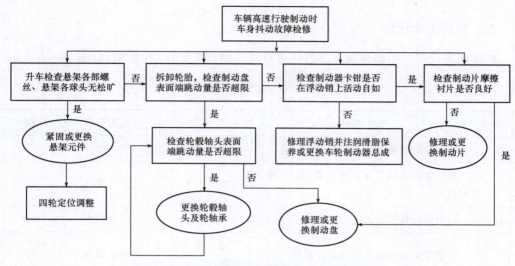

图 3-79　高速行驶刹车时车身抖动故障诊断流程

五、制订诊断计划

通过查询维修手册，检查前悬架是否松旷、轮毂轴头端面跳动量、制动器浮动销是否自如、制动盘端面跳动量、制动片，判定造成车辆高速行驶刹车时车身抖动的原因，并列出诊断计划，填入表 3-32 中。

表 3-32　故障诊断计划

序号	可能原因	诊断方法	使用设备/工具
1	前悬架固定螺钉或球头松旷	检查	撬棍、扭力扳手
2	盘式制动器卡钳是否在浮动销上活动自如	检查	通用工具
3	制动盘表面翘曲变形	检查	磁力表座、百分表
4	制动片工作性能下降	目测	
5	轮毂轴头平面端跳动超限	检查	磁力表座、百分表
6			
7			
8			
教师意见：			

六、制订工作计划

根据诊断计划，小组按成员进行任务分工，制订工作计划（表3-33）。

表3-33　工作计划表

步骤	工作内容	工具/辅具	注意事项	操作人
1	升车检查前悬架是否松旷、有间隙	无	安全操作	AB
2	检查前轮制动器浮动销是否活动自如，不拖滞	通用工具	安全操作	CD
3	检查制动盘表面无裂纹、沟槽	无	安全操作	CD
4	检查制动盘表面端跳动是否超限	磁力表座、百分表	安全操作	EF
5	若端跳动超限，则检查轮毂轴头是否变形	磁力表座、百分表	安全操作	GH
6	检查制动片工作性能	卡尺	安全操作	AB
7	恢复	无	安全操作	小组全体

七、实施

按照计划进行任务实施并完成项目单填写（表3-34）。

表3-34　任务实施表

步骤	工作内容	工具/辅具	注意事项	操作者
1	安装座椅套、地板垫、方向盘套	无	不要弄脏车内	AB
2	升车对车辆悬架所有元件及球头等进行检查，并紧固螺钉，修理更换松旷元件	常用工具	规范操作	AB
3	拆卸轮胎，检查、测量制动盘表面是否翘曲变形。若摆动量超限，则要检查确认轮毂轴头表面摆动量	磁力表座、百分表	安装正确，小心磕碰	AB
4	检查确认制动钳在浮动销上活动自如，并对浮动销进行涂润滑脂保养	常用工具	认真仔细，并记录结果	CD
5	检查制动片状况，并清洁。若有必要，则更换	常用工具	安装正确，小心磕碰	CD
6	拆卸制动卡钳及制动盘，并妥善安放制动卡钳，检查测量轮毂轴头表面端跳动量	磁力表座、百分表	安装正确，小心磕碰	EF

步骤	工作内容	工具/辅具	注意事项	操作者
7	检查轮毂轴头是否变形，测轴头端跳动量	磁力表座、百分表	安装正确，小心磕碰	GH
8	故障分析：分析检查结果，确定故障原因，找出故障点	无	无	小组
9	确定维修方案：换件修理或调整恢复	无	经济性与可行性	小组
10	维修与调整：通过修复使卡钳浮动自如，维修更换变形的制动盘、轮毂轴头或性能下降的制动片	维修工具	勿刮伤车辆	EFGH
11	验证故障是否排除：试车确认故障是否排除	无	试车	小组

八、检查与评估

填写检查单（表 3-35）。

表 3-35　检查单

项目三	汽车底盘系统故障检测与诊断		任务四	高速行驶刹车时车身抖动故障检修
检查学时	4 学时		第　　　组	
检查目的及方式	教师全程监控小组的工作情况，如果检查结果等级为不合格，则小组需要整改，并拿出整改说明			

序号	考核内容	配分	评分标准（每项累计扣分不超过配分）	得分
1	正确使用工具、仪表	10	使用工具、仪表错误，每项扣 5 分	
2	故障现象判断	10	判断思路不明确扣 10 分	
3	故障诊断过程	30	检查方法错误、不会使用故障诊断仪扣 10 分	
			操作过程不规范扣 10 分	
			检查结果错误扣 10 分	
4	故障确认与排除及工单的填写	20	不能排除故障扣 20 分	
			一处故障未确认扣 10 分	
5	验证排除效果	10	不验证或方法错误扣 10 分	

项目三　汽车底盘系统故障检测与诊断

续表

序号	考核内容	配分	评分标准（每项累计扣分不超过配分）	得分
6	遵守规程、安全生产、工具使用正确、现场卫生、防护措施	15	每违规一项扣3分，直至扣完	
7	因违反操作规程造成事故	5	因违规操作发生重大人身或设备事故，此题按0分计	
检查结果分级				
（90分及以上为优秀，80分及以上为良好，70分及以上为中等，60分及以上为及格，低于60分为不及格）				
检查评语			教师签字：	

任 务 评 价

1. 小组工作评价单

项目三	汽车底盘系统故障检测与诊断		任务四	高速行驶刹车时车身抖动故障检修		
评价学时			4 学时			
班级：				第　　　组		
考核情境	考核内容及要求	分值（100）	小组自评（10%）	小组互评（20%）	教师评价（70%）	实际得分（Σ）
汇报展示（20）	讲解知识点应用	5				
	讲解技能点运用	5				
	团队成员任务分配	5				
	工作过程描述	5				
质量评价（40）	工作质量自检	10				
	工作质量互检	5				
	工作质量终检	25				
团队情感（25）	社会主义核心价值观	5				
	创新性	5				
	参与率	5				
	合作性	5				
	劳动态度	5				

考核情境	考核内容及要求	分值 (100)	小组自评 (10%)	小组互评 (20%)	教师评价 (70%)	实际得分 (∑)
安全文明 (10)	工作过程中遵守规程、安全生产情况	5				
	工具正确使用和保养、放置规范	5				
工作效率 (5)	能够在要求的时间内完成，每超时 5 min 扣 1 分	5				

2. 小组成员素质评价单

项目三	汽车底盘系统故障检测与诊断	任务四	高速行驶刹车时车身 抖动故障检修
班级		第　　　组　　　　成员姓名	
评分说明	每个小组成员评价分为自评和小组其他成员评价两部分，取平均值计算，作为该小组成员的任务评价个人分数。共设计 5 个评分项目，依据评分标准进行合理量化评分。小组成员自评分后，由其他小组成员进行不记名评分		
对象	评分项目	评分标准	评分
自评 (100分)	核心价值观(20分)	是否有违背社会主义核心价值观的思想及行动	
	工作态度(20分)	是否按时完成负责的工作内容、遵守纪律，是否积极主动参与小组工作，是否全过程参与，是否吃苦耐劳，是否具有工匠精神	
	交流沟通(20分)	是否能良好地表达自己的观点，是否能倾听他人的观点	
	团队合作(20分)	是否与小组成员合作完成任务，做到相互协作、互相帮助、听从指挥	
	创新意识(20分)	看问题是否能独立思考、提出独到见解，是否能利用创新思维解决遇到的问题	
成员1 (100分)	核心价值观(20分)	是否有违背社会主义核心价值观的思想及行动	
	工作态度(20分)	是否按时完成负责的工作内容、遵守纪律，是否积极主动参与小组工作，是否全过程参与，是否吃苦耐劳，是否具有工匠精神	
	交流沟通(20分)	是否能良好地表达自己的观点，是否能倾听他人的观点	
	团队合作(20分)	是否与小组成员合作完成任务，做到相互协作、互相帮助、听从指挥	
	创新意识(20分)	看问题是否能独立思考、提出独到见解，是否能利用创新思维解决遇到的问题	

对象	评分项目	评分标准	评分
成员2 (100分)	核心价值观(20分)	是否有违背社会主义核心价值观的思想及行动	
	工作态度(20分)	是否按时完成负责的工作内容、遵守纪律，是否积极主动参与小组工作，是否全过程参与，是否吃苦耐劳，是否具有工匠精神	
	交流沟通(20分)	是否能良好地表达自己的观点，是否能倾听他人的观点	
	团队合作(20分)	是否与小组成员合作完成任务，做到相互协作、互相帮助、听从指挥	
	创新意识(20分)	看问题是否能独立思考、提出独到见解，是否能利用创新思维解决遇到的问题	
成员3 (100分)	核心价值观(20分)	是否有违背社会主义核心价值观的思想及行动	
	工作态度(20分)	是否按时完成负责的工作内容、遵守纪律，是否积极主动参与小组工作，是否全过程参与，是否吃苦耐劳，是否具有工匠精神	
	交流沟通(20分)	是否能良好地表达自己的观点，是否能倾听他人的观点	
	团队合作(20分)	是否与小组成员合作完成任务，做到相互协作、互相帮助、听从指挥	
	创新意识(20分)	看问题是否能独立思考、提出独到见解，是否能利用创新思维解决遇到的问题	
成员4 (100分)	核心价值观(20分)	是否有违背社会主义核心价值观的思想及行动	
	工作态度(20分)	是否按时完成负责的工作内容、遵守纪律，是否积极主动参与小组工作，是否全过程参与，是否吃苦耐劳，是否具有工匠精神	
	交流沟通(20分)	是否能良好地表达自己的观点，是否能倾听他人的观点	
	团队合作(20分)	是否与小组成员合作完成任务，做到相互协作、互相帮助、听从指挥	
	创新意识(20分)	看问题是否能独立思考、提出独到见解，是否能利用创新思维解决遇到的问题	
成员5 (100分)	核心价值观(20分)	是否有违背社会主义核心价值观的思想及行动	
	工作态度(20分)	是否按时完成负责的工作内容、遵守纪律，是否积极主动参与小组工作，是否全过程参与，是否吃苦耐劳，是否具有工匠精神	
	交流沟通(20分)	是否能良好地表达自己的观点，是否能倾听他人的观点	
	团队合作(20分)	是否与小组成员合作完成任务，做到相互协作、互相帮助、听从指挥	
	创新意识(20分)	看问题是否能独立思考、提出独到见解，是否能利用创新思维解决遇到的问题	

对象	评分项目	评分标准	评分
成员 6			
成员 7			
成员 8			
最终小组成员得分			

课 后 测 评

一、选择题

1. 为了提高汽车制动的可靠性和行车安全性，现代汽车广泛采用的是（　　　）制动传动装置。
   A. 单回路　　　　　　　　　　　B. 双回路
   C. 三回路　　　　　　　　　　　D. 四回路

2. 制动性能降低的原因可能有（　　　）。
   A. 踩踏板力度不够　　　　　　　B. 制动管路中有空气
   C. 行车速度过快　　　　　　　　D. 轮胎气压不足

3. 真空助力泵损坏，可导致（　　　）。
   A. 制动踏板过硬　　　　　　　　B. 制动失灵
   C. 转向沉重　　　　　　　　　　D. 制动跑偏

4. 速度达到 60 km/h 时车身开始抖动，可能原因是（　　　）。
   A. 减震器损坏　　　　　　　　　B. 减震弹簧损坏
   C. 平衡杆变形　　　　　　　　　D. 车轮不动平衡

5. 现在的轿车普遍所采用的制动主缸是（　　　）。
   A. 单腔式　　　　　　　　　　　B. 串联双腔活塞式
   C. 并联双腔活塞式　　　　　　　D. 往复式

6. 盘式制动器制动盘表面端跳动极限值为（　　　）mm。
   A. 0.20　　　　　　　　　　　　B. 0.15
   C. 0.05　　　　　　　　　　　　D. 0.01

7. 盘式制动器最显著的优点是（　　　）。
   A. 制动力大　　　　　　　　　　B. 热稳定性好
   C. 具有助式作用　　　　　　　　D. 维修复杂

8. 前轮制动盘摩擦面不平时会导致（　　　）。
   A. 制动失灵　　　　　　　　　　B. 制动踏板过硬
   C. 制动时车身抖动　　　　　　　D. 不能确定

9. 液压制动系统制动主缸中制动液不足，会造成（　　　）。
   A. 制动跑偏　　　　　　　　　　B. 制动失效

C. 制动拖滞　　　　　　　　　D. 制动不良

10. 汽车在坎坷路面上直线行驶时，能不断自动恢复到直线行驶位置的能力，是由（　　）来保证的。

　　A. 方向盘　　　　　　　　　B. 前轮定位

　　C. 减振装置　　　　　　　　D. 横拉杆

二、判断题

1. 盘式制动器的制动间隙可人工进行调整。　　　　　　　　　　（　　）

2. 按结构不同，制动器可分为鼓式制动器和盘式制动器。　　　　（　　）

3. 更换制动液时，不同品牌同一型号的制动液可以混用。　　　　（　　）

4. 当车辆行驶在雪地路面时，制动时附着系数会上升。　　　　　（　　）

5. 左右车轮的制动盘与摩擦片接触面积不一致会导致制动时汽车跑偏。（　　）

6. 鼓式刹车的散热性比盘式刹车好。　　　　　　　　　　　　　（　　）

7. 双管路制动系统，当一管路漏油（或漏气）时，全车制动失效。（　　）

8. 驻车制动是对四轮进行制动。　　　　　　　　　　　　　　　（　　）

9. 驻车制动系统可用于行车制动故障时的辅助制动。　　　　　　（　　）

10. 驻车制动按其安装位置的不同可分为中央制动式和车轮制动式两种。（　　）

三、简答题

1. 简述钳盘式制动器的活塞密封圈的作用。

2. 简述鼓式制动器的特点。

3. 简述更换制动液的操作流程。

4. 简述制动踏板自由行程的作用。自由行程调整不当会有何影响？

5. 制动踏板行程过大的原因有哪些？

项 目 总 结

　　本项目对汽车底盘系统典型故障进行了分析和诊断，其中包括手动变速器离合器片打滑故障检修、颠簸路况车辆底盘异响故障检修、方向盘回正无力故障检修、车辆高速行驶制动时车身抖动故障检修。

　　本项目着重训练学生使用四轮定位仪、扒胎机、动平衡机、减振器、弹簧专用拆装仪、制动器专用拆装设备、刹车油换油机等专用设备，进行底盘系统故障检查判断，并综合运用汽车传动、转向、行驶及制动系统所学知识，对故障进行分析诊断。实训工作中注重培养学生团队分工协作、环保意识和一丝不苟的工匠精神，并能熟练使用维修手册分析和制订故障检修流程，进行汽车底盘系统的故障检修。

　　综合运用所学知识，本项目还可以进行以下任务拓展：车辆高速行驶时车身抖动故障检修、车辆行驶跑偏故障检修、转向沉重故障检修、驻车制动不灵故障检修、制动跑偏故障检修、驻车制动不良故障检修、ABS故障指示灯亮故障检修等，拓展学生思路，锻炼学生对汽车底盘系统的实践技能，进一步提高对理论知识的认识。

参考答案

项目一

任务一 发动机故障指示灯亮故障检修

 前导知识测试

1. 选择题

(1)C；(2)D；(3)D；(4)CD；(5)AC

2. 判断题

(1)√；(2)√；(3)×；(4)√；(5)√；(6)√；(7)√

 课后测评

一、填空题

1. 3 s内、两次

2. 故障码、存储器

3. 故障诊断仪

二、判断题

1. √；2. √；3. √；4. √；5. ×

三、选择题

1. D；2. B；3. AC；4. D；5. A

四、简答题

1. 基本功能是燃油喷射控制和电子点火控制。

电控系统的其他功能包括进气控制、排放控制、自诊断功能、失效保护功能、增压压力控制、废气再循环控制、可变气门正时控制、可变进气道控制等。

2. 发动机传感器主信号有曲轴位置传感器及凸轮轴位置传感器。其余传感器都为辅助信号及修正信号。

当曲轴位置传感器及凸轮轴位置传感器同时都没有信号输出时，发动机 ECU 由于检测不到各缸压缩行程上的止点位置，将不供油、不供电，发动机无法起动。

任务二 起动机运转正常但发动机无法起动故障检修

 前导知识测试

1. 选择题

(1)A；(2)D；(3)C；(4)ABD；(5)A

2. 判断题

(1)√；(2)√；(3)√；(4)√；(5)√

3. 简答题

(1)一个缸压低：缸筒或气门密封不严。

(2)相邻两个缸压低：气缸垫窜气。

(3)四个缸压都低：配气正时串牙。

 课后测评

一、填空题

1. 电子控制电路、报警装置、执行机构

2. 芯片式、电子式

3. 传感器、执行器

二、选择题

1. A；2. B；3. D；4. ABC；5. BCD

三、判断题

1. ×；2. √；3. √；4. √；5. √

四、简答题

1. 芯片式防盗器的基本原理是锁住汽车的发动机、电路和油路，在没有芯片钥匙的情况下无法起动车辆。

2. 空气流量计和进气压力传感器。进气压力传感器间接测量进气量，为发动机控制单元提供进气量信息，使发动机更精准地配置点火时刻和喷油量。

3.(1)不供油；(2)不供电；(3)无气缸压力。

任务三　发动机怠速抖动故障检修

 前导知识测试

1. 选择题

(1)BD；(2)D；(3)A；(4)C；(5)A

2. 判断题

(1)√；(2)√；(3)√；(4)√；(5)√

课后测评

一、填空题

1. 点火线圈、火花塞

2. 冷型、热型

3. 进气歧管内、气缸内

二、选择题

1. ABC；2. BCD；3. D；4. A；5. D；6. B

三、判断题

1. √；2. √；3. ×

四、简答题

1.（1）检查中心电极与侧电极间隙应为 0.8～1.1 mm。

（2）检查火花塞电阻，应在 5 kΩ 左右。

（3）火花塞外观检查，绝缘体应无破损、裂纹及漏电。

2. 无回油管供油方式将油压调节器设置在燃油箱里，燃油滤清器也设置在油箱里。油压调节器与燃油泵并联，燃油压力达到一定值时自动泄压流回燃油箱，使燃油供给系统保持恒定压力。无回油管供油方案系统油压一般为 4.0 bar，系统油压相对较高，不易形成气阻。

3. 急速工况下，根据 ECU 程序设定目标数据，由 ECU 控制节气门电动机将节气门阀板打开适当的角度（一般为 4°～5°），ECU 根据进气量配以最佳的燃油供应量，保证发动机维持稳定的急速转速。同时节气门位置传感器给 ECU 反馈节气门急速开度信号，此为节气门开度实际值。节气门阀板开度目标值与实际值实时进行比较。

4.（1）使用专用的化油清洗剂进行积碳清洗（注意：节气门电控部分不能浸入清洗液）。

（2）使用故障诊断仪对电控节气门进行急速设定。

5. 电子节气门的两个传感器的反馈信号电压 V_{TPS1} 与 V_{TPS2} 有如下关系：

$$V_{TPS1} + V_{TPS2} = 5 \text{ V}$$

任务四　发动机机油消耗过大故障检修

前导知识测试

1. 选择题

（1）C；（2）A；（3）A；（4）C；（5）A

2. 判断题

（1）×；（2）√；（3）√；（4）√；（5）×

课后测评

一、填空题

1. 润滑、密封、冷却、减振缓冲、传递动力、清洁、防锈

2. 气环、油环、整体式、组合式、密封、组合

3. 气门导管、进排气管

二、选择题

1. D；2. A；3. C

三、简答题

1. 发动机"烧机油"故障会造成的五大后果如下。

（1）机油消耗量增加。

（2）燃油消耗量增加。

（3）燃烧积炭增加，加速有关机件的磨损。

（4）下窜气增加，加速了机油的老化。

（5）机油补充不及时，可造成烧瓦抱轴的严重故障。

2. 在发动机工作时，燃烧室的高压可燃混合气和已燃气体，或多或少会通过活塞组与气缸之间的间隙漏入曲轴箱内，造成窜气。为防止曲轴箱压力过高，延长机油使用期限，减少零件磨损和腐蚀，防止发动机漏油，必须实行曲轴箱强制通风。曲轴箱强制通风系统所负责的工作就是把混入曲轴箱内的"混合油气"进行分离后，机油回油底壳、汽油蒸汽重返燃烧室参与再次燃烧。

项目二

任务一　汽车外部灯光故障检修

前导知识测试

1. 选择题

(1)CD；(2)C；(3)B；(4)ABC；(5)B

2. 判断题

(1)√；(2)√；(3)√；(4)√；(5)×

课后测评

一、填空题

1. 远、近

2. 前照灯、仪表灯、顶灯、雾灯、牌照灯、行李箱灯

3. 转向信号灯、危险报警灯、示宽灯、尾灯、制动灯、倒车灯

4. 点火开关、转向灯开关

二、选择题

1. C；2. D；3. C；4. D

三、判断题

1. ×；2. √；3. ×；4. √；5. √

四、简答题

1.(1)将汽车开到平整开阔的路面上，将车停在车头与墙距离大约10 m远的位置。

(2)测量地面到大灯中心的高度，并测量两个大灯之间的距离。

(3)在墙上比大灯低0.1 m的地方张贴一个水平遮蔽胶带，并确保胶带在汽车的正前方中央。

(4)调整大灯的调整螺钉直至大灯光束位于墙上胶带的中间位置。

2. 雾灯灯泡坏、小灯开关故障、示宽灯熔断器断、雾灯开关故障、线路故障。

任务二　电动车窗升降器故障检修

前导知识测试

1. 选择题

(1)B；(2)B；(3)C；(4)D；(5)B

2. 判断题

(1)√；(2)×；(3)×；(4)√；(5)×

 **课后测评**

一、填空题

1. 绳轮式、交叉臂式　2. 微型直流电动机、驱动器、控制开关

3. 上升、下降　4. 过载、断路

5. 安全隐患、禁止按钮　6. 自动中断

二、选择题

1. A；2. D；3. BD；4. B；5. B；6. A；7. ABD；8. C

三、判断题

1. √；2. ×；3. √；4. √；5. √

四、简答题

1.(1)乘客侧电动车窗升降器开关故障。

(2)乘客侧电动车窗升降器开关与 J387 间电路故障。

2. 两个后车窗分开关故障、后车窗开关与车门控制单元之间线路故障。

任务三　中控锁故障检修

前导知识测试

1. 选择题

(1)ABCD；(2)D；(3)C

2. 判断题

(1)×；(2)×；(3)√；(4)√；(5)√

课后测评

一、填空题

1. 晶体管式、电容式、车速感应式

2. 控制开关、门锁控制器、门锁执行机构

3. 5 V

4. 60 Ω、无穷大

5. 双绞线、单根铜线

二、选择题

1. B；2. A；3. C

三、判断题

1. √；2. ×；3. √；4. √；5. √；6. √

四、简答题

中控门锁系统是由微机根据各个开关信号控制门锁的开、闭，可使驾驶人更加安全方便地使用汽车。汽车上装备中控门锁可以实现下列功能。

（1）手动锁定和解锁功能。

（2）车门钥匙锁定／开锁功能。

（3）两步开锁功能。

（4）防止钥匙遗忘功能。

（5）安全功能。

（6）无钥匙电动车窗的功能。

任务四　空调制冷不正常故障检修

前导知识测试

1. 选择题

（1）A；（2）A；（3）ABC；（4）D；（5）C

2. 判断题

（1）√；（2）√；（3）×；（4）√；（5）×

课后测评

一、选择题

1. ABC；2. AB；3. A；4. C；5. C

二、判断题

1. √；2. √；3. ×；4. ×；5. √

三、简答题

（1）调冷热。（2）调湿度。（3）自然风（换气）。（4）过滤粉尘。

项目三

任务一　手动变速器离合器片打滑故障检修

前导知识测试

1. 选择题

（1）ABC；（2）ABCD；（3）AD；（4）C；（5）ABC

2. 判断题

（1）√；（2）√；（3）√；（4）√；（5）√

课后测评

一、填空题

操纵机构、变速机构

二、选择题

1. B；2. A

三、判断题

1. ×；2. ×；3. √；4. √；5. √

四、简答题

1.互锁装置的作用是保证变速器不会同时挂入两个挡位,以免运动干涉损坏传动零件。

2.倒挡锁装置的作用是防止在前进时误挂倒挡而引发安全事故。

任务二　颠簸路况车辆底盘异响故障检修

前导知识测试

1.选择题

(1)E;(2)E;(3)B;(4)B;(5)A

2.判断题

(1)√;(2)√;(3)√;(4)×;(5)√

课后测评

一、填空题

1.麦弗逊式、双叉臂式

2.橡胶弹性元件、防护套、减振器、悬架轴承、减振弹簧

3.双向减振器、压缩阀、伸张阀、流通阀、补偿阀

二、选择题

1.B;2.B;3.A;4.D;5.B

三、判断题

1.×;2.√;3.√

四、简答题

1.减振器起到车架与车身的震动迅速衰减,改善汽车行驶的平顺性和舒适性的重要作用。其工作状况的好坏,将直接影响汽车行驶的平稳性和其他机件的寿命。

2.(1)压力轴承性能。

(2)检查减振器活塞杆是否弯曲变形。

(3)检查减振器是否卡滞。

(4)检查减振弹簧性能。

①减振弹簧表面状况,是否有裂纹、锈蚀等现象。

②测量左、右两侧悬架弹簧的自由长度是否相等。

3.非独立悬架的车轮装在一根整体车轴的两端,当一边车轮跳动时,另一边车轮也相应跳动,使整个车身震动或倾斜;独立悬架的车轴分成两段,每只车轮由螺旋弹簧独立安装在车架下面,当一边车轮发生跳动时,另一边车轮不受影响,两边的车轮可以独立运动,提高了汽车的平稳性和舒适性。

任务三　方向盘回正无力故障检修

前导知识测试

1.选择题

(1)ABCD;(2)C;(3)A;(4)BD;(5)A

2. 判断题

(1)√；(2)√；(3)√；(4)√；(5)×

一、填空题

1. 车轮前束、车轮外倾角、主销内倾角、主销后倾角

2. 方向盘沉重、回正过猛而打手

3. 沉重、加速了轮胎的磨损

4. 相等、5 mm

二、选择题

1. B；2. B；3. C；4. B；5. ABCD

三、判断题

1. ×；2. √

四、简答题

1. 为了使轮胎磨损尽可能均衡，安装在汽车上的所有轮胎，均应进行轮胎换位，按时换位可使轮胎磨损均匀，约可延长 20％ 的使用寿命。换位要按规定进行，并保持轮胎的原滚动方向。建议每间隔 1 万 km 进行轮胎换位。

2. 当车速达到一定，即达到了车辆的共振频率时，车身共振最剧烈，但随着车速继续升高，共振逐渐减弱甚至消失。因此在判断此类故障时，可以看是否车身共振发生在某一速度区间，过了此速度区间共振逐渐减弱，以此为依据判断是否为轮胎动平衡故障导致车身高速抖动。

3. 升车并拆卸方向机拉杆防尘罩，转动方向盘，观察齿条与转向机壳体是否同心，若不同心，则为齿条弯曲。若齿轮齿条式方向机一侧齿条弯曲，将导致油封漏油、齿条表面镀铬层偏磨及一侧转向阻力增大，使得方向盘操作感到沉重。齿轮齿条式方向机若发生齿条弯曲，则需更换方向机。

4.(1)车辆跑偏。(2)方向盘回正不好。(3)左右转向力不均。

5. 对于事故车、车辆跑偏、方向盘不正、回正不好、舵量发沉、吃胎等故障都需要对车辆进行四轮定位检查调整。数据调整不过来的就需要通过钣金校正或更换悬架配件的方法解决。

6. 为消除整个转向系统装配间隙，方向盘有一空转行程。方向盘的空转角度称为方向盘自由行程。方向盘自由行程对于缓和路面冲击及避免驾驶员过于紧张是有利的，但不宜过大，以免影响转向灵活性。一般来说，方向盘自由行程正常为 10°～15°（或 0 ～ 10 mm）。当零件磨损方向盘自由行程达到极限为 25°～30°时，则必须检修调整。

任务四　车辆高速行驶制动时车身抖动故障检修

前导知识测试

1. 选择题

(1)A；(2)D；(3)D；(4)B；(5)B

2．判断题

(1)×；(2)√；(3)×；(4)×；(5)×

一、选择题

1．B；2．B；3．A；4．D；5．B；6．C；7．B；8．C；9．BD；10．B

二、判断题

1．×；2．√；3．×；4．×；5．√；6．×；7．×；8．×；9．√；10．×

三、简答题

1．钳盘式制动器的活塞密封圈除起密封作用外，还兼起活塞复位作用和调整间隙作用。正常制动时，密封圈发生弹性变形，解除制动时，密封圈恢复变形，带动活塞一起复位。当制动器间隙过大时，活塞相对密封圈移动，复位时移动部分不可能恢复，移动量即为所调整的间隙量。

2．(1)结构问题造成鼓式制动器在制动过程中散热性能差和排水性能差，容易导致制动效率下降。

(2)由于结构复杂，更换制动蹄比较费事。更换一副鼓式制动器制动蹄的时间能换三副盘式制动器的制动蹄。在近30年中，它在轿车领域已逐步让位给盘式制动器。

(3)鼓式制动器成本较低。

(4)同等直径大小的制动器，鼓式制动力是盘式的三倍。

(5)鼓式制动蹄比钳盘式的耐用，一般是盘式使用寿命的三倍。

(6)鼓式制动器便于与驻车(停车)制动组合在一起，后轮为鼓式制动器的轿车，只需简单组合就可实现后轮驻车制动。因此目前它仍然在一些经济类轿车中使用。

3．(1)制动总泵储液壶里加注清洁的制动液到合适的液面。

(2)用举升机适当升起车辆。

(3)将透明软管一端连接到右后轮排气螺塞上，另一端放入装有制动液的容器。

(4)一人踩下制动踏板，另一人旋开制动轮缸排气螺塞，使制动液流出。

(5)反复踩下制动踏板，直到有新鲜的、无气泡的制动液流出。

(6)按右后－左后－右前－左前车轮的顺序(从最远端至最近端)，重复操作。

4．踏板自由行程是为保证不发生制动拖滞、彻底解除制动而设置的。制动踏板自由行程过大，会减弱制动效果而给行车带来危险；如果自由行程过小，会使汽车制动拖滞，造成功率损耗，制动踏板自由行程必须按汽车维护周期，定期检查和调整。

5．(1)制动油压力不足(制动主缸缺油、制动管路破裂、油管接头渗漏、油路堵塞)。

(2)制动系统内有空气。

(3)制动踏板自由行程或制动器间隙过大，制动蹄摩擦片接触不良，磨损严重或有油污。

(4)制动主缸、轮缸活塞和缸管磨损或拉伤，皮碗老化损坏。

参 考 文 献

[1]吕丕华．汽车基础电气系统故障诊断与维修［M］．北京：中国劳动社会保障出版
     社，2018.
[2]刘宜．汽车性能检测与故障诊断一体化教程［M］．北京：机械工业出版社，2023.
[3]一汽－大众．迈腾 B7 维修手册．
[4]2025 中国汽车论坛 http：//chinaautoforum. cn/.
[5]精通维修下载 http：//www. gzweix. com/.
[6]百度图片 http：//image. baidu. com/.
[7]汽车维修技术网 http：//www. ephua. com/.
[8]汽车技术培训网 http：//auttra. com/.